데일 카네기
인간관계론

데일 카네기
인간관계론

데일 카네기 지음 | 도지영 옮김

How to win
Friends and
Influence
People

남들과 달라질 수 있는 지름길
–데일 카네기 전기 요약

1935년 1월의 어느 추운 밤이었다. 하지만 추위가 사람들을 막지는 못했다. 2,500여 명이 뉴욕의 펜실베이니아 호텔 그랜드 볼룸으로 몰려들었다. 저녁 7시 반이 되자 준비된 자리가 꽉 찼다. 8시까지도 사람들이 계속 쏟아져 들어왔다. 넓은 발코니도 곧 사람들로 가득 찼고, 이내 심지어 서 있을 공간조차 찾기 어려울 정도가 되었다. 종일 일한 사람은 피곤할 시간이었다. 그런데 그날 밤 그 자리에 모인 수천 명은 무엇을 보려고 한 시간 반이나 기다리고 있던 걸까?

패션쇼? 엿새 동안 진행되는 자전거 경주? 혹시 배우 클라크 게이블이 직접 나타나기라도 하는 걸까?

그런 건 아니었다. 사람들은 신문 광고를 보고 이곳을 찾았다. 이틀 전 〈뉴욕 선〉에 다음과 같은 전면 광고가 실린 것이다.

효과적으로 말하는 법을 배워라.

리더십을 기르라.

뻔한 얘기라고? 그렇다, 하지만 믿거나 말거나 세상에서 가장 세련된 도시인 뉴욕에서, 도시 인구의 20퍼센트가 정부 지원을 받을 정도로 경제가 침체한 상황에 신문 광고를 본 2,500명의 사람이 집을 나서 서둘러 그 호텔로 모여들었다.

광고를 보고 그 자리에 모인 사람들은 경제적으로 상위 계층에 속해 있었다. 기업의 임원, 대표, 전문직 종사자 같은 이들 말이다.

이들은 '효과적으로 말하고 듣는 사람에게 영향을 주는 법'이라는 매우 현대적이고 실용적인 수업의 첫 시간을 들으러 모였다. 이는 데일 카네기 화술 및 인간관계 연구소에서 제공하는 수업이다.

2,500명이나 되는 직장인들은 왜 그곳에 모였을까?

경기 침체 때문에 갑자기 교육을 더 받고 싶었을까?

분명 그렇지는 않았을 것이다. 똑같은 수업이 지난 24년 동안 매 시즌 뉴욕에서 수강생들로 꽉 찬 강의실에서 이루어져 왔기 때문이다. 그러는 동안 15,000명 이상의 직장인과 전문직 종사자들이 데일 카네기로부터 교육을 받았다. 웨스팅하우스일렉트릭, 맥그로힐 출판사, 브루클린 유니언 가스회사, 브루클린 상공회의소, 미국 전기학회, 뉴욕 전신전화 회사와 같이 보수적이고 의심 많은 대기업까지 임직원들의 복지 차원으로 카네기의 수업을 사내 교육 강좌로 진행했다.

이처럼 초중고나 대학교를 졸업한 지 10년 혹은 20년이 지난 사람들이 카네기의 수업을 듣고 나서 국가의 교육 체제에 충격적인 결함이 있는 게 분명하다고 말한 건 사실이다.

성인들이 정말 공부하고 싶어 하는 내용은 무엇일까? 이건 중요한 질문이다. 이 질문의 답을 찾기 위해 시카고대학교, 미국 성인교육협회, 연합 YMCA 학교에서는 2년에 걸쳐 설문조사를 했다.

설문조사 결과에 따르면 미국 성인들의 주요 관심사는 건강인 것으로 밝혀졌다. 두 번째 관심사는 인간관계를 발전시키는 기술이었다. 다른 사람과 잘 지내고 자신의 영향력을 미치는 기술을 배우고 싶어 했다. 우리는 대중을 상대로 하는 연설가가 되고 싶은 게 아니다. 심리학에 관한 어려운 이야기를 많이 듣고 싶은 것도 아니다. 사람들은 일터에서, 인간관계에서, 가정에서 즉각 쓸 방법을 알고 싶어 한다. 그러므로 성인이 공부하고 싶은 것 역시 그런 방법이 아닐까?

설문조사를 했던 기관에서 답했다.

"좋습니다. 좋아요. 사람들이 원하는 게 그런 내용이라면 저희가 관련 수업을 제공하겠습니다."

하지만 교과서로 쓸 책을 찾다 보니 인간관계에서 발생하는 일상적인 문제를 해결하는 데 도움이 되는 설명서는 나온 적이 없다는 사실을 알았다.

얼마나 난감한 일인가! 수백 년 동안 그리스어와 라틴어, 어려운 수학에 관한 학술적인 책은 여럿 나왔다. 평범한 성인이라면 관심 없을 주제인데도 말이다. 그런데 사람들이 알고 싶어 목말라하는 하나의 주제에 관한 책, 진정으로 도움과 안내가 필요한 주제에 관한 책은 단 한 권도 나오지 않았다!

이 사실을 생각하면 2,500명의 성인이 신문 광고를 보고 펜실베이니아 호텔의 연회장으로 몰려든 이유를 알 수 있다. 여기에 분명 사람들이 오랫동안 찾고 있던 그 이야기가 있기 때문이다.

사람들은 고등학교와 대학교에 다니는 동안 열심히 공부했다. 지식만이 재정적인 그리고 직업적인 보상을 얻을 방법이라 믿으면서 말이다.

하지만 비즈니스와 직장 세계에서 몇 년 동안 이런저런 일을 겪고 나면 환상은 산산이 깨진다. 비즈니스에서 중요한 성공을 거둔 사람은 지식뿐 아니라, 말을 잘하는 능력, 사람들의 사고방식을 바꾸고, 자신과 자기 생각을 '팔' 능력을 지닌 사람임을 알게 된다. 선장 자리에 올라 비즈니스라는 배의 길을 찾고 싶다면 라틴어 동사 지식이나 하버드대학교에서 학위를 받는 것보다 성격과 언변이 더 중요하다는 사실을 곧 알아낸다.

〈뉴욕 선〉에 실린 광고에서는 그날의 모임이 아주 재밌을 거라 약속했다. 정말 그랬다. 예전에 이 수업을 들었던 사람 18명이 연사로 나섰다. 그 가운데 15명에게는 자신의 이야기를 할 시간이 각각 정확히 75초씩 주어졌다. 딱 75초 동안 이야기하고 나면 진행자가 '탕' 하고 의사봉을 치며 소리쳤다.

"시간 다 됐습니다! 다음 발표자!"

진행은 물소 떼가 우르릉거리며 평원을 가로지르는 속도만큼 일사천리로 이루어졌다. 관객들은 한 시간 반 동안 서서 발표회를 지켜보았다.

발표자들의 직업은 다양했다. 영업 담당자가 여럿 있었고, 프랜차이즈 업체의 점주 한 명, 제빵사 한 명, 산업 협회의 회장 한 명, 은행원 두 명, 보험판매원 한 명, 회계사 한 명, 치과의사 한 명, 건축가 한 명, 이 수업을 들으러 인디애나폴리스에서 뉴욕에 온 약사 한 명, 3분짜리 중요한 발표를 준비하기 위해 하바나에서 온 변호사 한 명이었다.

첫 번째 발표자는 패트릭 오헤어라는 아일랜드계 이름을 지닌 사람이었다. 아일랜드에서 태어난 패트릭은 교육은 단 4년밖에 받지 못했고, 떠돌다 미국으로 건너와 정비공으로 일하다 운전기사가 되었다고 한다.

이제 패트릭도 마흔 살이 되었고, 가족 수가 점점 늘어 돈이 더 필요해졌기에 트럭을 파는 일을 하려고 했다. 하지만 패트릭의 말에 따르면, 열등감에 사로잡혀 괴로웠고 트럭을 판매할 사무실 문을 열 용기를 쥐어짜기까지 사무실 앞까지 대여섯 번 오르락내리락해야 했다. 패트릭은 트럭 영업사원으로서 몹시 좌절하여 다시 자동차 정비소로 돌아가 정비일을 할까 생각하고 있었다. 그러던 어느 날 패트릭은 데일 카네기의 효과적인 말하기 수업 창립 모임에 초대받았다.

패트릭은 모임에 참석하고 싶지 않았다. 대학을 졸업한 많은 사람과 어울려야 할까 봐, 그래서 불편한 자리가 될까 봐 두려웠기 때문이다.

이런 패트릭의 모습을 보다 못한 아내가 패트릭에게 참석하라고 등을 떠밀었다.

"여보, 당신에게 도움이 될지도 몰라요. 당신에게 필요한 모임이라는 걸 하느님은 알고 계세요."

패트릭은 모임이 열리는 장소에 가서도 문을 열고 들어갈 자신감을 충분히 끌어올리기까지 5분 동안 복도에 서 있었다. 사람들 앞에서 발표해야 할 때도 처음 몇 번은 겁이 나서 어지러울 지경이었다.

하지만 몇 주가 지나자 패트릭은 사람들 앞에 서는 두려움을 전부 떨쳐냈고 자신은 말하기를 좋아하는 사람이라는 걸 곧 알게 되었다. 사람이 많으면 많을수록 더 좋았다. 또한 사람 대하기를 두려워하고 상사를 두려워하는 마음에서도 벗어났다. 자신이 생각한 아이디어를 상사에게 이야기했고, 곧 영업부서에서 승진도 했다. 패트릭은 회사에서 가치 있는 직원, 사람들이 좋아하는 직원이 되었다. 패트릭 오헤어는 그날 밤 펜실베이니아 호텔에서 2,500명을 앞에 두고 자신이 성취한 바를 즐겁고 신나게 이야기했다. 관객석에서는 웃음소리가 끊이지 않고 터져 나왔다. 전문 강사 중에서도 패트릭만큼 사람들 앞에서 발표를 잘하는 이는 드물 정도였다.

다음 발표자는 고드프리 마이어로, 백발이 성성한 은행가이자 11명의 자녀를 둔 아버지였다. 고드프리는 말하기 수업에서 처음 발표하려 했을 때 글자 그대로 꿀 먹은 벙어리가 되었다. 고드프리의 생각은 움직이기를 거부했었다. 고드프리의 이야기는 어떻게 리더 자리가 언변을 갖춘 사람에게 주어지는지를 생생하게 보여준다.

고드프리는 월스트리트에서 일했고, 25년 동안 뉴저지주 클리프톤에 살았다. 고드프리는 클리프톤에 사는 동안 지역 사회 일에 적극적으로 참여하는 법이 없었고, 아는 사람은 아마 500여 명 정도였다.

고드프리는 카네기 수업에 등록하고 나서 얼마 지나지 않아 세금 고지서를 받았는데 스스로 생각하기에는 부당한 청구 금액이라 극도로 화가 났다. 그럴 때 평상시 고드프리였다면 집에서 화를 내며 씩씩대거나 이웃 주민들에게 불평했을 것이었다. 하지만 이제 고드프리는 그렇게 하지 않는다. 그 대신 그날 밤 모자를 눌러 쓰고 마을 회의에 참석해 사람들 앞에서 말하며 분노를 삭였다.

사람들 앞에서 세금에 분개하는 이야기를 꺼내자 뉴저지주 클리프톤의 주민들은 고드프리에게 시의회 의원 선거에 출마하라고 권했다. 그래서 고드프리는 몇 주 동안 이 모임, 저 모임에 참석해 쓰레기 문제와 시의 지출 낭비를 비판했다.

시의원 선거에는 96명이 입후보했다. 개표 결과 놀랍게도 고드프리 마이어가 다른 후보를 전부 따돌렸다. 고드프리는 하루 아침에 4만여 명이 사는 지역 공동체에서 공인이 되었다. 말을 잘한 덕분에 6주 만에 지난 25년간 만든 친구의 80배에 달하는 친구가 생겼다. 그리고 시의원이 받는 급여를 생각하면 고드프리는 카네기 수업료를 투자해 1년에 1,000퍼센트의 이익을 거둔 셈이었다.

세 번째 발표자는 대형 국내 식품 제조업체 협회의 지부장 출신이었는데 이사회 모임에서 일어나 자신의 의견을 말할 수 없었던 모습에 관해 이야기했다.

순간적으로 판단하는 방법을 배우고 나니 두 가지 놀라운 일이 일어났다. 그는 협회의 회장이 되었고, 그 직책을 맡으니 전국에서 열리는 회의에서 연설해야 했다. 연설의 발췌본은 AP통신을 통해 보도되었고, 신문과 해당 업계 잡지에 실려 전국으로 퍼져나갔다.

효과적으로 말하는 법을 배우고 나서 2년이 지나자 전에 25만 달러를 쓰며 직접 제품을 광고했을 때와 달리 공짜로 회사와 제품에 관해 대중에게 더 많이 노출할 수 있었다. 이 발표자는 전에는 맨해튼에 있는 중요한 기업 간부들에게 전화해 점심을 함께하자고 초대하기가 망설여졌다고 했다. 하지만 언변을 바탕으로 이름을 얻고 나니 중요 기업체의 간부들이 먼저 전화를 걸어 그를 점심에 초대하며 시간을 뺏어 미안하다고 말한다고 발표했다.

이처럼 말을 잘하는 능력을 갖추는 건 남들보다 돋보일 수 있는 지름길이다. 말을 잘하는 사람은 스포트라이트를 받고, 사람들 사이에 있어도 눈에 띈다. 그리고 사람들 마음에 들게 말을 잘하면 보통 실제 지닌 다른 어떤 능력보다 사람들의 신뢰를 얻는 데 도움이 된다.

성인 교육을 해야 한다는 운동이 전국을 휩쓸었다. 그 운동에서 가장 극적인 힘을 보인 사람은 데일 카네기였다. 데일 카네기는 성인남녀의 발표를 누구보다 많이 들었고, 비평했다. 리플리의 '믿거나 말거나Believe-It-or-Not'라는 만화에 따르면 카네기는 15만 회 이상의 발표를 비평했다고 한다. 이 횟수가 어느 정도인지 감이 오지 않는다면 콜럼버스가 아메리카 대륙을 발견한 이래 거의 매일 한 번씩 발표를 듣고 비평한 셈이라고 생각해보라. 달리 말하면 데일 카네기 앞에서 발표한 사람들의 발표 시간이 전부 3분씩이었고 발표가 연속으로 이어졌다고 하면 발표를 밤낮으로 다 들어도 10개월이 꼬박 걸렸을 것이다.

기복이 심했던 데일 카네기 자신의 경력이야말로 사람이 독창적인 아이디어를 고수하고 열정으로 불타오를 때 무엇을 성취할 수 있는지 뚜렷하게 보여주는 예라고 할 수 있다.

데일 카네기는 미주리주의 농가에서 태어났다. 집은 철로에서 16킬로미터가량 떨어진 곳이었다. 그는 열두 살이 될 때까지 전차를 단 한 번도 보지 못했다. 하지만 마흔여섯 살이 되었을 때는 홍콩부터 노르웨이의 함메르페스트까지, 미국에서 멀리 떨어진 지구촌 곳곳을 다니는 데 익숙해져 있었다. 한 번은 리틀 아메리카라 불리는, 버드 제독이 세운 남극 탐험대 기지와 남극 사이의 거리보다 더 가까이 북극에 다가간 적도 있었다.

한때 시간당 5센트를 받으며 딸기를 따고 도꼬마리열매에갈고리모양의가시와짧은털이있는국화과의식물를 자르던 미주리주의 청년은 높은 연봉을 받으며 대기업 중역들에게 자기표현 기술을 가르치는 강사가 되었다. 사우스다코타주 서부에서 한때 소를 몰고, 송아지에 낙인을 찍고, 울타리를 고치던 지금까지의 카우보이가 후에 런던으로 가 왕실의 후원 아래 쇼를 열었다.

사람들 앞에서 말하려 했을 때 처음 여섯 번은 완전히 망치고 말았던 이 친구는 후에 나의 개인 선생님이 되었다. 내가 거둔 성공의 많은 부분이 데일 카네기 밑에서 훈련받은 덕분이었다.

젊은 시절 카네기는 교육받기 위해 몸부림쳐야 했다. 미주리주 북서부의 오래된 농장에서는 항상 불운이 몰려와 온몸을 후려쳤다. 해마다 미주리주의 '102' 강이 범람해 옥수수밭이 물에 빠졌고, 건초를 쓸어갔다. 철마다 통통한 돼지들은 콜레라를 앓다 죽었고, 소와 노새의 값어치는 바닥을 쳤으며, 은행에서는 대출을 회수하겠다고 위협했다.

거듭 낙심하다 지친 가족은 농장을 팔고 미주리주 워렌스버그에 있는 주립 교육대학교 근처에 다른 농장을 샀다. 학교 근처에서 하루에 1달러면 숙식을 해결하는 거처를 얻을 수 있었지만 어린 카네기에게는 그럴 여유도 없었다. 카네기는 농장에 살면서 매일 말을 타고 대학까지 5킬로미터씩 통학했다. 집에서는 우유를 짜고 장작을 패고 돼지 밥을 주었다. 밤이 되면 눈앞이 흐릿해지고 꾸벅꾸벅 졸기 시작할 때까지 등유 램프 불빛 아래에서 라틴어 동사를 공부했다.

자정 무렵 잠자리에 들면서도 알람은 새벽 3시로 맞췄다. 카네기의 아버지는 듀록 저지 품종의 순종 돼지를 길렀는데 혹독한 추위가 밀려오는 밤이면 새끼 돼지들이 얼어 죽을 위험이 있었다. 그래서 새끼 돼지를 바구니에 넣어 마대 자루로 덮은 뒤 부엌 스토브 뒤에 두었다. 새끼돼지들은 새벽 3시가 되면 본능적으로 따뜻한 먹이를 찾았다. 그래서 카네기는 알람이 울리면 잠자리에서 기다시피 나와 바구니에 든 새끼 돼지들을 어미에게 데려다주었다가, 젖을 다 빨면 다시 따뜻한 부엌 스토브 뒤로 데려왔다.

주립 교육대학교에는 600명의 학생이 있었다. 데일 카네기는 학교 근처에서 살 여유가 없어 동떨어져 지내는 여섯 명 중 한 명이었다. 카네기는 학교가 끝나면 말을 타고 농장으로 돌아와야 하고 매일 밤 우유를 짜야 하는 가난이 부끄러웠다. 너무 딱 달라붙은 코트도 부끄러웠고, 길이가 너무 짧은 바지도 부끄러웠다. 열등의식이 빠르게 커지자 카네기는 자신이 빨리 두각을 드러낼 방법을 찾기로 했다. 곧 카네기는 대학에서 다른 학생들에게 영향을 미치고 선망을 얻는 특정 그룹이 있다는 걸 알았다. 미식축구 선수와 야구 선수, 그리고 토론 대회와 발표 대회에서 우승한 학생들이었다.

카네기는 자신은 운동선수가 될 재능은 없다는 걸 깨닫고는 말하기 대회에서 우승하기로 했다. 몇 달에 걸쳐 공들여 발표를 준비했다. 등하굣길에 달리는 말의 안장에 앉아 발표를 연습했다. 우유를 짜면서 발표를 연습했다. 헛간에 건초더미를 쌓으면서 연습했다. 엄청난 열정을 쏟아 몸짓으로도 열변을 토하며 그날의 이슈에 관해 이야기하는 카네기의 모습은 비둘기를 놀라게 할 정도였다.

카네기는 열심히 발표를 준비했지만 대회에 나가면 패배에 패배를 거듭했다. 당시 카네기는 예민하고 자부심이 강한 18살이었기에 결과에 몹시 절망하고 우울했으며 자살까지 생각했다. 그러다 갑자기 카네기가 우승을 거두기 시작했다. 한 번의 우승에 그친 게 아니라 대학 내에서 열리는 발표 대회마다 전부 우승을 차지했다.

다른 학생들이 카네기에게 발표 잘하는 법을 알려달라고 부탁했다. 그리고 그렇게 카네기에게서 방법을 배운 학생들도 대회에서 우승했다.

대학을 졸업한 뒤 카네기는 서부 네브래스카주와 동부 와이오밍주의 모래 언덕에 있는 목장주들을 상대로 통신 강좌 프로그램을 팔기 시작했다. 하지만 카네기가 끝없는 에너지와 열정을 쏟아도 기대만큼 많이 팔지 못했다. 카네기는 몹시 낙담한 채 대낮에 네브래스카주 얼라이언스의 호텔 방으로 돌아가 침대에 몸을 던지고 절망하며 울었다. 그는 학교로 돌아가고 싶었고, 힘들기만 한 삶이라는 전장에서 물러서고 싶었다. 하지만 그럴 수 없었다. 그래서 오마하로 가서 새로운 일을 찾기로 했다. 오마하까지 갈 열차표를 살 돈이 없었기에 화물 열차를 타기로 했다. 열차에 오르는 대신 화차 두 대에 실린 야생마들에게 물과 먹이를 먹이는 조건이었다. 남부 오마하에 내린 뒤 아머앤드컴퍼니에서 베이컨과 비누, 라드를 파는 일을 시작했다. 그의 담당 구역은 소가 많은 배드랜드의 위편과 사우스다코타주 서부의 인디언 구역이었다. 카네기는 화물 열차와 역마차, 말을 타고 영업 구역을 돌았고, 객실 사이를 한 장의 모슬린 천으로 나누어놓은 파이오니어 호텔에 묵었다. 그는 판매기술에 관한 책을 읽었고, 날뛰는 말을 탔고, 인디언들과 포커를 치고, 수금하는 방법을 배웠다. 예를 들어 내륙 지역에서 가게를 운영하는 사람이 주문한 베이컨과 햄 대금을 현찰로 내지 못하자 데일 카네기는 그 가게의 선반에서 12켤레의 신발을 가져다 철도원에게 팔았고, 영수증을 회사로 보냈다.

카네기는 화물 열차를 타고 보통 하루에 약 160킬로미터를 이동했다. 화물을 내리기 위해 열차가 정차하면 시내로 달려가 서너 명의 상인을 만나 주문을 받았다. 열차가 떠난다는 호루라기 소리가 들리면 다시 번개처럼 역으로 달려가 움직이는 열차에 뛰어올랐다.

2년이 되지 않아 카네기는 남부 오마하 밖으로 나가는 총 29개의 자동차 도로 가운데 판매 25위를 차지하던 수익 낮은 구역을 수익 1위 지역으로 키웠다. 회사에서는 카네기에게 승진을 제안했고, 이렇게 말했다.

"자네는 불가능해 보이는 일을 해냈어."

하지만 카네기는 승진 제안을 거절하고 퇴사했다. 그러고는 뉴욕으로 가 미국극예술학교에서 공부했다. 그리고 '서커스단의 폴리Polly of the Circus'의 하틀리 박사 역할을 맡아 전국 순회공연을 했다.

하지만 카네기는 에드윈 부스나 존 베리모어 같은 배우가 될 순 없었다. 그는 좋은 감을 지녔기에 이 점을 깨달았고 영업 일로 돌아와 패커드 자동차회사에서 승용차와 트럭을 팔게 되었다.

카네기는 기계에 관해서는 아무것도 몰랐고, 전혀 행복하지 않은 일이었기에 매일이 고통스러웠다. 공부할 시간이 나기를 바랐고 대학 시절 글쓰기를 꿈꿨던 것처럼 책을 쓸 시간이 나기를 바랐다. 그래서 카네기는 회사를 그만두었다. 야간 학교에서 학생들을 가르치며 돈을 벌어 낮에는 소설과 글을 쓸 생각이었다.

그렇다면 무엇을 가르칠 것인가? 과거를 돌아보며 대학 시절에 배운 걸 생각하니 다른 모든 수업에서 배운 내용보다 사람들 앞에서 말하는 방법을 배운 것이 사회에 나와 사람을 만나고 대인관계를 맺는 데 필요한 자신감, 용기, 자세, 능력을 갖추기에 더 도움이 되었다는 걸 알게 되었다. 그래서 뉴욕의 YMCA 학교에 직장인을 대상으로 사람들 앞에서 말하는 법을 알려주는 수업을 하게 해달라고 부탁했다.

뭐라고? 직장인들을 연설가로 만든다고? 터무니없는 소리로군! YMCA 사람들은 알고 있었다. 전에도 그런 강좌를 개설했었지만, 항상 실패로 끝났기 때문이다. YMCA에서 하룻밤에 2

달러인 강의료를 지급하지 못하겠다고 하자 카네기는 커미션 기준으로 순이익 일부를 강의료로 받기로 했다. 그러니 순이익이 생겨야 강의료를 받을 수 있었다. 그랬더니 3년이 되지 않아 YMCA에서는 카네기에게 하룻밤에 2달러가 아니라 30달러씩 지급하게 되었다.

카네기의 수업은 점점 커나갔다. 다른 YMCA '센터'에서도 그의 소식을 들었고, 나중에는 다른 도시에까지 소식이 전해졌다. 얼마 지나지 않아 데일 카네기는 영화롭게도 뉴욕, 필라델피아, 볼티모어, 나중에는 런던과 파리까지 순회하며 강의하게 되었다. 수업을 들으러 모여드는 직장인들이 교재로 사용하는 책들은 하나같이 너무 학술적이거나 실용적이지 못했다. 이 때문에 카네기는 《데일 카네기 성공 대화론Public Speaking and Influencing Men in Business》이라는 제목의 책을 직접 썼다. 이 책은 YMCA뿐만 아니라 미국은행협회와 전미 신용조사계연합회에서 공식 교재로 채택되었다.

데일 카네기는 사람이 화가 나면 누구나 말을 잘한다고 주장했다. 동네에서 가장 무식한 사람의 턱을 때려 쓰러뜨리면 그 사람이 일어나 유창하게, 열을 내며, 강하게 따지며 말할 것이며, 그런 모습은 세계적으로 유명한 연설가였던 윌리엄 제닝스 브라이언의 전성기 시절과 겨룰 만할 것이라고 이야기했다. 카네기는 누구나 자신감과 내면에서 끓어오르는 생각이 있으면 다른 사람들 앞에서 잘 말할 수 있다고 주장했다.

카네기의 말에 따르면 자신감을 키우려면 자신이 두려워하는 일을 해서 성공 경험을 쌓아야 한다. 그래서 카네기는 수업시간마다 학생들에게 발표를 시켰다. 발표를 듣는 사람들은 동정 어린 마음이었다. 모두 같은 배를 탄 처지였기 때문이다. 그리고 끊임없는 연습을 통해 학생들은 용기와 자신감과 열정을 키웠고, 그것은 개인적으로 사람들 앞에서 말할 일이 있을 때도 나타났다.

데일 카네기는 그 모든 시간에 학생들에게 사람들 앞에서 잘 말하는 방법을 가르쳐서 돈을 벌었던 게 아니라고 말한다. 그건 부수적인 일이었다. 그가 주로 했던 일은 사람들이 두려움을 극복하고 용기를 낼 수 있도록 도와주는 것이었다.

카네기는 처음에는 학생들에게 그저 사람들 앞에서 잘 말하는 방법만 가르쳤다. 그런데 그의 수업을 들으러 오는 학생은 남녀 직장인들이었다. 많은 경우 학교를 졸업한 지 30년은 된 사람들이었다. 학생 대부분은 수업료를 할부로 냈다. 이들은 결과를 원했고, 그런 결과를 빨리 얻고 싶어 했다. 바로 다음 날 사업상의 만남이나 직장 일로 다른 사람들 앞에서 발표해야 할 때 적용할 수 있는 그런 결과를 원했다.

그래서 카네기는 빠른 결과를 낼 수 있는 실용적인 방법을 가르칠 수밖에 없었다. 그 결과 그는 독특한 훈련법을 개발했다. 발표력과 영업기술, 대인관계와 응용심리학을 조합한 인상적인 방식이었다.

엄격한 규칙에 전혀 얽매이지 않았던 카네기는 홍역처럼 진짜 존재하고, 다른 수업보다 두 배는 재미있는 수업을 만들었다.

카네기의 수업을 전부 듣고 나면 졸업생들은 스스로 모임을 만들어 졸업 후에도 수년간 격주로 만남을 이어갔다. 필라델피아의 한 모임에는 19명의 졸업생이 참가했는데, 이들은 17년 동안 겨울마다 한 달에 두 번씩 만남을 지속했다. 카네기의 수업을 들으러 오는 학생들은 80킬로미터나 160킬로미터씩 통학하며 수업에 참여하는 경우가 흔했다. 어느 학생은 매주 시카고에서 부터 뉴욕까지 다녔다.

하버드대학교의 윌리엄 제임스 교수는 사람은 평균적으로 잠재된 정신력의 단 10퍼센트만 계발한다고 말했다. 데일 카네기는 남녀 직장인들이 잠재된 가능성을 계발하도록 도와주었고, 성인 교육 분야에서 가장 중요한 움직임을 만들었다.

1936, 로웰 토머스 미국의 작가, 배우, 방송인

어떻게, 그리고 왜 이 책을 쓰게 되었나?

20세기의 첫 35년 동안 미국 출판사에서는 서로 다른 책이 20만 권 이상 출판되었다. 책 대부분은 지독하게 지겨웠고, 수익을 내지 못한 책이 많았다. 내가 '많은' 책이라고 했나? 세계 최대 출판사의 사장은 자신의 회사가 75년의 출판 경험을 쌓은 후에도 여전히 출판하는 책 8권 중에서 7권은 적자를 낸다고 내게 고백했다.

그렇다면 나는 왜 무모하게도 또 다른 책을 쓰려고 했을까? 그리고 여러분은 왜 굳이 내가 쓴 책을 읽어야 할까?

서로에게 공정한 질문이다. 그리고 내가 위의 질문에 답해보려 한다.

1912년 이래로 나는 뉴욕에서 직장인과 전문직 남녀 학생들을 위한 교육 강좌를 맡아 가르쳤다. 처음에는 사람들 앞에서 말하기 수업만 진행했다. 이 수업은 성인들이 실제 경험을 통해 사업상의 만남이나 다른 사람들 앞에서 즉각적으로 생각한 뒤 더욱 분명하고, 효과적으로, 침착하게 자신의 아이디어를 표현하는 방법을 훈련시키기 위해 설계되었다.

하지만 시간이 흐르면서 점점 나는 성인들에게 효과적인 말하기 방법뿐 아니라 일상의 직장생활과 사회관계에서 다른 사람과 잘 어울릴 수 있는 대인관계라는 순수 예술에 대한 훈련도 필요하다는 걸 알게 되었다. 또한, 차츰 나 자신도 그런 훈련이 필요하다는 사실을 깨달았다. 지난 세월을 돌이켜보니 내가 얼마나 자주 인간관계를 대하는 솜씨와 이해가 부족한 면을 드러냈는지 소스라치게 놀랄 지경이었다. 이런 책이 있기를 20년 전의 내가 얼마나 바랐었는지! 그랬다면 그 책은 값을 헤아릴 수 없이 요긴했을 것이다.

대인관계는 아마 여러분이 마주한 가장 큰 문제일 것이다. 특히 직장생활하는 사람이라면 말이다. 그렇다, 하지만 주부도, 건축가도, 엔지니어도 마찬가지다. 몇 년 전 카네기 교육진흥재단의 지원 아래 시행한 설문조사에서 정말 중요하고 의미 있는 사실이 밝혀졌다. 이 사실은 후에 카네기 공과대학에서 진행한 추가 연구를 통해서도 확인되었다. 조사에 따르면 공학처럼 기술적인 분야에서조차 15퍼센트에 해당하는 사람만이 기술적인 지식을 바탕으로 경제적인 성공을 거두고 나머지 약 85퍼센트는 인간 공학 기술, 즉 사람을 이끌 수 있는 성격과 능력을 지닌 사람이었다고 한다.

나는 다년간 필라델피아 엔지니어 클럽과 미국 전기기술사협회 뉴욕지부에서 매 학기 강좌를 열었다. 우리 수업을 들은 엔지니어는 다 해서 약 1,500명이 넘을 것이다. 이런 엔지니어들이 나를 찾아온 건, 수년간의 관찰과 경험을 통해 마침내 엔지니어 업계에서 고액의 연봉을 받는 사람은 공학에 관해 가장 많이 아는 사람이 아닌 경우가 흔하다는 점을 깨달았기 때문이다. 예를 들어 공학이나 회계, 건축이나 다른 직업적 기술 능력을 갖춘 사람은 일반적인 급여 수준의 일을 찾을 수 있다. 그러나 기술적 지식에 더해 자기 생각을 표현하고 리더십을 갖췄으며, 직원들에게 열정을 불러일으키는 능력까지 갖춘 사람은 높은 연봉을 받는 자리를 차지한다.

존 록펠러는 활동 전성기에 이런 말을 했다.

"사람을 대하는 능력은 설탕이나 커피 같은 상품처럼 구할 수 있는 능력이다. 그리고 나는 그런 능력에 이 세상 어떤 상품보다 더 비싼 값을 치를 것이다."

세상 모든 대학에 그 무엇보다 값진 능력을 키워주는 수업이 있을 거라고 생각하는가? 아쉽게도 이를 주제로 성인이 받을 수 있는 단 하나의 실용적이고 상식적인 수업이 열리는 대학이 한 군데도 없다. 만약 있다면 내가 지금 이 책을 써야겠다는 생각은 하지 않았을 것이다.

시카고대학교와 YMCA 연합학교에서 성인이 공부하고 싶어 하는 내용은 무엇인지 설문조사를 시행했다. 이 설문조사를 마치는 데 2년의 세월과 25,000달러가 들었다. 설문조사의 마지막 부분은 코네티컷주 메리덴에서 이루어졌다. 메리덴은 전형적인 미국 마을이라는 점에서 설문조사 시행장소로 선정되었다. 메리덴에 사는 모든 성인을 인터뷰하고 156개의 질문에 답해달라고 부탁했다. 내용은 다음과 같았다.

- 당신이 하는 사업 혹은 직업은 무엇입니까?
- 어떤 교육을 받았습니까?
- 여가는 어떻게 보냅니까?
- 소득은 얼마입니까?
- 취미는 무엇입니까?
- 어떤 야망을 품고 있습니까?
- 어떤 문제를 안고 있습니까?
- 가장 배우고 싶은 내용은 무엇입니까?

설문조사 결과 성인이 가장 관심을 지닌 주제는 건강이었고, 두 번째가 대인관계였다. 응답자들은 다른 사람을 이해하고 잘 지낼 방법, 사람들이 자신을 좋아하게 만들 방법, 다른 사람을 자신들이 생각하는 방식대로 따르게 할 방법을 알고 싶어 했다.

설문조사위원회는 메리덴에 사는 성인을 대상으로 그런 수업을 열기로 했다. 그래서 관련 주제를 다루는 실용적인 교재를 열심히 찾았지만, 한 권도 구할 수 없었다. 마침내 성인교육 분야에서 세상에서 가장 뛰어난 권위를 지닌 전문가를 찾아 이런 교육에 맞는 책을 아는지 물어보았다.

"아니오, 모릅니다."

전문가가 대답했다.

"설문조사에 응답한 성인들이 원하는 바에 관해서는 알고 있습니다. 하지만 그들이 원하는 책은 한 번도 출판된 적이 없어요."

경험을 통해 그 전문가의 말이 사실이라는 걸 나도 안다. 나야말로 인간관계에 도움이 될 실용적이고 효과 있는 안내서를 수년간 찾아보았기 때문이다. 하지만 그런 책이 없었기 때문에 나는 수업에서 사용할 교재를 직접 써보기로 했다. 그게 바로 이 책이다. 여러분 마음에 들었으면 좋겠다.

이 책을 준비하면서 주제와 관련해 찾을 수 있는 건 전부 읽었다. 신문 칼럼에서부터 잡지 기사, 가정 법원 기록, 옛 철학자와 최신 심리학자 들의 글까지 전부 말이다. 게다가 훈련받은 자료조사원을 고용해 1년 반에 걸쳐 여러 도서관에서 내가 놓친 부분을 전부 읽고, 심리학 관련 전문 서적을 헤집고, 수백 개의 잡지 기사를 뒤지고, 셀 수 없이 많은 전기를 조사하고, 모든 시대의 위대한 지도자가 어떻게 사람을 대했는지 확인하게 했다.

우리는 위대한 지도자의 전기를 읽고 줄리어스 시저에서부터 토머스 에디슨에 이르기까지 모든 위대한 지도자의 인생 이야기를 읽었다. 시어도어 루스벨트 대통령의 전기만 100권 넘게 읽었던 기억이 난다. 우리는 시간과 비용을 아끼지 않기로 마음먹었고, 친구를 얻고 사람들에게 영향을 끼치는 데 역사상 누군가가 사용한 실용적인 아이디어를 전부 찾기로 했다.

개인적으로 나는 성공한 사람과의 인터뷰를 많이 진행했다. 여기에는 마르코니와 에디슨처럼 세계적으로 유명한 발명가도 있었고, 프랭클린 루스벨트 대통령과 제임스 팔리 같은 정치인, 오웬 영 같은 비즈니스 리더, 클라크 게이블과 메리 픽포드 같은 유명 영화배우, 마틴 존슨 같은 탐험가도 포함되어 있었다. 그리고 인터뷰를 통해 이들이 대인관계에 사용하는 기법을 알아내려 애썼다.

이 모든 자료를 바탕으로 나는 짧은 발표를 준비했다. 발표 제목은 '인간관계론How to Win Friends and Influence People'이었다. 나는 '짧은' 발표라고 말했다. 그 발표는 처음에는 짧게 시작했지만 얼마 안 가 1시간 30분짜리 강의로 확대되었다. 나는 수년간 뉴욕의 카네기 연구소에서 매 학기 성인들을 대상으로 이 강좌를 진행했다.

강의한 뒤 수강생들에게 직장과 사회에 나가 수업시간에 배운 방법을 시험해보고 다음 시간에 각자의 경험과 결과에 관해 이야기해보라고 권했다. 얼마나 흥미로운 숙제인지! 자기계발에 목마른 수강생들은 새로운 유형의 실험실을 이용한다는 생각에 온통 마음을 빼앗겼다. 이 새로운 실험실은 성인의 인간관계를 실험하는 최초이자 유일한 실험실이었다.

이 책은 보통의 말로 쓰이지 않았다. 이 책에 쓰인 말은 아이들이 자라는 것처럼 자라났다. 실험실 밖에서, 성인 수천 명의 경험을 바탕으로 자라났고 발전했다.

수년 전 우리는 엽서 정도 크기의 카드에 인간관계에 관한 일련의 규칙을 정하고 실험을 시작했다. 다음 학기에는 크기가 더 큰 카드에 규칙을 적었다. 그다음에는 전단이 되었고, 그 후에는 작은 책이 되었다. 매번 크기가 커지고 범위가 늘어났다. 15년간 거듭한 실험과 조사 결과가 이 책에 담겼다.

우리가 이 책에 적은 규칙은 이론이나 짐작에 불과한 내용이 아니다. 이 규칙들은 마치 마법처럼 효과가 있다. 믿을 수 없는 소리처럼 들리겠지만 나는 이 책에 담은 인간관계의 원칙을 적용해 많은 사람의 인생에 문자 그대로 대변혁이 일어나는 모습을 보아왔다.

설명하자면 다음과 같다. 314명의 직원을 거느린 어느 남성이 수업을 들으러 왔다. 남성은 수년 동안 어떤 제한이나 분별없이 직원들을 몰아붙이고 비판하고 비난했다. 남성의 입에서 친절한 말, 감사의 말, 격려의 말이 나오는 법은 없었다. 남성은 이 책에 나오는 인간관계의 원칙을 공부한 뒤 자기 삶의 철학을 급격하게 바꾸었다. 이제 남성의 회사는 새로이 충성심, 열정, 팀워크 정신으로 고취되어 있다. 314명의 적이 314명의 친구가 되었다. 수업 시간에 다른 학생들 앞에서 남성은 다음과 같이 자랑스레 말했다.

"전에는 제가 사내에서 걸어가도 아무도 반겨주지 않았습니다. 사실 제가 다가오는 걸 보면 직원들은 다른 쪽을 바라보곤 했어요. 하지만 이제 직원들은 전부 제 친구이고 심지어 청소부까지 편하게 저를 부릅니다."

남성의 회사는 더 많은 이익과 자유 시간을 얻게 되었고, 그보다 대단히 더 중요한 건 남성이 회사와 가정에서 훨씬 더 큰 행복을 찾았다는 점이다.

이 책에 실린 인간관계의 원칙을 사용함으로써 셀 수 없을 정도로 많은 영업 담당자가 매출을 크게 늘렸다. 많은 영업 담당자는 새로운 거래처도 얻었다. 전에 거래를 트기 위해 영업 활동을 벌였지만 헛수고였던 그런 거래처를 얻은 것이다. 임원의 경우에는 권위가 높아지고 연봉이 올랐다. 어느 임원은 인간관계의 원칙을 적용했더니 임금이 크게 올랐다고 이야기했다. 필라델피아 가스공사에서 일하는 어느 임원은 예순다섯이었을 때 직위가 강등될 상황에 놓였다. 호전적인 성격과 솜씨 좋게 직원을 이끄는 능력이 부족했기 때문이다. 인간관계론 수업을 받고 난 그는 강등을 면하는 데 그친 게 아니라 연봉을 높여 승진했다.

강좌의 마지막에 열리는 연회에 참석한 수강생의 배우자들이 남편 혹은 아내가 이 수업을 듣고 난 후 가정이 훨씬 화목해졌다는 이야기를 해준 경우는 수없이 많았다. 그들은 새로 나타난 결과를 보고 자주 깜짝 놀란다. 전부 마법을 부린 것만 같다고 말했다. 열성적인 사람은 일요일에 우리 집으로 전화를 걸기도 한다. 자기가 이룬 성과를 보고하고 싶어서 정규 수업 시간까지 남은 48시간을 기다릴 수 없기 때문이다.

한 남성은 인간관계의 원칙에 관한 이야기를 듣고 너무 충격을 받아 다른 동급생들과 그날 밤이 깊도록 그에 관한 이야기를 나누었다. 새벽 3시에. 다른 사람들은 집으로 돌아갔다. 하지만 남성은 자기가 저질러온 잘못을 깨닫고 몹시 충격을 받았다. 그래서 눈앞에 펼쳐진 새롭고 풍요로운 세상에 영감을 받은 탓에 잠을 잘 수 없었다. 남성은 그날 밤을 뜬눈으로 새웠고 다음 날도 밤낮 잠을 이룰 수 없었다.

그는 누구였을까? 새로운 이론을 배우면 그게 무엇이든 신나서 말하는 순진하고, 교육받지 못한 사람이었을까? 아니다. 그런 사람과는 아주 거리가 멀다. 그는 세련된 사람으로, 예술적인 면으로는 웬만해서 감동하지 않는, 뉴욕에서 아주 중요한 인물이었다. 세 가지 언어를 유창하게 구사했으며 유럽에 있는 대학교 두 곳을 졸업했다.

이번 장을 쓰는 동안 전통적인 독일인으로부터 편지를 받았다. 그는 독일 귀족으로 선조들은 몇 대에 걸쳐 호엔촐레른 Hohenzollerns, 1415년부터 1918년까지존속한독일의왕가가에서 직업 군인으로 복무했다. 대서양을 건너 유럽으로 가는 증기선에서 쓴 그의 편지에는, 자신이 거의 종교적인 열정을 지닌 것처럼 인간관계의 원칙을 적용하는 일에 임하게 되었다고 적혀 있었다.

또 다른 사람으로는 하버드대학교를 졸업했으며 커다란 카펫 공장을 소유한, 부유하고 나이 든 뉴요커도 있었다. 그는 사람들에게 영향을 미치는 방법이라는 순수 예술을 가르치는 우리 수업을 듣는 14주 동안 같은 주제를 공부했던 대학 시절 4년보다 훨씬 더 많은 내용을 배웠다고 말했다.

말도 안 된다고 생각하는가? 웃기는 소리 같은가? 환상적인 소리 같은가? 물론 여러분은 내 이야기에 무엇이든 원하는 형용사를 붙여 무시할 수 있다. 나는 다만 내 견해는 밝히지 않고 1933년 2월 23일 목요일 밤, 보수적이고 탁월한 성공을 거둔 하버드 졸업생이 뉴욕 예일 클럽에서 약 600명 앞에서 공개 연설했던 내용을 보고하는 것뿐이다.

하버드대학교의 유명 교수인 윌리엄 제임스는 말했다.

"우리가 되어야 할 모습과 비교하면 우리는 겨우 반쯤 눈떴을 뿐이다. 우리는 우리가 가진 신체적, 정신적 자원의 극히 일부만을 사용하고 있다. 크게 말하면 그래서 인간은 자신의 한계에 극히 미치지 못하는 곳에서 살아간다. 사람은 다양한 힘을 지녔지만, 으레 그 힘을 사용하지 못한다."

여러분이 '으레 사용하지 못하는' 그런 힘! 이 책의 유일한 목적은 그렇게 여러분이 사용하지 못한 채 활동을 멈춘 힘을 찾아 발전시키고, 그에 따른 이익을 얻을 수 있도록 돕는 것이다.

프린스턴대학교 전前 총장 존 히븐 박사는 이렇게 말했다.

"교육은 인생의 여러 상황을 마주하는 능력이다."

이 책의 3부까지를 읽었는데도 인생의 여러 상황을 마주할 준비를 더 잘하지 못하는 사람이 있다면, 나는 그 사람에게 이 책은 완전한 실패작이라 여기겠다. 영국의 철학자 허버트 스펜서는 "교육의 큰 목표는 지식을 얻는 게 아니라 실천하는 것이다"라고 말했다. 그리고 이 책은 실천을 위한 책이다.

1936년, 데일 카네기

이 책을 최대한 활용할 9가지 방법

1.

이 책을 최대한 활용하고 싶다면 필수 요건이 한 가지 있다. 어떤 규칙이나 기법보다 필수적이고 한층 중요한 요건이다. 만일 여러분이 이 한 가지 근본적인 필요조건을 갖추지 못했다면 공부 방법이 천 가지 있다 해도 소용 없을 것이다. 하지만 여러분이 가장 중요한 이 자질을 갖추었다면 책을 최대한 활용할 방법 같은 걸 전혀 읽지 않아도 놀라운 일을 이룰 수 있을 것이다.

그런 마법 같은 요건은 무엇일까? 배움을 향한 깊은 열망, 대인관계 능력을 키우겠다는 강력한 투지, 그것뿐이다.

어떻게 해야 그런 마음이 생길까? 이 원칙들이 여러분에게 얼마나 중요한 내용인지 끊임없이 스스로 상기하면 된다. 인간관계의 원칙에 통달하면 한층 풍부하고, 완전하고, 행복하고, 성취감을 얻는 인생을 사는 데 얼마나 도움이 될지 스스로 그림을 그려보라. 자신에게 계속 반복해서 말하라.

"내가 누릴 인기, 행복, 자존감은 대인관계 능력에 달린 부분이 적지 않다."

2.

대체적인 내용을 알 수 있도록 각 장을 처음에는 빨리 읽어라. 그러고 나면 어서 다음 장으로 넘어가고 싶을 것이다. 하지만 그래서는 안 된다. 그냥 흥미 삼아 읽는 거라면 몰라도 대인관계 능력을 키우고 싶어서 이 책을 읽는다면 다시 맨 앞 장으로 돌아가 각 장을 꼼꼼히 읽어야 한다. 장기적으로 보면 꼼꼼하게 읽는 편이 시간을 아끼고 결과를 낼 방법이다.

3.

읽은 내용을 깊이 생각하느라 읽는 걸 자주 멈추지 말라. 책에서 제안하는 바를 언제, 어떻게 적용할지만 생각하라.

4.

크레파스, 연필, 펜, 마커나 형광펜을 손에 들고 책을 읽어라. 사용할 만한 제안 사항이 나오면 옆에 선을 그어 표시해두어라.

별 4개를 줄 만한 내용이라면 그때는 모든 문장에 밑줄을 긋거나 형광펜으로 표시하거나 마커로 별표 같은 중요 표시를 적는다. 책에 표시를 적어넣거나 밑줄을 그으면 더 재미있게 읽을 수 있고, 빠르게 다시 읽기도 훨씬 쉬워진다.

5.

내가 아는 한 여성은 대형 보험 회사의 사무실 관리자로 15년간 일했다. 여성은 매달 그달에 회사가 가입한 보험 계약 내용을 전부 읽었다. 그렇다, 그녀는 매달, 매해에 걸쳐 똑같은 계약 내용을 많이 읽었다. 왜 그랬을까? 보험 조항을 마음속에 분명하게 기억하려면 그 방법밖에 없다는 걸 경험으로 알고 있었기 때문이다.

언젠가 나도 사람들 앞에서 말하는 법을 주제로 한 책을 쓰는데 거의 2년을 보내고도 내 책에 내가 쓴 내용을 기억하려고 때로 다시 앞으로 돌아가야 했다. 우리가 무언가를 잊어버리는 속도는 믿기 힘들 정도이다.

그러니 여러분이 이 책을 통해 진짜 혜택, 지속적인 혜택을 얻고 싶다면 한 번 훑어보는 것으로 충분하리라 생각하지 말라. 꼼꼼하게 읽고, 매달 몇 시간 정도 복습하고, 매일 책상 앞에 놓아두어라. 그리고 자주 훑어보아라. 머지않아 인간관계가 개선될 수 있다는 풍부한 가능성을 끊임없이 자신에게 이해시켜라. 이 책에 나오는 인간관계의 원칙은 끊임없이, 활발하게 복습하고 적용해야만 습관으로 삼을 수 있다는 점을 기억하라. 다른 방법은 없다.

6.

영국의 극작가 버나드 쇼가 한 번은 이런 말을 했다.

"누군가에게 무언가를 가르친다는 것만으로는 상대방은 절대 배우지 못할 것이다."

그의 말이 맞다. 학습은 능동적인 과정이다. 우리는 행함으로써 배운다. 그러므로 이 책에서 배운 인간관계의 원칙에 숙달하고 싶다면 배운 내용 가운데 무엇이든 실행하라. 인간관계의 원칙을 기회 있을 때마다 적용해보라. 그렇게 하지 않으면 금세 잊어버릴 것이다. 실제 사용해본 지식만이 머릿속에 남는다.

하지만 항상 그렇게 하기는 아마 어려울 것이다. 이 책을 쓴 나도 내가 주장하는 모든 내용을 적용하는 건 어렵다고 느낄 때가 자주 있어서 그 마음을 안다. 예를 들어 화가 났을 때는 다른 사람의 관점을 이해하려 애쓰기보다는 비판하고 비난하는 일이 훨씬 쉽다. 칭찬거리를 찾기보다 보통 흠을 잡는 게 쉽다. 다른 사람이 원하는 바가 무엇인지에 관해 이야기하기보다 내가 무엇을 원하는지를 이야기하는 게 더 자연스럽다. 그 외에도 많은 예가 있다. 그러므로 이 책을 읽는 동안 단지 정보를 얻기 위해 이 책을 읽는 게 아니라는 점을 기억하라. 여러분은 새로운 습관을 들이려는 것이다. 아, 새로운 삶의 방식을 시도하는 것이라

할 수 있겠다. 그러려면 시간과 끈기, 매일의 노력이 필요하다.

그러니 책의 내용을 자주 참조하라. 이 책을 대인관계의 실용 안내서로 생각하라. 그리고 어떤 문제가 생길 때마다, 예를 들어 아이들을 대할 때나 배우자가 여러분의 사고방식을 받아들이도록 설득할 때, 혹은 짜증이 나 있는 고객을 만족시켜야 할 때 자연스럽게 나오는 반응, 충동적인 반응은 넣어두라. 그런 반응은 대개 옳지 못하다. 대신 이 책을 펼쳐 밑줄 친 부분을 다시 읽어라. 그러고 나서 책에서 배운 새로운 방식을 적용해보고 어떤 마법 같은 일이 일어나는지 지켜보라.

7.

배우자나 자녀 혹은 직장 동료가 여러분이 특정 원칙을 어기는 모습을 보았다면 그때마다 그들에게 10센트 혹은 1달러를 주기로 하라. 이 책에 소개된 대인관계의 원칙에 숙달할 때까지 이 방법을 게임으로 삼아 적극적으로 해보라.

8.

한 번은 월스트리트 주요 은행의 회장이 내가 진행하는 수업 시간에 동급생들 앞에서 자기계발을 위해 사용하는 매우 효율적인 시스템을 소개해주었다. 이 남성은 정식 교육을 받은 적이 거의 없었다. 그런데도 미국에서 가장 중요한 금융인이 되었다.

그의 말에 따르면, 그가 성공할 수 있었던 건 자신이 만든 시스템을 적용한 덕분이라고 했다. 다음에 그가 사용한 시스템을 소개한다. 기억하는 한 정확하게 그의 말을 그대로 옮겼다.

수년 동안 저는 그날의 모든 일정을 보여주는 약속의 책을 쓰고 있습니다. 우리 가족은 저를 위해 토요일 저녁에는 아무런 계획을 세우지 않습니다. 제가 토요일 저녁마다 시간을 내 자기 검열과 재검토, 평가하는 과정을 거친다는 걸 알고 있기 때문입니다. 토요일 저녁 식사 후에는 자리를 뜬 후 혼자 약속의 책을 펼치고 그 주에 있었던 모든 만남, 토론, 회의에 관해 다시 생각해봅니다. 그리고 스스로 질문을 던집니다.

'그때 내가 무슨 실수를 했을까?'

'내가 잘한 일은 어떤 일일까? 그리고 어떤 식으로 했어야 더 좋은 성과를 낼 수 있었을까?'

'그러한 경험에서 무엇을 배울 수 있을까?'

이러한 주간 검토를 하다 보면 아주 기분이 나빠지는 때가 종종 있습니다. 나 자신의 어리석은 실수에 깜짝 놀라는 때가 많습니다. 물론 세월이 흐르면서 실수는 줄었어요. 때로는 주간 검토 시간 후에 자신을 스스로 격려하곤 합니다.

이러한 자기 분석과 자기 교육 시스템을 매해 계속했더니 제가 했던 어떤 일보다 더 도움이 되었습니다. 또한 의사결정 능력이 높아졌습니다. 그리고 모든 사람과의 관계에 엄청난 도움을 주었습니다. 더는 권할 수 없을 정도로 강력히 추천하는 방법입니다.

이 책에서 소개하는 대인관계의 원칙을 적용하고 있는지 확인하는 데 그와 비슷한 시스템을 사용해보면 어떨까? 그렇게 한다면 두 가지 결과가 나타날 것이다.

첫째, 자신이 흥미롭고 가치 있는 교육 과정에 참여하고 있다는 걸 알게 된다. 둘째, 사람을 만나고 대하는 능력이 엄청나게 좋아졌다는 걸 알게 된다.

9.

이 책의 맨 뒤에는 여백으로 남겨진 페이지가 몇 장 있다. 책에서 배운 인간관계의 원칙을 적용하면서 얻은 승리의 내용을 기록하는 곳이다. 기록은 구체적으로 한다. 이름, 날짜, 결과를 적는다. 그런 내용을 기록하다 보면 한층 노력을 기울이게 된다. 그리고 지금부터 몇 년 후에 우연히 적어둔 기록을 보게 되면 얼마나 흥미로울까!

이 책을 최대한 활용하기 위해 다음과 같이 하길 바란다.

- 인간관계의 원칙에 숙달하는 일을 향한 깊은 열망을 키워라.
- 다음 장으로 넘어가기 전에 각 장을 두 번씩 읽어라.
- 책을 읽으면서 이 방법을 어떻게 적용하면 좋을지 스스로 생각하느라 읽는 걸 자주 멈추지 말라.
- 중요한 내용이 나오는 부분마다 밑줄을 그어라.
- 이 책의 내용을 매달 다시 확인하라.

- 기회가 있을 때마다 책에서 배운 인간관계의 원칙을 적용하라. 여러분이 일상에서 마주하는 문제를 해결하는 데 이 책을 실용 안내서로 생각하라.
- 여러분이 책에서 배운 원칙을 어길 때마다 친구에게 10센트나 1달러씩 주는 게임을 해보라.
- 매주 진행 상황을 확인하라. 어떤 실수를 저질렀는지, 어떤 발전이 있었는지, 앞날을 위해 어떤 교훈을 얻었는지 스스로 물어보라.
- 이 책에서 배운 인간관계의 원칙을 언제, 어떻게 적용했는지 책의 뒷부분에 기록하라.

제3부 사람들을 설득하는 법

제4부 리더의 소통: 감정을 상하게 하거나 분노를 일으키지 않으면서 사람을 변화시키는 방법

제1부
사람을 대하는 기본 기술

제1장
꿀을 모으고 싶다면 벌집을 차지 말라

1931년 5월 7일 뉴욕시에서 그때까지 알려진 가장 놀라운 범인 수색 작업이 절정에 달했다. 몇 주에 걸친 수색 끝에 쌍권총 크로울리살인자. 총기를 소지한 범인으로 담배도 피지 않고 술도 마시지 않는 사람이었다는 궁지에 몰려 있었다. 웨스트 엔드 가에 있는 애인의 아파트에서 함정에 빠진 것이다.

경찰과 형사 150명이 꼭대기 층에 숨어 아파트를 포위했다. 그들은 지붕에 구멍을 냈다. 최루가스를 이용해 경찰 살해범 크로울리를 밖으로 끌어낼 생각이었다. 그러고 나서 아파트 주변 건물에 기관총을 설치했고, 뉴욕 고급 주택가에서는 한 시간 이상 탕탕 권총 소리와 두두두두 기관총 소리가 울려 퍼졌다. 크로울리는 속을 넘치도록 가득 채운 의자 뒤에 몸을 웅크린 채 경찰을 향해 쉼 없이 총을 쏘아댔다. 흥분한 사람들 1만 명이 교전을 지켜보았다. 그때까지 뉴욕의 인도에서 이런 비슷한 일은 본 적도 없었다.

크로울리가 체포되었을 때 멀루니 뉴욕시 경찰국장은 쌍권총이라 불리는 악당은 뉴욕시 역사상 가장 위험한 범죄자였다고 선언했다. "깃털이 날린다는 이유만으로도 그는 사람을 죽일 것입니다"라고 멀루니 경찰국장은 말했다.

하지만 쌍권총 크로울리는 자신을 어떤 사람이라 여겼을까? 우리는 그 답을 알 수 있다. 경찰이 그가 있는 아파트를 향해 총을 발사하는 동안 '담당자님께' 보내는 편지를 썼기 때문이다. 편지를 쓰는 동안 총을 맞은 상처에서 피가 흘러나와 종이에 선홍색 자국이 남았다. 크로울리는 편지에 이렇게 썼다.

'내 코트 아래에는 지쳐버린, 하지만 친절한 마음이 있다. 아무에게도 해를 끼치지 않는 그런 마음이다.'

총격전이 벌어지기 조금 전에 크로울리는 롱아일랜드 외곽의 시골길에서 여자 친구의 몸을 탐하고 있었다. 갑자기 경찰이 차로 다가와 말했다.

"면허증 좀 보여주시죠."

크로울리는 아무 말도 하지 않고 총을 꺼내 빗발치듯 총을 쏴 경찰관을 쓰러뜨렸다. 죽어가던 경찰관이 쓰러지자 크로울리는 차 밖으로 나와 경찰관의 권총을 쥐고서는 엎드려 있던 경찰관의 몸에 다시 한 발 총을 쏘았다. 이런 살인범이 바로 "내 코트 아래에는 지쳐버린, 하지만 친절한 마음이 있다. 아무에게도 해를 끼치지 않는 그런 마음이다"라니!

크로울리는 전기의자에 의한 사형을 선고받았다. 싱싱 교도소에 있는 사형집행실에 도착했을 때 크로울리가 말했다.

"이게 내가 사람을 죽여서 생긴 결과일까요? 아니요, 이건 나 자신을 방어한 결과입니다."

이야기의 요지는 쌍권총 크로울리가 어떤 이유로든 자신을 탓하지 않았다는 것이다.

범죄자들 사이에서 보기 드문 태도일까? 그렇게 생각한다면 다음 이야기를 들어보라.

"사람들에게 가벼운 즐거움을 주고, 사람들이 좋은 시간을 보낼 수 있도록 도와주며 인생의 가장 좋은 시절을 보냈건만 내게 돌아온 건 학대가 전부이고 나는 사냥당한 남자가 되었다."

알 카포네가 한 말이다. 그렇다, 미국에서 가장 악명 높은 공공의 적, 시카고를 타격한 세상에서 가장 악랄한 조직 폭력단의 두목, 알 카포네 말이다. 알 카포네도 자신을 비난하지 않았다. 사실은 자신을 사회의 은인으로, 그런데도 감사받지 못하고 오해만 받는 사람이라 여겼다.

조직폭력배의 총에 쓰러지기 전, 더치 슐츠도 마찬가지였다. 뉴욕에서 악명 높은 무뢰한이었던 더치 슐츠는 신문 인터뷰에서 자신을 '사회의 은인'이라고 말했다. 그는 정말 그렇게 믿었다.

나는 뉴욕의 악명 높은 싱싱 교도소에서 오랫동안 교도소장으로 일했던 루이스 로우스와 이 주제를 두고 흥미로운 내용의 편지를 주고받은 적이 있었다. 그는 이렇게 적었다.

'싱싱 교도소에서 자신을 스스로 나쁜 놈이라 생각하는 재소자는 거의 없습니다. 그들도 당신이나 나처럼 인간적입니다. 그래서 자신의 행동을 합리화하고 설명하려 듭니다. 그들은 자신이 왜 금고를 훔쳐야 했는지, 왜 빨리 방아쇠를 당겨야 했는지 이유를 댈 수 있을 것입니다. 재소자 대부분은 자신이 벌인 반사회적 행동을 말도 안 되는 소리건 논리적이건 간에 추론의 형태로 스스로에게조차 합리화하려 애씁니다. 결과적으로 자신은 절대 교도소에 들어올 일이 없었다는 주장을 완강하게 펼칩니다.'

알 카포네, 쌍권총 크로울리, 더치 슐츠, 교도소의 창살 너머에서 발악하는 남녀 재소자 들은 어떤 일에 대해서도 자책하지 않는다. 그렇다면 여러분과 내가 접하는 사람들은 어떨까?

자신의 이름을 딴 백화점을 설립한 존 워너메이커가 한 번은 이런 고백을 했다.

"30년 전에 나는 남을 비난하는 건 어리석은 짓이라는 걸 알았습니다. 신이 지성이라는 재능을 공평하게 나누어주지 않으셨다는 사실을 두고 괴로워하지 않아도 제 한계를 극복할 문제는 충분히 있었습니다."

워너메이커는 일찌감치 이런 교훈을 얻었다. 하지만 개인적으로 나는, 어떤 잘못을 저질렀든 100명 중 99명은 자기를 비판하지 않는다는 걸 알게 되기까지 30년 넘게 이러한 세상 속에서 실수를 저질러야만 했다.

비판은 헛된 짓이다. 사람은 비판을 받으면 방어적인 태도를 보이고, 대개 자신을 정당화하려 애쓰기 때문이다. 비판은 위험하다. 비판은 사람의 소중한 자존심에 상처를 입히고, 자신이 중요한 사람이라는 생각을 해치고, 분개하게 만들기 때문이다.

세계적으로 유명한 심리학자인 스키너는 실험을 통해 이 사실을 증명했다. 실험에서 착한 행동을 했을 때 보상을 받은 동물은 나쁜 행동으로 벌을 받은 동물보다 학습 속도가 훨씬 빨랐고, 배운 내용을 훨씬 효과적으로 기억했다. 후에 진행된 연구에 따르면 사람도 마찬가지라고 한다. 비판은 우리의 행동에 지속적인 변화를 가져오지 못하고, 보통 분개하게 만든다.

또 다른 위대한 심리학자 한스 셀리에는 말했다.

"우리는 인정을 바라는 만큼 비난을 두려워한다."

비판 때문에 분개한 직원, 가족, 친구는 의기소침해질 뿐 상황은 달라지지 않는다.

오클라호마주 이너드에 사는 조지 존스턴은 엔지니어링 회사에서 안전 코디네이터로 일한다. 그가 해야 할 일 가운데 하나는 직원들이 현장에 나갈 때마다 안전모를 착용했는지 확인하는 것이다. 그는 안전모를 쓰지 않은 직원을 볼 때마다 신고했고, 안전모를 쓰는 게 규정이었으므로 대단한 권위를 가지고 직원들을 지적했고, 규정에 따라 안전모를 써야 한다고 말했다. 그 결과 지적을 받은 직원들은 그의 말을 뚱하게 받아들였고 그가 자리를 떠나면 안전모를 벗곤 했다.

그래서 조지 존스턴은 다른 방법을 써보기로 했다. 다음번에 안전모를 쓰지 않은 직원을 발견했을 때 그는 안전모가 불편한지 아니면 잘 맞지 않는지 물어보았다. 그러고 나서 즐거운 톤의 목소리로 부상을 방지하기 위해 안전모를 쓰는 것이니 작업장에서는 항상 착용해야 한다고 일렀다. 그랬더니 누구도 분개하거나 감정적으로 동요하지 않았고, 규정을 따르는 사람이 늘었다.

비판이 헛된 짓이라는 점을 보여주는 예는 역사책 속에 가득하다. 예를 들어 시어도어 루스벨트 대통령과 태프트 대통령 사이에 있었던 유명한 다툼을 보자. 이 다툼으로 인해 공화당이 분열되었고, 우드로 윌슨이 백악관에 입성했다. 그들의 다툼으로 인해 제1차 세계대전에 미국이 참전하면서 역사의 흐름을 바꾸었다.

사실관계를 빠르게 확인해보자. 1908년 퇴임한 시어도어 루스벨트 대통령은 다음 대통령으로 선출된 태프트를 지지했다. 그리고 나서는 아프리카에 사자를 사냥하러 갔다. 그런데 미국으로 돌아왔을 때 그는 폭발했다. 시어도어 루스벨트 대통령은 태프트의 보수주의를 맹비난했고, 자신의 3선 지명을 확보하기 위해 애쓰며, 불무스당을 창당했는데, 이로 인해 공화당은 거의 무너질 지경이었다. 이후 이어진 선거에서 윌리엄 하워드 태프트 대통령과 공화당은 버몬트주와 유타주, 이렇게 겨우 2개 주에서만 승리를 거두었다. 공화당 역사상 가장 처참한 패배였다.

시어도어 루스벨트 대통령은 태프트를 탓했다. 하지만 태프트 대통령은 자책했을까? 당연히 그렇지 않았다. 눈물을 글썽이며 태프트가 말했다.

"제가 한 것과 어떻게 다르게 할 수 있었을지 모르겠습니다."

탓해야 할 사람은 누구였을까? 루스벨트 대통령이었을까, 태프트였을까? 솔직히 나는 모르겠고, 신경 쓰지도 않는다. 내가 하려는 말은 시어도어 루스벨트 대통령이 온갖 비판을 쏟아부었지만, 태프트는 자신의 잘못을 인정하지 않았다는 것이다. 그저 태프트는 자신을 정당화하려 애썼고, 눈물을 글썽이며 이렇게 말했을 뿐이다.

"제가 한 것과 어떻게 다르게 할 수 있었을지 모르겠습니다."

또 티포트돔 석유 사건도 살펴보자. 1920년대 초 신문 지면을 분노로 넘치게 만들었던 사건이다. 이 사건은 나라를 흔들었다! 아직 살아 있는 사람들이 기억하는 한 미국 공직 사회에서 전에 이런 일이 일어난 적은 없었다. 다음이 사건의 간단한 사실 관계이다.

하딩 정권의 내무 장관이었던 앨버트 폴은 엘크 힐과 티포트 돔에 있는 정부 석유 저장시설의 임대 업무를 맡았다. 그곳은 해군이 앞으로 사용할 석유를 따로 보관해두는 시설이었다. 폴 내무 장관이 경쟁 입찰을 허용했을까? 그렇지 않았다. 그는 이권이 가득한 계약서를 친구인 에드워드 도헤니에게 전면적으로 넘겼다. 도헤니는 어떻게 했을까? 도헤니는 폴 내무 장관에게 '빌려준다'라는 명목으로 10만 달러를 주었다. 그리고 나서 폴 내무 장관은 고압적인 태도로 해당 지역의 미 해군에 엘크 힐 저장시설에서 석유를 빼가는 근처의 유정을 지닌 경쟁업체들을 쫓아내라 명령했다. 총부리와 총검의 위협을 받으며 자기 땅에서 쫓겨난 경쟁자들은 법원으로 달려갔다. 그리고 티포트돔 사건의 전모가 드러났다. 부패가 너무 지독해서 하딩 정부가 무너졌고 온 나라가 메스꺼워했으며, 공화당이 망가질 위협에 처했고, 앨버트 폴은 구속되었다.

앨버트 폴은 맹렬한 비난을 받았다. 공직에 있는 사람 중에 그정도로 비난받은 사람은 거의 없었다. 그래서 그가 자신의 죄를 뉘우쳤을까? 절대 그렇지 않았다! 몇 년 후 허버트 후버미국 제31대대통령는 연설에서 하딩 대통령의 죽음이 친구의 배신으로 인한 정신적 불안과 걱정 때문이었음을 시사했다. 앨버트 폴의 부인이 그 연설을 듣고는 의자를 박차고 일어나 눈물을 흘리고 주먹을 휘두르며 소리쳤다.

"뭐라고! 폴이 하딩을 배신했다고? 아니야! 우리 남편은 누구도 배신하지 않았어. 집 안 가득한 금을 주어도 우리 남편은 잘못을 저지를 사람이 아니야. 우리 남편이야말로 배신당하고 살육당하고 십자가에 매달렸어."

보라. 인간의 본성상 잘못을 저지른 사람은 세상 모두를 탓해도 자신을 탓하지 않는다. 사람은 누구나 그렇다. 그러므로 우리가 내일 누군가를 비판하고 싶어지면 알 카포네를, 쌍권총 크로울리를, 앨버트 폴을 기억하자. 비판은 편지를 전하는 비둘기와 같다는 사실을 깨닫자. 그래서 항상 우리에게 돌아온다. 우리가 고치려 하고 비난하는 사람은 아마 자신을 정당화하고 역으로 우리를 비난할 거라는 걸 깨닫자. 아니면 부드럽게 대응했던 태프트처럼 "제가 한 것과 어떻게 다르게 할 수 있었을지 모르겠습니다"라고 이야기할 것이다.

1865년 4월 15일 아침 에이브러햄 링컨은 포드 극장 바로 맞은편 싸구려 여관의 문간방에 누워 죽어가고 있었다. 존 윌크스 부스가 포드 극장에서 에이브러햄 링컨을 쏘았다. 링컨의 긴 몸은 그의 키에 비해 너무 짧고 축 처진 시트가 깔린 침대 위에 비스듬히 늘어져 있었다. 화가 로사 보뇌르의 유명한 그림 말 시장의 싸구려 복제판 그림이 침대 머리 위에 걸려 있었고 음울한 가스등의 노란 불빛이 깜빡였다.

링컨이 누워 죽어가는 동안 스탠튼 육군 장관이 말했다.

"지금까지 세상에서 가장 완벽했던 인류의 통치자가 저기 누워 계신다."

링컨이 성공적인 인간관계를 맺을 수 있었던 비밀은 무엇이었을까? 나는 10년간 에이브러햄 링컨의 일생을 연구했고, 꼬박 3년을 쏟아《데일 카네기 링컨이야기 Lincoln The Unknown》라는 제목의 책을 쓰고, 또 썼다. 링컨의 성격과 가정생활에 관해 가능한 범위 내에서 누구보다 상세하고 완전한 연구 내용을 담았다고 생각한다. 나는 링컨의 대인관계 방법에 관해 특별 연구를 했다. 그는 남을 비판하는 걸 즐겼을까? 정말 그랬다. 인디애나주 피존크릭밸리에 살던 청년 링컨은 사람들을 비판했을 뿐 아니라 조롱하는 편지와 시를 쓴 뒤 상대방 눈에 띌 것이 분명한 시골길에 떨어뜨려두었다. 그 편지는 상대방에게 평생에 걸친 분노를 일으켰다.

링컨은 일리노이주 스프링필드에서 변호사로 일하게 된 뒤에도 신문에 공개적으로 편지를 실어 상대를 공격했다. 그런데 링컨은 이런 일을 너무 자주 벌였다.

1842년 가을, 링컨은 제임스 쉴즈라는 자만심 강하고 잘 싸우는 정치인을 조롱했다. 링컨은 〈스프링필드 저널〉에 익명의 편지를 실어 그를 조롱했다. 온 마을이 폭소했다. 예민하고 오만한 성격의 쉴즈는 분해서 펄펄 뛰었다. 그는 누가 편지를 썼는지 찾아내 말에 올라타 링컨을 쫓기 시작했고, 링컨에게 결투를 신청했다. 하지만 링컨은 싸우고 싶지 않았다. 링컨은 결투에 반대하는 사람이었지만 거절할 수 없었고 명예를 지켰다. 결투에 사용할 무기는 선택할 수 있었다. 링컨은 팔이 아주 길었기 때문에 기사들이 사용하는 폭이 넓은 검을 골랐고 웨스트포인트 사관학교 졸업생으로부터 칼싸움 수업을 받았다. 그리고 결전의 날 링컨과 쉴즈는 죽을 때까지 싸울 각오를 다지고 미시시피 강어귀의 모래톱에서 만났다. 하지만 마지막 순간에 결투 입회자가 끼어들어 결투를 중지시켰다.

링컨의 일생에서 개인적으로 가장 끔찍한 사건이었다. 이 사건으로 인해 링컨은 대인관계의 기술에 관해 귀중한 교훈을 얻었다. 이후 링컨은 다시는 누군가를 모욕하는 편지는 쓰지 않았다. 그리고 다시는 누군가를 조롱하지도 않았다. 결투 사건 이후로 링컨은 다시는, 어떤 이유로든, 누구도, 비판하지 않았다.

남북전쟁 중에 링컨은 몇 번이나 새로운 장군을 포토맥군의 대장으로 임명했다. 매클레넌, 포프, 번사이드, 후커, 미드 등 각 장군은 돌아가며 비극적인 실수를 저질러 링컨을 절망에 빠뜨렸다. 나라의 반이 이러한 무능력한 장군들을 맹렬하게 비난했지만, 링컨은 '누구에게도 악의를 품지 않고, 모든 이에게 관용을 베푸는' 마음가짐으로 평화를 유지했다. 그는 '심판받지 않으려거든 남을 심판하지 말라'는 말을 즐겨 인용했다.

부인과 다른 사람들이 남부 사람들에 관해 험담하면 링컨은 이렇게 말했다.

"남부 사람들을 비판하지 마시오. 같은 상황에 놓였다면 우리도 그들처럼 했을 것이오."

하지만 당연히 링컨에게는 누군가를 비판할 일이 생겼다. 다음 이야기를 보자.

1863년 7월 1일부터 3일까지 게티즈버그 전투가 있었다. 7월 4일 밤 리 장군은 폭풍우가 전국에 비를 뿌리는 가운데 남쪽으로 후퇴하기 시작했다. 리 장군은 패배한 군대를 이끌고 포토맥강에 다다랐지만, 강물이 불어 건널 수가 없었다. 뒤에는 전투에서 승리를 거둔 북부군이 있었다. 리 장군은 덫에 걸렸다. 빠져나갈 수가 없었다. 링컨이 그 모습을 보았다. 하늘이 보내주신 황금 기회였다. 리 장군이 이끄는 남부군을 궤멸하고 즉시 전쟁을 끝낼 기회였다. 그래서 솟구치는 희망을 안고 미드 장군에게 작전 회의를 소집하지 말고 즉시 리 장군을 공격하라는 명령을 내렸다. 링컨은 전보를 쳐 명령을 내리고 미드 장군의 즉각적인 행동을 요구하는 특사를 보냈다.

그래서 미드 장군은 어떻게 했을까? 미드 장군은 링컨이 내린 명령과는 정반대로 움직였다. 링컨의 명령을 정면으로 위배하며 작전 회의를 소집했다. 미드 장군은 움직이기를 주저했다.

공격을 자꾸 미뤘다. 그리고 전보로 온갖 변명을 댔다. 미드 장군은 단도직입적으로 리 장군을 공격하는 걸 거부했다. 마침내 포토맥강의 수위가 낮아졌고, 리 장군은 부대를 이끌고 포토맥강을 건너 탈출했다.

링컨은 몹시 화가 났다.

"이건 무엇을 의미하는 것일까?"

링컨은 아들인 로버트를 향해 외쳤다.

"위대한 신이시여! 이건 무엇을 의미하는 겁니까? 남부군이 손에 잡힐 듯했는데, 앞으로 조금만 더 손을 내밀었으면 우리 손에 넣었을 것이다. 하지만 어떤 말이나 행동으로도 군대를 움직일 수 없었어. 이런 상황에서 어느 장군이든 리를 물리칠 수 있었을 거야. 내가 거기에 있었다면 직접 채찍으로 그를 쳤을 거야."

쓰라린 실망 속에서 링컨은 자리에 앉아 미드 장군에게 다음과 같은 편지를 썼다. 여기서 기억해야 할 점은 이 시기의 링컨은 극단적으로 조심스레 사람을 대했고, 표현을 제한했다는 것이다. 그래서 1863년 링컨이 쓴 이 편지의 내용은 혹독한 힐책과 맞먹었다.

친애하는 장군께,

리의 탈출이 얼마나 불운한 일인지 장군이 제대로 인식하고 있는 것 같지 않소. 우리는 거의 그를 손에 넣을 뻔했고, 그랬다면 우리가 뒤늦게 거둔 다른 성공적인 일들과 함께 전쟁을 끝낼 수 있었을 것이오. 하지만 지금 실정으로는 전쟁이 무기한 연장될 것 같소. 장군은 지난 월요일에 아무 위험 없이도 리를 공격하지 못했는데, 강의 남부 지역에서 어떻게 공격에 성공할 수 있겠소? 데려갈 수 있는 인원도 아주 적은데 말이오. 월요일에 이용할 수 있었던 병력의 3분의 2를 넘지 못할 테요. 그런 기대는 비합리적인 것일 테고 장군이 이제 대단한 결과를 가져오리라고 나는 기대하지 않소. 장군이 얻었던 절호의 기회는 사라졌고, 그 때문에 나는 헤아릴 수 없이 괴롭소.

이 편지를 읽고 미드 장군은 어떻게 했을까?

미드 장군은 그 편지를 읽지 못했다. 링컨이 끝까지 부치지 않았기 때문이다. 이 편지는 링컨이 죽은 후 다른 서류들 사이에서 발견되었다.

그저 추측일 뿐이지만 내 생각에 링컨은 이 편지를 쓴 뒤 창밖을 내다보며 혼잣말을 했을 것이다.

"잠깐만. 이리 성급하게 굴어서는 안 되지. 여기 평화로운 백악관에 앉아 미드 장군에게 공격하라는 명령을 내리는 건 쉬운 일이야. 하지만 내가 게티즈버그에 있었다면, 지난주에 미드 장군이 본 것만큼 피를 많이 봤다면, 부상자와 전사자의 비명과 악쓰는 소리에 귀가 떨어질 것 같았다면, 나도 그렇게 간절하게 공격하려 들지 않았을지 몰라. 내가 미드 장군처럼 소심한 성격이었다면 나도 그가 했던 것과 똑같이 행동했을 거야. 어쨌든 이제는 지나간 일이야. 내가 이 편지를 보낸다면 내 기분은 좀 나아지겠지만 미드 장군은 자신의 행동을 정당화하려 들 거야. 그는 나를 비난하겠지. 악감정이 생길 테고 지휘관으로서 앞으로 그가 잘 할 수 있는 모든 부분을 망치게 될 거야. 어쩌면 군에서 사임하라고 그에게 강요하게 될지 몰라."

그래서 앞서 말했던 것처럼 링컨은 편지를 넣어두었다. 날 선비판과 힐책은 언제나 무익하다는 걸 쓰라린 경험을 통해 배웠기 때문이다.

시어도어 루스벨트 대통령은 대통령으로서 당혹스러운 문제와 마주할 때면 의자 뒤로 기대 백악관 책상 위에 걸린 링컨의 초상화를 올려다보며 "링컨이 내 입장이었다면 어떻게 했을까? 링컨이라면 이 문제를 어떻게 풀었을까?"라고 스스로 질문하곤 했다고 말했다.

다음에 누군가를 책망하고 싶어질 때는 지갑에서 5달러 지폐를 꺼내 링컨의 얼굴을 보고 질문을 던지자.

"링컨이었다면 이 문제를 어떻게 했을까?"

작가 마크 트웨인은 자주 화를 냈고 독설을 담은 편지를 썼다. 예를 들면 한 번은 자신을 화나게 한 어느 남성에게 이런 편지를 썼다.

"당신을 위해 준비된 건 매장허가서요. 당신은 말만 하면 되고 나는 당신이 매장허가서를 받는 모습을 볼 것이오."

또 한 번은 원고 교정자가 '내 철자법과 구두법을 개선하려들었다'며 편집자에게 편지를 써서 이렇게 요구했다.

"아래 원고에 따라 진행하고, 그래도 교정자가 그 썩어빠진 머리에서 나온 생각을 계속 제안하는지 보시오."

마크 트웨인은 이처럼 편지에 독설을 쏟아내고 나면 기분이 나아졌다. 열을 식힐 수 있었고, 실제로는 그 편지가 누군가의 마음을 상하게 하지도 않았다. 마크 트웨인의 아내가 편지를 몰래 치웠기 때문이다. 그래서 마크 트웨인의 독설 편지는 한 번도 발송되지 않았다.

여러분도 바꾸고 싶고, 통제하고 싶고, 개선하고 싶은 사람이 있는가? 좋다! 그래도 괜찮다. 나는 전적으로 찬성한다. 그런데 우리 자신에서부터 시작해보는 건 어떨까? 순전히 이기적인 관점으로 보자면 나부터 달라지는 게 다른 사람을 개선하려 애쓰는 것보다 훨씬 이득이다. 그렇다, 그리고 감수해야 할 위험도 훨씬 적다.

"너희 집 문간이 더러운데 이웃집 지붕에 눈이 온다고 불평하지 마라."

공자가 말했다.

내가 사람들에게 깊은 인상을 남기려 애쓰던 아직 젊었던 시절에 한때 미국 문학 지평에서 큰 존재감을 지녔던 작가 리처드 하딩 데이비스에게 바보 같은 편지를 썼다. 나는 작가들에 관한 잡지 기사를 준비하고 있었고, 데이비스 작가에게 글 쓰는 방법을 이야기해달라고 부탁했다. 부탁의 편지를 쓰기 몇 주 전 나는 누군가로부터 편지를 받았는데 편지 아래에 이렇게 쓰여 있었다.

'받아 쓴 글로, 교정하지 않았음.'

나는 매우 감명받았다. 편지를 쓴 사람이 아주 거물이고, 바쁘고 중요한 사람인 게 틀림없다고 생각했다. 나는 조금도 바쁘지 않았지만, 데이비스 작가의 관심을 끌고 싶었다. 그래서 짧은 편지 아래에 그렇게 썼다.

'받아 쓴 글로, 교정하지 않았음.'

데이비스 작가는 답장을 쓰는 수고는 들이지 않았다. 그저 내 편지 아래에 다음 문장을 휘갈겨 쓴 뒤 돌려보냈다.

'당신의 무례함을 넘어설 수 있는 건 당신의 무례함뿐일 것이오.'

내가 어리석은 실수를 저지른 건 사실이었고, 아마 이런 질책을 받을 만한 행동이었을 것이다. 하지만 나도 사람이기에 억울했다. 너무 억울했던 나머지 그로부터 10년 뒤 데이비스 작가의 부고 기사를 읽었을 때도 그에게 받았던 상처가 여전히 떠올랐다(인정하기는 부끄럽지만).

수십 년이 지나도 누군가의 마음에 맺혀 죽을 때까지 남을 분노를 내일 일으키고 싶다면 약간 신랄하게 그 사람을 비판하면 된다. 그게 아무리 정당한 비판이라고 확신하더라도 말이다.

사람을 대할 때는 논리적인 존재를 대하는 게 아니라는 점을 기억하라. 우리는 감정적인 존재, 편견으로 가득한 존재, 자존심과 허영에서 힘을 얻는 존재를 상대하는 것이다.

혹평은 영국 문학을 풍부하게 만든 훌륭한 소설가이자 예민한 사람이었던 토머스 하디를 영원히 절필하게 했다. 비판은 영국의 시인 토머스 채터턴을 자살로 몰고 갔다.

어린 시절 요령이 없었던 벤저민 프랭클린은 아주 외교적인 수완이 있는 사람, 사람을 대하는 게 노련한 사람으로 자라 프랑스 주재 미국 대사가 되었다. 그의 성공의 비밀은 무엇일까? 그는 이렇게 말했다.

"저는 누구의 험담도 하지 않고…… 내가 아는 모든 사람의 좋은 점만 이야기합니다."

남을 비판하고, 비난하고, 불평하는 건 바보라도 할 수 있다. 그리고 대체적으로 바보는 그렇게 한다. 하지만 남을 이해하고 용서하려면 인격과 자제심이 필요하다. "훌륭한 사람은 약자를 대하는 모습에서 훌륭함을 보여준다"라고 칼라일은 말했다.

밥 후버는 유명한 테스트 전문 비행기 조종사이며, 에어쇼에서 비행하는 모습도 자주 볼 수 있다. 후버는 샌디에이고에서 열린 에어쇼를 마치고 로스앤젤레스의 기지로 돌아가고 있었다. 그런데 〈플라이트 오퍼레이션즈〉에 실렸던 것처럼, 고도 300피트 지점에서 비행기의 양쪽 엔진이 갑자기 멈췄다. 후버는 급히 비행기를 조종해 가까스로 착륙할 수 있었다. 다친 사람은 아무도 없었지만, 비행기가 심하게 훼손되었다.

긴급 착륙한 뒤 후버는 제일 먼저 비행기의 연료부터 확인했다. 의심했던 대로 그가 조종했던 제2차 세계대전의 프로펠러 비행기는 가솔린이 아닌 제트 연료유를 사용하고 있었다.

공항으로 돌아오자마자 후버는 비행기를 정비했던 정비사를 만나게 해달라고 요청했다. 비행기를 정비했던 청년은 자신의 실수에 몹시 괴로워하고 있었다. 후버가 다가가니 그는 눈물을 줄줄 흘리고 있었다. 정비사는 매우 비싼 비행기를 못 쓰게 만들었고, 세 명의 목숨까지 앗아갈 수도 있었다.

후버가 얼마나 화가 났는지 짐작할 수 있을 것이다. 그러니 자부심 강하고 정확한 성격의 조종사인 후버가 정비사의 부주의함을 호되게 꾸짖었을지 모른다. 하지만 후버는 정비사를 꾸짖지 않았다. 비판조차 하지 않았다. 그 대신 큰 팔로 정비사의 어깨를 감싸고 말했다.

"자네가 다시는 이런 실수를 하지 않을 거라고 내가 확신하고 있다는 걸 보여주고 싶네. 내일 자네가 내 F-51을 정비해주었으면 하네."

부모는 종종 자녀를 비판하려 한다. 내가 "비판하지 말라"고 말할 것이라 생각하는가? 아니다. 그냥 이렇게 말하고 싶다.

"아이를 비판하기 전에 미국 언론 기사의 고전 '아버지는 잊는다Father Forgets'를 읽어라."

이 기사는 원래 〈피플스 홈 저널〉에 실린 사설이었다. 작가의 허락 아래 여기에 다시 싣는다. 〈리더스 다이제스트〉에 실렸던 요약본이다.

'아버지는 잊는다'라는 글은 매우 많은 독자의 반향을 불러일으켜서(순간적으로 진심을 불러일으킨다) 자주 반복되어 실리는 인기글이다. '아버지는 잊는다'라는 사설은 처음 잡지에 실린 이래로 계속 전재되어왔다. 사설을 쓴 리빙스턴 란드는 다음과 같이 말했다.

"전국 수백 개의 잡지와 사보, 신문에 실렸다. 여러 외국어로도 그만큼 많이 번역되어 실렸다. 학교에서, 교회에서, 강의 연단에서 읽고 싶어 하는 사람 수천 명에게 개인적 사용을 허락해 주었다. 수없이 많은 행사와 프로그램을 통해 '방송'되기도 했다. 특이하게도 대학 정기 간행물과 고등학교 잡지에도 실렸다. 때로 이상하게 사람들의 '마음을 끄는' 작은 기사가 있다. 이 글이 정말 그랬다."

아버지는 잊는다
_리빙스턴 란드

아들아, 들어보렴: 작은 손을 뺨 아래 넣고 촉촉이 땀에 젖은 이마에 금발의 곱슬머리를 붙이고 네가 자는 동안 이 말을 전한단다. 나는 혼자 네 방에 들어왔어. 몇 분 전 서재에서 신문을 읽고 있는데 숨 막힐 듯한 회한의 물결이 엄습했지. 죄책감이 들어 네 침대 옆으로 왔어.

아들아, 내가 생각했던 건 이런 거란다. 나는 네게 화를 냈어. 네가 학교 가려고 옷을 입고 나왔을 때 수건으로 얼굴을 슬쩍 닦기만 했다고 너를 혼냈지. 신발을 깨끗이 하지 않았다고 너를 책망했어. 네가 바닥에 물건을 던졌을 때는 화가 나서 소리를 질렀어. 아침 식탁에서도 네 잘못을 찾았어. 너는 음식을 쏟았지. 꿀꺽꿀꺽 소리 내며 음식을 삼켰고. 식탁 위에 팔꿈치를 올려놓았어. 빵에다 버터를 너무 두껍게 발랐지. 네가 밖으로 놀러 나가고 내가 출근 열차를 타러 갈 때면 너는 손을 흔들며 소리쳤어.

"아빠, 다녀오세요!"

그럼 나는 찡그린 얼굴로 대답했어.

"어깨를 펴고 다녀라!"

늦은 오후가 되면 이 모든 일이 다시 시작되었지. 퇴근길에 길을 따라 올라오다 무릎을 꿇고 구슬치기를 하는 네 모습을 알아차렸어. 양말에는 구멍이 나 있더구나. 함께 놀던 친구들도 있었는데 너를 앞세워 집으로 돌아오는 바람에 네게 망신을 주었어. 양말은 비쌌어. (만일 네가 양말을 사야 했다면 넌 좀 더 조심했겠지! 상상해보렴, 아들아, 아빠로부터!)

나중에 내가 서재에서 신문을 읽고 있었을 때 네가 상처받은 듯한 눈으로 서재에 들어오려고 어떻게 쭈뼛거렸는지 기억하니? 네가 들어올 때까지 기다리지 못하고 네가 문간에서 주저하는 동안 나는 신문을 쳐다보았어.

"무슨 일이니?"

내가 딱딱거리며 말했지.

넌 아무 말도 하지 않았지만, 격정적으로 뛰어들어 내 목에 팔을 두르고 입맞춤했어. 너는 작은 팔에 신이 네 마음에 꽃피우신 애정, 심지어 소홀히 해도 시들지 않는 애정을 담아 꽉 힘을 주었어. 그러고 나서 넌 서재를 나가 발소리와 함께 계단을 올라갔어. 자, 아들아, 네가 나가고 바로 난 신문을 떨어뜨렸고, 무섭도록 끔찍한 공포가 나를 덮쳤어. 내가 습관적으로 무슨 짓을 한 거지? 네가 잘못한 걸 찾아 질책하는 습관, 그게 어린 너에게 내가 주는 보상이었어. 네가 널 사랑하지 않았던 건 아니란다. 어린 너에게 너무 많은 걸 기대했던 거야. 난 내 나이의 잣대로 너를 쟀어. 네게도 좋은, 훌륭한, 진실한 부분이 아주 많단다. 자그마한 너지만 마음은 넓은 언덕 위에 드리우는 새벽만큼이나 크구나. 자연스럽게 내게 뛰어와 입맞춤하며 잘 자라고 말하는 네 모습을 보고 알 수 있었단다. 오늘 밤에는 다른 무엇도 중요하지 않았어, 아들아. 나는 어둠 속에 네가 잠든 침대 옆으로 가 무릎을 꿇었다. 부끄러운 마음으로!

이건 보잘것없는 속죄란다. 낮에 네게 말하면 너는 이런 마음을 이해하지 못하리라는 걸 나는 알아. 하지만 내일 나는 진짜 아빠가 될게! 네 친구가 되어 네가 아플 때 아파하고, 네가 웃을 때 웃을게. 참지 못하고 말이 나오려 할 때 꾹 참을게. 마치 의식을 치르는 것처럼 이 말을 되뇔게.

"얘는 아이일 뿐이야. 어린아이!"

너를 다 큰 어른으로 볼까 두려워. 하지만 아들아, 이제 나는 어린이용 침대에서 몸을 구부리고 피곤에 지쳐 잠든 네 모습을 보고 있어. 너는 여전히 아가구나. 어제의 너는 엄마 품에 안겨 엄마 어깨에 고개를 대고 있었는데. 내가 너무 많은 걸 요구했어. 너무 많은 걸.

사람들을 비난하는 대신 이해하려 애써보자. 그들이 왜 그렇게 했는지 알아내려 해보자. 이편이 비판하기보다 훨씬 더 이득이 되고 흥미롭다. 그리고 연민과 관용, 친절을 낳는다.

"전부 아는 건 전부 용서하는 일이다."

존슨 박사가 말했다.

"여러분, 하느님은 그의 날이 끝날 때까지 사람들을 심판할 것을 말하지 않으셨습니다."

그런데 왜 여러분과 내가 사람들을 심판해야 할까?

원칙 1 : 비판, 비난, 불평하지 말라.

제2장
대인관계의 큰 비밀

누군가에게 무슨 일이든 시킬 수 있는 세상에서 유일한 방법이 있다. 어떤 방법일까? 그렇다, 단 한 가지 방법, 바로 그 사람이 하고 싶어 하게 만드는 것이다.

명심하라, 다른 방법은 없다.

물론 옆구리에 권총을 들이대면 상대방은 기꺼이 자기 시계를 우리에게 건네고 싶어질 것이다. 해고하겠다는 위협으로 직원들을 우리에게 협조하게 만들 수 있다. 때리거나 위협하면 아이는 우리가 원하는 대로 할 것이다. 하지만 이런 거친 방법은 매우 바람직하지 않은 영향을 미친다.

상대가 어떤 일을 하게 할 유일한 방법은 그 사람이 원하는 것을 주는 것이다.

여러분은 무엇을 원하는가?

심리학자 지그문트 프로이트에 따르면 사람을 움직이는 두 가지 동인은 성적 욕구와 위대해지고 싶은 마음이라고 한다.

미국에서 가장 심오한 철학자인 존 듀이는 조금 다르게 표현했다. 듀이 박사는 인간 본성에서 가장 깊은 욕구는 '중요한 사람이고 싶다는 마음'이라고 했다. '중요한 사람이고 싶다는 마음'이라는 이 표현을 기억하라. 중요한 내용이다. 이 책에서 자주 보게 될 표현이다.

여러분은 무엇을 원하는가? 많지는 않겠지만 분명 원하는 것이 몇몇 있을 것이고, 원한다는 걸 부정할 수 없을 것이다. 대부분 사람은 다음과 같은 것을 원한다.

- 건강과 장수
- 음식
- 수면
- 돈과 돈으로 살 수 있는 것
- 앞으로의 인생
- 성적 만족
- 자녀의 안녕
- 자신이 중요한 존재라는 느낌

단 한 가지만 빼고 이 가운데 대부분은 보통 얻을 수 있다. 하지만 한 가지 바람(음식이나 수면에 관한 욕구만큼 깊고 필수적인 바람이다)을 좀처럼 만족시킬 수가 없다. 이것이 바로 프로이트가 말한 '위대해지고 싶은 마음'이다. 듀이가 말한 '중요한 사람이고 싶다는 마음'이다.

링컨은 '모든 사람이 칭찬을 좋아한다'라는 문장으로 시작하는 편지를 쓴 적이 있다. 윌리엄 제임스는 이렇게 말했다.

"인간 본성의 가장 깊은 원리는 인정받고 싶다는 열망이다."

제임스는 '바람'이나 '욕구' 혹은 '원함'이라고 말하지 않았다. 인정받고 싶다는 '열망'이라고 했다.

이것이 우리를 괴롭히는, 인간의 흔들림 없는 갈망이다. 그리고 이러한 마음의 허기를 정말로 만족시켜준 소수의 사람은 다른 사람들을 손바닥 위에 올려놓고 좌지우지할 수 있으며 '그 사람이 죽으면 장의사조차 슬퍼할 것이다.'

자신이 중요한 사람이라는 느낌을 원한다는 점이 인간과 동물 사이의 주요 차이점이다. 예를 들어보자. 내가 미주리주의 농장에서 살던 어린 시절 아버지는 질 좋은 듀록 저지 품종의 돼지와 좋은 혈통을 지닌 얼굴 하얀 소를 키우셨다. 우리는 마을 축제나 중서부 지방 가축 쇼에 키우던 돼지와 얼굴 하얀 소를 출품하곤 했다. 점수를 매기면 우리 집 동물이 우승하곤 했다. 아버지는 우승 때 받은 파란 리본을 하얀 모슬린 천 위에 꽂아두고 친구나 손님이 우리 집에 오면 기다란 모슬린 천을 꺼내 보여주곤 하셨다. 아버지는 손님에게 파란 리본을 보여주는 동안 천의 한쪽 끝을 잡으셨고 반대쪽 끝은 내가 잡고 있었다.

돼지는 자신이 우승해서 받은 파란 리본에 그다지 신경 쓰지 않았다. 하지만 아버지는 그러셨다. 그런 상은 아버지께 자신이 중요한 사람이라는 느낌을 갖게 했다.

우리의 선조들에게 자신이 중요한 사람이 되고 싶다는 불타는 욕구가 없었더라면 문명이 발생하는 건 불가능했을지도 모른다. 또한, 우리는 그저 동물과 다를 바 없었을 것이다.

교육도 제대로 받지 못한 가난한 식료품점 점원이 15센트에 산 중고 가재도구 더미 아래에서 찾은 법률책을 공부하는 것은 중요한 사람이 되고 싶다는 바람 때문이다. 여러분도 아마 그 점원의 이름을 들어본 적 있을 것이다. 그가 바로 링컨이다.

디킨스가 불후의 소설을 쓴 것도 중요한 사람이 되고 싶다는 바람 때문이었다. 그런 바람 때문에 영국의 건축가 크리스토퍼 렌 경은 조화로운 석조 건축물을 설계했고, 록펠러는 써보지도 못할 수백만 달러를 모았다! 또한, 이런 바람 때문에 마을에서 가장 잘 사는 집은 실제 필요한 면적보다 훨씬 더 넓게 집을 짓는 것이다.

우리는 자기 존재의 중요성을 느끼고 싶어서 최신 유행 스타일의 옷을 입고 싶고, 최신 자동차를 몰고 싶고, 똑똑한 자기 자식 이야기를 하고 싶은 것이다.

많은 청소년이 갱단에 가입해 범죄 행위에 연루되는 것도 중요한 사람이 되고 싶다는 바람 때문이다. 뉴욕시 경찰국장을 지냈던 멀루니에 따르면, 평균적인 젊은 범죄자는 자부심으로 가득하고 체포 후에는 가장 먼저 본인을 영웅처럼 소개한 소름 끼치는 신문을 달라고 부탁한단다. 스포츠 스타, 영화나 TV 스타, 정치인들의 사진과 같은 지면에 실린 모습을 흡족하게 바라보는 한, 불쾌한 수감 기간에 관한 전망 등은 멀기만 한 이야기일 뿐이다.

만일 여러분이 자신이 중요한 사람이라는 느낌을 어떻게 얻는지 말해준다면, 나는 여러분이 어떤 사람인지 말해줄 수 있다. 그 방법이 여러분의 인격을 결정하며, 여러분에 관한 가장 중요한 점이다. 예를 들어 록펠러는 한 번 본 적도, 앞으로 볼 일도 없는 가난한 수백만 명이 이용할 현대적 병원을 중국 베이징에 세우는 데 쓰일 돈을 기부하는 방법으로 자신이 중요한 사람이라는 느낌을 얻었다. 반면 존 딜린저는 도둑질, 은행강도, 살인을 하면서 존재의 중요성을 느꼈다. 미네소타주에서 FBI 요원에게 쫓길 때 그는 농가로 달려가 말했다.

"제가 딜린저예요."

딜린저는 자신이 공공의 적 1호라는 사실을 자랑스러워했다.

"해치지 않을 겁니다. 저는 딜린저예요!"

그는 이렇게 말했다.

그렇다, 딜린저와 록펠러 사이의 중요한 차이점은 존재의 중요성을 확인한 방법에 있다.

역사 속에서도 존재의 중요성을 느끼기 위해 고군분투한 유명인들의 재미있는 예를 찾을 수 있다. 조지 워싱턴조차 '미합중국 대통령 각하'라고 불리고 싶어 했다. 콜럼버스는 '대양 제독 및 인도 총독'이라는 직위명을 내세웠다. 러시아의 예카테리나 대제는 '황제 폐하'라고 적혀 있지 않은 편지는 열어보지 않았다. 링컨 부인은 백악관에서 호랑이처럼 그랜트 부인에게 덤

비며 소리쳤다.

"내가 앉으라는 말도 하지 않았는데 감히 앉아 있다니!"

1928년 버드 제독의 남극 탐험 비용을 지원한 백만장자들은 남극에 있는 얼음 산에 자신의 이름을 따 명명한다는 조건으로 돈을 냈다. 빅토르 위고는 파리라는 도시 이름이 자신의 이름을 따서 새로 지어지기를 열망했다. 가장 강력한 예로 셰익스피어조차 가문의 문장을 사서 자신의 이름에 영광을 더하려 했다.

때로 사람들은 연민과 관심을 얻고 존재의 중요성을 느끼기 위해 병이 나기도 한다. 예를 들어 매킨리 부인을 보자. 매킨리 부인은 미국 대통령이었던 남편이 나라의 중요한 공무를 제쳐 두고 한 번에 몇 시간씩이나 자신 옆의 침대에 비스듬히 기대 팔을 두르고 자신을 재워줄 것을 강요하면서 자기 존재의 중요성을 느꼈다. 매킨리 부인은 치과 치료를 받는 동안에도 남편에게 곁에 있으라고 요구하면서 관심을 원하는 자신의 괴로운 욕구를 충족시켰는데 한 번은 남편이 존 헤이 국무장관과 예정된 만남을 가지기 위해 치과에 부인을 두고 떠났다가 난리가 나기도 했다.

예전에 작가 메리 로버츠 라인하트가 밝고 활기찬 젊은 여성이 존재의 중요성을 느끼기 위해 앓아누운 이야기를 내게 해준 적이 있다.

"어느 날 갑자기 이 여성은 어떤 문제에 맞닥뜨렸어요. 아마 그녀의 나이 문제였던 것 같아요. 앞으로도 혼자일 날들이 계속될 테고 기대할 만한 일도 거의 남아 있지 않았어요. 그녀는 앓

아눕고 말았습니다. 그리고 십 년 동안 나이 든 어머니가 삼 층에 있는 여성의 방을 드나들며 음식을 나르고 간호했죠. 그러던 어느 날 병간호에 지친 노모가 쓰러져 돌아가셨습니다. 병든 여성은 몇 주 동안 슬퍼했지만, 이후에는 자리를 털고 일어나 옷을 입고 다시 살아가기 시작했어요."

일부 전문가에 따르면 사람은 현실이라는 거친 세계에서 부정당한 존재의 중요성을 광기의 세계에서 찾기 위해 실제로 미쳐버린다고 한다. 미국에서는 다른 모든 질병을 합한 것보다 정신 질환으로 고통받는 환자가 더 많다.

무엇이 사람을 미치게 하는가?

이런 포괄적인 질문에 답할 수 있는 사람은 없겠지만, 매독 같은 몇 가지 특정 질병은 뇌세포를 무너뜨리고 파괴해 정신 이상으로 이어지게 한다고 알려져 있다. 사실 모든 정신 질환의 절반은 뇌병변 장애, 술, 독극물, 외상 같은 물리적 원인에서 기인한다. 하지만 나머지 절반(여기가 이야기의 끔찍한 부분이다), 정신 이상을 앓는 사람 가운데 나머지 절반은 분명 뇌세포에 조직적으로 아무런 이상이 없다. 부검을 통해 그들의 뇌 조직을 최대 출력의 현미경으로 연구해보니 우리의 뇌 조직과 똑같이 분명 건강한 상태였다.

그렇다면 이 사람들은 어쩌다 정신이 이상해진 것일까?

나는 국내 최고의 정신병원 원장에게 물어보았다. 이 주제에 관한 연구 지식으로 최고의 영예와 사람들이 부러워하는 상을 받은 이 의사는 정신 이상이 찾아오는 이유는 자신도 알 수 없다고 나에게 솔직히 말했다. 그 이유를 확실히 아는 사람은 아무도 없다. 하지만 그는 정신 이상을 얻는 사람 대부분이 현실 세계에서 확인할 수 없었던 자기 존재의 중요성을 광기 속에서 찾는다고 했다. 그리고 이런 이야기를 들려주었다.

"저는 지금 결혼 생활이 비극이었던 어느 환자를 치료하고 있습니다. 이 여성은 결혼을 통해 사랑, 성적 만족감, 아이, 사회적 명성을 얻고 싶었지만, 삶은 그런 희망을 모두 망쳐버렸어요. 남편은 그녀를 사랑하지 않았습니다. 심지어 함께 식사하는 것도 거부했고, 이 층에 있는 자기 방으로 식사를 가져다 달라고 했습니다. 이분에게는 자녀도 없었고, 사회적 지위도 없었어요. 그녀는 정신이 이상해졌습니다. 상상 속에서 그녀는 남편과 이혼했고 결혼 전 쓰던 이름을 다시 씁니다. 지금 그녀는 자신이 영국 귀족과 결혼했다고 믿으며 스미스 부인으로 불러달라고 한답니다. 그리고 아이 문제에 대해서는 지금 매일 밤 새로 아이를 낳는다고 상상하고 있어요. 제가 회진을 갈 때마다 '선생님, 제가 지난밤 아이를 낳았어요'라고 말합니다."

현실이라는 날카로운 암초에 인생에서 그녀가 가졌던 꿈의 배는 산산이 조각났다. 하지만 정신 이상자의 햇살이 빛나는 환상의 섬나라에서 그녀의 범선은 돛대에 순풍을 받으며 항구로 달려간다.

"비극적인 일이냐고요? 글쎄, 저는 모르겠습니다."

원장이 말했다.

"만일 제가 환자의 정신을 돌려놓을 수 있다 해도 그렇게 하지 않을 겁니다. 지금 모습 그대로가 훨씬 행복하거든요."

자기 존재의 중요성에 지나치게 목맨 나머지 그걸 얻으려고 실제로 정신을 놓아버리는 누군가가 있는 거라면, 우리가 사람들이 지닌 광기의 이면을 솔직하게 인정해주었을 때는 어떤 기적을 이룰 수 있을지 상상해보라.

미국 기업에서 최초로 100만 달러 이상의 연봉을 받은 사람은 찰스 슈와브였다(당시에는 소득세가 없었고, 1주일에 50달러를 벌면 잘 버는 것으로 여겼다). 슈와브는 앤드루 카네기의 눈에 띄었고, 1921년 US스틸 최초의 사장이 되었다. 그의 나이 불과 38세의 일이었다(나중에 슈와브는 당시 경영 문제를 겪고 있던 베슬리헴스틸을 매입하기 위해 US스틸을 떠났다. 그리고 베슬리헴스틸을 미국에서 가장 수익이 좋은 회사로 재건했다).

앤드루 카네기는 무엇 때문에 찰스 슈와브에게 1년에 100만 달러, 하루에 3,000달러 이상씩 급여를 주었을까? 왜 그랬을까? 슈와브가 천재였기 때문에? 아니다. 슈와브가 다른 사람보다 철강 제조 공정에 관해 많이 알아서? 말도 안 된다. 찰스 슈와브는 자신보다 철강 제조에 관해 잘 아는 직원을 많이 두고 있다고 내게 직접 말했었다.

슈와브에 따르면, 자신이 이렇게 많은 급여를 받았던 건 대체로 그의 대인관계 능력 때문이었다고 한다. 나는 슈와브에게 비결을 물어보았다. 여기에 그 비결을 그가 한 말 그대로 옮긴다. 영원히 보존할 수 있도록 동판에 새겨 우리나라의 모든 가정과

학교, 상점과 사무실에 걸어두어야 할 말이다. 아이들이 라틴어 동사의 활용이나 브라질의 연간 강수량 따위를 외우며 시간을 낭비하는 대신 이 말을 외워야 하며, 우리가 마음에 새기고 살면 인생이 바뀔 수밖에 없는 그런 말이다.

"제 생각에 사람의 열정을 불러일으키는 게 제가 지닌 능력인 것 같습니다. 이것은 제가 가진 가장 큰 자산인데, 사람을 최고의 모습으로 발전시키는 방법은 그 사람을 인정하고 용기를 북돋아주는 것입니다. 상사의 비판만큼 직원의 의욕을 꺾는 것도 없습니다. 저는 절대 어떤 직원도 비판하지 않아요. 저는 직원을 일하게 하려면 유인을 주어야 한다고 믿습니다. 그래서 직원을 열심히 칭찬하지만, 결점을 찾는 건 매우 싫어합니다. 직원이 한 일이 마음에 들면 진심으로 인정하고 칭찬을 아끼지 않습니다."

이것이 바로 슈와브가 했던 일이다. 하지만 일반적인 사람들은 어떻게 할까? 정확히 반대로 한다. 직원이 한 일이 마음에 들지 않으면 소리를 지른다. 하지만 마음에 들면 아무 말도 하지 않는다. 옛 이행시에 나오는 것처럼 '한 번 잘못하면 언제든 혼난다, 하지만 두 번 잘해도 칭찬받는 일은 없다.'

슈와브는 분명히 말했다.

"저는 폭넓게 사람들과 어울리고 전 세계 다양한 지역 출신의 훌륭한 사람을 많이 만납니다. 하지만 아무리 훌륭하고 지위가 높은 사람이라도 비판받을 때보다는 인정받을 때 일을 훨씬 잘하고, 더 큰 노력을 기울였습니다."

솔직히 슈와브가 말한 내용은 앤드루 카네기가 경이로운 성공을 거둘 수 있었던 남다른 이유이기도 하다. 카네기도 직원들을 대내외적으로 두루 칭찬했다.

카네기는 묘비에서조차 직원들을 칭찬하고 싶어 했다. 카네기가 직접 쓴 묘비명은 다음과 같다.

'자신보다 똑똑한 이를 주변에 두는 법을 알았던 사람, 여기에 눕다.'

존 록펠러 1세가 대인관계에서 성공을 거둔 비결 가운데 하나는 진심으로 상대를 인정해주는 것이었다. 예를 들면 사업 동료였던 에드워드 베드포드가 남미에서 잘못된 구매를 하는 바람에 회사에 백만 달러의 손실을 입혔을 때 록펠러는 이를 비판할 수도 있었다. 하지만 록펠러는 베드포드가 최선을 다했다는 걸 알고 있었다. 그리고 이미 벌어진 일이었다. 그래서 록펠러는 칭찬거리를 찾기 시작했다. 그는 투자 금액의 60퍼센트를 지켰다며 베드포드를 칭찬했다.

"훌륭해. 사람들이 항상 자네처럼 그렇게 머리를 잘 쓰지는 못해."

록펠러가 말했다.

내가 오려둔 이야기 하나가 있는데 실제로 있었던 일은 아니지만, 관계의 진실을 잘 보여주는 이야기이기에 아래에 싣는다.

이 바보 같은 이야기에 따르면, 농장에 사는 어느 부인이 그날의 고된 일을 마치고 돌아와 가족들 앞에 건초 더미를 무더기로 가져다 놓았다. 그들이 화를 내며 미쳤냐고 묻자 부인이 대답했다.

"왜! 당신들이 눈치챌지 내가 어떻게 알았겠어? 지난 20년간 당신들을 위해 요리했지만, 그 모든 시간 동안 건초는 먹지 않는다는 소리 같은 건 한마디도 못 들었는데."

몇 년 전 가출한 아내들에 관한 연구가 이루어졌다. 이들이 가출했던 큰 이유는 무엇일까? 바로 '인정받지 못해서'였다. 가출한 남편을 연구해도 분명 같은 결과가 나올 것이다. 우리는 배우자의 존재를 너무 당연하게 생각해 감사하는 마음을 절대 표현하지 않는다.

우리 수업을 들었던 남성 수강생 한 명이 아내에게 부탁받은 내용을 이야기해주었다. 이 사람의 아내를 비롯해 같은 교회에 다니는 여성들이 자기계발 프로그램에 참여했다. 아내는 남편인 이 남성에게 이렇게 하면 자신이 더 나은 아내가 될 것 같다고 생각하는 사항 여섯 개를 알려달라고 부탁했다. 그는 우리 수업에서 이렇게 이야기했다.

그런 부탁을 받고 놀랐습니다. 솔직히 아내가 바뀌었으면 좋겠다고 생각하는 부분 여섯 개를 찾는 건 쉬운 일이었지만, 그런 말을 하지는 않았습니다. 세상에, 내가 바뀌었으면 좋겠다고 생각하는 부분을 아내는 1,000가지나 말할 수 있을 테니까요. 그래서 저는 아내에게 말했습니다.

"한 번 생각해보고 내일 아침에 대답해줄게."

다음 날 아침 저는 아주 일찍 일어나 꽃가게에 전화를 걸어 다음과 같은 메모를 넣은 빨간 장미꽃 여섯 송이를 아내에게 보내달라고 주문했습니다.

'당신이 변했으면 좋겠다고 생각하는 부분 여섯 가지는 찾지 못했어. 당신의 지금 모습 그대로를 사랑해.'

그날 저녁 집으로 돌아왔을 때 누가 현관에서 저를 맞이했을까요? 맞아요, 바로 제 아내입니다! 아내는 거의 눈물을 흘릴 지경이었어요. 말할 것도 없이 아내가 부탁한 대로 아내를 비판하지 않아서 정말 다행이었습니다.

그다음 일요일, 교회에서 아내가 과제 결과를 발표하고 나자 아내와 함께 공부하는 여러 부인이 내게 와서 말했습니다.

"지금까지 들어본 것 중에 가장 사려 깊은 행동이셨어요."

그때 저는 인정해주는 일의 힘을 깨달았습니다.

브로드웨이에서 눈부신 활약을 보여주었던 대단한 제작자 플로렌즈 지그펠트는 '미국 아가씨를 아름답게 그리는' 절묘한 능력으로 명성을 얻었다. 그는 매번 누구도 뒤돌아보지 않을 것 같은 초라한 어린 소녀를 데려와 무대 위에서 신비함과 매력을 지닌 화려한 미의 화신으로 변신시켰다. 지그펠트는 상대를 인정해주고 자신감을 심어주는 일의 가치를 알았기에 순전히 관심과 배려의 힘으로 상대 여성이 스스로 아름다운 사람이라는 걸 느끼게 했다.

그는 현실적인 사람이었다. 코러스 걸의 급여를 주당 30달러에서 최대 175달러까지 인상했다. 그리고 여성에게 정중한 태도를 보였다. 폴리스 쇼 공연의 개막 첫날 밤에는 주연 출연진에게 축전을 보냈고, 쇼에 출연하는 모든 코러스 걸에게 아메리칸 뷰티라는 품종의 장미를 잔뜩 보냈다.

한때 나는 단식 유행에 빠져 엿새 밤낮 동안 식사를 하지 않은 적이 있었다. 그리 어렵지는 않았다. 엿새가 지나자 이틀이 지났을 때보다 배가 덜 고팠다. 하지만, 알다시피 사람은 가족이나 직원이 엿새나 먹지 못한 채 지내면 도둑질할 생각까지 할 것이다. 그런데 음식만큼이나 필요한 진심 어린 칭찬과 인정은 6일, 6주, 때로 60년 동안도 하지 않는다.

당대 최고의 배우였던 알프레드 런트가 〈빈에서의 재회Reunion in Vienna〉에서 주연을 맡았을 때 이렇게 말했다.

"제 자존감을 키울 영양분만큼 필요한 건 없습니다."

우리는 자녀와 친구, 직원의 몸을 위한 영양분을 공급한다. 그런데 그들의 자존감을 키워주는 일은 얼마나 드문가? 힘을 내라며 로스트비프와 감자요리를 해주지만, 샛별의 노래처럼 수년 동안 상대의 기억 속에 남을 인정의 말은 왜 해주지 않을까?

폴 하비는 라디오 방송 〈나머지 이야기The Rest of the Story〉를 진행하면서 진심으로 상대를 인정하는 모습이 어떻게 한 사람의 인생을 바꿀 수 있는지 이야기했다. 하비의 방송에 따르면, 수년 전 디트로이트의 어느 선생님이 스티비 모리스에게 교실에서 사라진 쥐를 잡는 걸 도와달라고 부탁했다. 이는 선생님이 그 반의 누구도 가지지 못한 스티비만의 타고난 재능을 인정해준 일이었다. 스티비는 눈이 먼 대신 놀라운 청력을 타고났다. 하지만 누군가가 스티비의 타고난 청력을 알아봐준 건 정말 처음이었다. 수년이 흐른 뒤 지금 그는 당시 선생님이 인정해주신 덕분에 새로운 인생이 시작되었다고 말한다. 그때부터 모리스는 청각이라는 재능을 살렸고, 스티비 원더라는 예명으로 70년대 위대한 가수이자 작곡가가 되었다.

지금 이 책을 읽는 독자 중에는 이런 말을 하는 이도 있을 것이다.

"오, 이런! 아첨하라고! 아무 소용 없는 아첨! 아첨은 이미 해봤지만, 효과가 없었어. 똑똑한 사람에게는 통하지 않아."

물론 사람 보는 눈이 있는 상대에게 아첨이 효과를 내는 경우는 드물다. 아첨은 얇고, 이기적이고, 진실하지 못하다. 그래서 실패할 수밖에 없고 대개는 실패한다. 물론 며칠 굶은 사람이라면 풀이나 지렁이라도 먹는 것처럼 타인의 인정에 너무나 목말라서 아무것이나 삼키는 사람이 일부 있기는 하지만 말이다.

빅토리아 여왕조차 아첨에 약했다. 벤저민 디즈레일리 총리는 여왕을 대할 때는 아첨을 했다고 고백했다. 디즈레일리 총리의 말을 그대로 옮기자면 그는 '흙손으로 벽에 바르듯이' 아첨을 했다고 한다. 하지만 디즈레일리 총리는 광대한 대영제국을 통치한 총리 가운데 가장 세련되고, 능수능란하고, 노련한 정치인이었다. 그는 이 방면의 천재였다. 그가 효과를 본 방법이 우리에게도 유효하리란 법은 없다. 장기적으로 보면 아첨해서 얻는 것보단 잃는 게 많다. 아첨은 거짓된 마음에서 나오며, 마치

위조 화폐처럼 다른 사람에게 전했다가는 결국 곤란해지고 말 것이다.

칭찬과 아첨의 차이는 무엇일까? 간단하다. 칭찬은 진실한 마음에서 나오고, 아첨은 진실하지 못한 마음에서 나온다. 칭찬은 마음에서 전하는 말이고, 아첨은 입으로만 하는 소리이다. 칭찬에는 사심이 없고, 아첨에는 사심이 있다. 칭찬은 보편적으로 사람들이 좋아하고, 아첨은 보편적으로 사람들이 비난한다.

최근에 나는 멕시코시티의 차풀테펙 성에서 멕시코의 영웅 알바로 오브레곤 장군의 동상을 보았다. 동상 아래에는 오브레곤 장군의 철학에서 나온 현명한 말씀이 새겨져 있었다.

'공격해 오는 적을 두려워 말고, 아첨하는 친구를 두려워하라.'

아니다! 아니다! 아니다! 나는 아첨하라 권하는 게 아니다! 아첨과는 거리가 멀다. 내가 이야기하는 건 인생을 살아가는 새로운 방식이다. 다시 한번 이야기하겠다. 나는 인생을 살아가는 새로운 방식에 관해 이야기하고 있다.

영국 국왕 조지 5세는 버킹엄궁의 서재 벽에 여섯 가지 금언을 걸어두었다. 금언 가운데 하나는 다음과 같았다.

'값싼 칭찬은 하지도 말고, 받지도 말라.'

아첨은 값싼 칭찬일 뿐이다. 전에 아첨의 정의를 읽은 적이 있는데 다시 떠올려볼 만한 내용이었다.

'아첨은 정확히 상대방이 자신에 관해 스스로 생각하는 바를 말해주는 것이다.'

사상가 겸 시인 랠프 왈도 에머슨이 말했다.

"말하려는 대로 말하라. 우리는 마음과 다른 말은 결코 할 수 없다."

아첨만 해서 그걸로 된다면 너도나도 아첨할 것이고 모두 인간관계 전문가일 것이다.

사람은 명백한 문제에 관해 생각하지 않을 때는 보통 95퍼센트의 시간에 자신을 생각한다. 이제 잠시 자신에 관한 생각을 멈추고 다른 사람의 좋은 점에 관해 생각한다면, 입 밖으로 채 나오기도 전에 들통날 그런 싸구려 거짓 아첨에 기대지 않아도 된다.

일상생활 가운데 사람들이 가장 신경 쓰지 않는 미덕은 칭찬이다. 어찌 된 일인지 우리는 아들이나 딸이 학교에서 좋은 성적표를 가져와도 칭찬을 소홀히 하고, 아이들이 처음으로 케이크를 굽거나 새집을 짓는 데 성공해도 격려하지 못한다. 부모가 관심을 보이고 칭찬해주는 것만큼 아이들을 기쁘게 하는 건 없는데도 말이다.

다음번에 식당에서 맛있는 필레미뇽 스테이크를 먹을 때는 주방장에게 훌륭한 음식이었다고 말을 전하고, 영업사원이 피곤할 텐데도 드물게 친절하다면 고맙다고 말하라.

목사나 강사, 연설가라면 누구나, 사람들 앞에서 열성적으로 자신을 쏟아부었는데 단 한 마디도 고맙다는 말을 듣지 못하면 얼마나 실망스러운지 안다. 직업으로 일하는 사람의 마음도 그런데 사무실, 상점, 공장에서 일하는 사람이나 우리의 가족이나 친구는 그런 마음이 더 클 것이다. 대인관계를 맺을 때는 주변 사람들이 모두 인간이며, 칭찬에 굶주려 있다는 점을 절대 잊어서는 안 된다. 위조 화폐인 아첨과 달리 칭찬은 법정 화폐이며, 모든 이가 즐긴다.

매일의 생활 속에서 작은 감사를 표하며 다정함의 흔적을 남기려 애쓰라. 그런 우호적인 행동의 작은 불꽃이 다음번에 어떻게 횃불처럼 커져 있는지 놀라게 될 것이다.

코네티컷주 뉴페어필드에 사는 파멜라 던햄은 정말 일 못 하는 어느 청소부를 관리하는 게 업무 중 하나였다. 다른 직원들은 그 청소부를 우습게 여겼고, 그가 얼마나 일을 못 하는지 보여주려고 복도를 어지럽혔다. 이는 작업장의 생산성을 떨어뜨리는 몹시 나쁜 행위였다.

던햄은 청소부의 근로 의욕을 높일 다양한 방법을 시도해보았지만 성공하지 못했다. 그러다 그가 가끔 특히 일을 잘할 때가 있다는 걸 눈치챘다. 그래서 그럴 때마다 다른 직원들 앞에서 칭찬을 했다. 그랬더니 날마다 일솜씨가 좋아졌고, 얼마 지나지 않아 모든 일을 효율적으로 처리하게 되었다. 지금 그는 빼어나게 일을 잘하며 다른 직원들도 그를 인정하고 고마워한다. 비판과 조롱으로는 개선할 수 없었던 일을 솔직한 칭찬으로 해낸 것이다.

상처를 주는 방식으로는 사람을 바꿀 수 없으며 이는 결코 해서도 안되는 방식이다. 다음은 내가 매일 볼 수 있도록 잘라서 거울에 붙여놓은 격언이다.

이 길은 단 한 번 지나간다. 그러니 다른 사람에게 해줄 수 있는 좋은 일이나 보여줄 수 있는 친절함이 있다면 지금 그렇게 하자. 뒤로 미루지도, 외면하지도 말자. 이 길은 다시 올 수 없을 테니.

에머슨은 이렇게 말했다.

"만나는 모든 사람이 어느 면에서는 나보다 낫다. 그러니 누구에게서나 배울 점이 있다."

에머슨이 누구에게서나 배움을 얻었다는 게 사실이라면 우리에게는 천 배는 더 사실인 이야기 아닐까? 우리가 이루어낸 것, 우리가 원하는 것에 관해서는 그만 생각하고 상대의 좋은 점을 찾아보려 애쓰자. 그리고 아첨은 잊어라. 그 대신 솔직하고 진심 어린 칭찬을 건네라.

'진심으로 인정하고 칭찬을 아끼지 말라.'

사람들은 여러분이 건넨 말을 평생에 걸쳐 소중히 여기고 아끼며 계속 떠올릴 것이다. 여러분이 그런 말을 건넸다는 걸 잊은 뒤에도 상대방은 오랫동안 떠올린다.

원칙 2: 솔직하고 진심 어린 칭찬을 건네라.

제3장
이 일을 할 수 있는 사람은 온 세상을 얻는다,
이 일을 할 수 없는 사람은 외로운 길을 걷는다

여름에 종종 낚시하러 메인주에 간다. 개인적으로 나는 딸기와 크림을 무척 좋아하는데, 희한하게도 물고기는 벌레를 더 좋아한다. 그래서 낚시하러 갈 때는 내가 원하는 건 생각하지 않는다. 물고기가 원하는 걸 생각한다. 미끼로 딸기와 크림을 쓰지 않는다. 그 대신 물고기들 앞에 벌레와 메뚜기를 흔들며 말한다. "이거 먹고 싶지 않아?"

그런데 왜 사람을 낚을 때는 같은 상식을 적용하지 않을까?

하지만 제1차 세계대전 당시 영국의 총리였던 로이드 조지는 그렇게 했다. 누군가가 그에게, 미국의 윌슨이나 이탈리아의 올랜도, 프랑스의 클레망소처럼 같은 전쟁을 겪은 다른 국가 지도자들은 잊혔는데도 어떻게 여전히 권력의 자리에 머물러 있는지 그 비결을 물었다. 로이드 조지는 자신이 최고의 자리에 남을 수 있었던 비결이 하나 있다면 물고기에 맞는 미끼를 던져야 한다는 걸 배웠기 때문이라고 대답했다.

왜 우리가 원하는 것에 관해서만 이야기할까? 그건 어린아이같은 짓이며, 어리석은 행동이다. 물론 우리는 자신이 원하는 바에 관심이 있다. 거기에 영원히 관심을 보일 것이다. 하지만 다른 사람은 그렇지 않다. 다른 사람도 우리와 마찬가지이다. 사람은 자신이 원하는 바에 관심을 쏟는다.

그러므로 다른 사람을 움직일 세상에서 유일한 방법은
상대가 원하는 바에 관해 이야기하고
그걸 얻을 방법을 보여주는 것이다.

내일 누군가에게 어떤 일을 시킬 때 이 점을 명심하라. 예를 들어 자녀가 담배 피우는 걸 원하지 않는다면 설교를 늘어놓지 말라. 여러분이 원하는 바에 관해서는 이야기하지 않아야 한다. 대신 담배를 피우면 농구팀에 들어가지 못한다거나 100미터 달리기에서 우승할 수 없다는 걸 보여주라.

아이건 송아지건 침팬지건 간에, 누구를 대할 때든 기억해두면 좋은 방법이다. 예를 들어보자. 어느 날 랠프 왈도 에머슨과 그 아들이 송아지를 외양간에 넣으려 했다. 하지만 사람들이 흔히 그렇듯 자신이 원하는 바만 생각하는 실수를 저질렀다. 에머슨이 송아지를 밀고, 아들은 송아지를 잡아끈 것이다. 하지만 송아지도 에머슨 부자와 똑같이 자신이 원하는 바에 관해 생각하고 있었다. 그래서 다리로 버티면서 고집스럽게 풀밭을 떠나기를 거부했다. 아일랜드 출신의 하녀가 이들이 곤경에 처한 모습을 보았다. 하녀는 글이나 책을 쓰지는 못했지만 적어도 말이나 소에 관한 문제에는 에머슨보다 상식이 풍부했다. 그래서 송아지가 원하는 바가 무엇일지 생각했고 송아지의 입에 손가락을 넣어 엄마 젖을 빨리듯 하고는 외양간으로 부드럽게 끌고 갔다.

태어난 날부터 지금까지 해온 모든 행동은 자신이 무언가 원했기 때문이다. 적십자에 큰 돈을 기부했을 때는 어땠을까? 그렇다, 거기에도 예외는 없다. 적십자에 기부한 건 자신이 도움의 손길을 내밀고 싶었기 때문이다. 아름답고, 사심이 없는, 신성한 행위를 하고 싶었던 건 바로 자기 자신이다.

'너희가 여기 내 형제 중에 지극히 작은 자 하나에게 한 것이 곧 내게 한 것이다마태복음 25:40.'

돈을 원하는 마음보다 기부하고 싶다는 마음이 크지 않았다면 기부는 하지 않았을 것이다. 물론 기부를 거절하기가 부끄러웠다거나 고객이 기부해달라고 부탁해서였을 수도 있다. 그래도 한 가지는 확실하다. 여러분이 무언가 원했기 때문에 기부가 이루어진 것이다.

작가이자 교수인 해리 오버스트리트는 우리의 이해를 돕는 저서 《인간의 행동을 움직이는 법Influencing Human Behavior》에 이렇게 썼다.

'행동은 우리가 근본적으로 원하는 바에서 나온다. ……직장, 가정, 학교, 정계, 어디에서든 남을 설득하려는 사람이 있다면 그 사람에게 줄 수 있는 최고의 조언은 다음과 같다. 먼저, 상대에게 간절히 바라는 마음을 불러일으켜라. 이 일을 할 수 있는 사람은 온 세상을 가질 수 있다. 할 수 없는 사람은 외로운 길을 걷는다.'

스코틀랜드 출신으로 처음 일하기 시작했을 때 시간당 2센트를 받던 가난한 청년 앤드루 카네기는 훗날 사회에 3억 6,500만 달러를 기부했다. 그는 다른 사람을 움직일 유일한 방법은 상대가 원하는 바를 이야기하는 것이라는 사실을 일찌감치 배웠다. 앤드루 카네기가 학교에 다닐 수 있었던 건 고작 4년뿐이었다. 그래도 그는 사람을 다룰 줄 알았다.

카네기의 제수는 두 아들을 몹시 걱정했다. 두 아들은 예일대학교에 다니고 있었는데, 학교 생활로 몹시 바빠 집에 편지를 잘 보내지 않았고 어머니가 걱정하는 편지를 보내도 전혀 신경 쓰지 않았다.

그때 카네기가 자신은 조카들에게 부탁하지 않고도 답장을 받을 수 있다며 100달러 내기를 제안했다. 누군가가 내기에 응하는 사람이 나섰고, 카네기는 조카들에게 격의 없는 편지를 쓰면서 추신에 둘에게 각각 5달러씩을 동봉한다고 언급했다. 하지만 편지에 돈을 넣지는 않았다.

그러자 '친애하는 앤드류 삼촌에게' 친절한 편지를 보내주셔서 감사하다며 답장이 왔다. 그다음 내용은 말하지 않아도 짐작이 갈 것이다.

우리 수업을 들었던 오하이오주 클리블랜드의 스탠 노박은 상대를 설득하는 다른 예를 보여준다. 어느 날 저녁 스탠이 퇴근 후 집에 돌아왔더니 막내아들 팀이 거실 바닥에서 발버둥 치며 소리 지르고 있었다. 팀은 내일부터 유치원에 가기로 되어 있었 는데 가지 않겠다고 떼를 쓰는 중이었다. 평상시 스탠이었다면 아이를 자기 방으로 쫓아 보내고 유치원에 가는 게 좋을 거라고 반응했을 터였다. 그 방법 말고는 선택의 여지가 없었다. 하지만 오늘 밤 그래서는 팀이 편안한 마음으로 유치원 생활을 시작하 는 데 진정한 도움이 되지 않을 거라는 생각이 들었다. 스탠은 자리에 앉아 생각했다.

'내가 팀이라면 유치원 가는 게 왜 신나는 일일까?'

스탠은 아내와 함께 손으로 그림 그리기, 노래 부르기, 새 친 구 사귀기 등 팀이 유치원에서 할 수 있는 온갖 즐거운 일을 적 어 목록을 만들었다. 그러고 나서 실행에 옮겼다.

"아내인 릴과 큰아들 밥, 그리고 저, 우리는 모두 식탁에서 손 으로 그림을 그리며 즐겁게 놀았습니다. 곧 팀이 구석에서 슬쩍 우리를 쳐다보더군요. 그러더니 자기도 껴달라고 부탁했어요. '오, 안 돼! 먼저 유치원에 가서 손으로 그림 그리는 법을 배워와 야 하거든.' 제가 낼 수 있는 가장 신나는 목소리로 목록에 적은 활동을 팀이 이해할 수 있는 말로 알려주었습니다. 유치원에 가 면 이렇게 즐거운 일을 전부 할 수 있다면서요. 다음 날 아침 저 는 제가 가족 중에서 가장 먼저 일어났다고 생각했습니다. 하지 만 아래층으로 내려가보니 팀이 거실 소파에 앉은 채 잠들어 있 었어요. '여기서 뭐 하니?' 하고 물었더니 팀은 '유치원 가려고 기다리고 있어요. 늦기 싫어서요'라고 대답했습니다. 온 가족이 열의를 보인 덕분에 팀은 유치원에 가고 싶다는 강한 바람이 생겼습니다. 어떤 토론이나 위협으로도 이루지 못할 일이었지요."

내일 여러분은 다른 사람에게 어떤 일을 하라고 설득해야 할지 모른다. 말을 꺼내기 전에 잠시 멈추고 스스로 질문하라.

"어떻게 하면 이 사람이 그 일을 하고 싶어질까?"

그러면 우리가 원하는 바에 관해서만 이야기하는 소용없는 짓을 하며 상황을 경솔하고 급하게 몰아가는 걸 막을 수 있다.

한 번은 연속되는 수업을 진행하기 위해 뉴욕의 어느 호텔에 매 시즌 20일 동안 그랜드볼룸을 대관한 적이 있었다. 그러다 어느 한 시즌이 시작할 때 호텔로부터 이전 가격의 거의 세 배에 달하는 대관료를 내야 한다는 통보를 갑자기 받았다. 강연 입장권을 전부 인쇄해 돌리고 강연 안내도 전부 끝난 뒤에야 도착한 통보였다.

당연히 나는 인상된 대관료를 내고 싶지 않았지만, 호텔에 내가 원하는 바를 말하는 게 무슨 소용이겠는가? 호텔은 호텔대로 그들이 원하는 바에만 관심을 가질 뿐이다. 그래서 이틀 뒤 나는 호텔지배인을 만나러 갔다.

내가 말했다.

"대관료 인상 안내서를 받고 좀 놀랐습니다. 하지만 지배인님을 탓하고 싶은 마음은 전혀 없습니다. 제가 지배인님 입장이라면 저도 비슷한 안내서를 보냈겠지요. 호텔의 관리인으로서 지배인님의 의무는 가능한 한 수익을 늘리는 것일 테니까요. 그렇게 하지 않으면 해고될 테고 해고되어야만 하는 일이겠죠. 자, 이제 종이에 제가 내야 할 대관료를 인상했을 때 지배인님께서 얻으실 이익과 손해를 적어봅시다."

나는 종이를 꺼내 가운데에 줄을 긋고 한쪽에 '이익'이라는 제목과 그 아래에 '연회장 대관 가능'이라고 썼다. 그러고는 말을 이었다.

"대관료를 인상하시면 연회장이 비게 될 테고 그러면 댄스 공연이나 다른 모임 장소로 대관할 수 있습니다. 그건 큰 장점이지요. 그런 행사라면 강연보다 높은 대관료를 받을 수 있으니까요. 제가 강연 시즌마다 이십 일씩 연회장을 차지하고 있으면 호텔에서는 수익 높은 행사를 놓치는 일이라는 건 분명합니다.

이제, 손해에 관해 생각해봅시다. 대관료를 올리시면 호텔 수입이 늘어나는 게 아니라 줄어들게 됩니다. 사실 줄어드는 게 아니라 수입이 아예 없어지는 거죠. 왜냐하면, 저는 호텔에서 요구하시는 금액을 내지 못할 테니 어쩔 수 없이 다른 장소로 옮겨 강연할 수밖에 없으니까요.

그 외에도 지배인님께서 손해 보는 일은 또 있습니다. 교육 수준이 높고 교양 있는 사람들이 제 수업을 들으러 이 호텔로 많이 옵니다. 호텔 입장에서는 좋은 광고 기회이지요, 그렇지 않을까요? 사실 신문에 오천 달러를 내고 광고를 싣는다 해도 제 수업을 들으러 와 호텔을 둘러보는 사람들만큼 많은 사람을 모으지는 못할 겁니다. 호텔에는 큰 가치가 있는 일이죠, 안 그렇습니까?"

지배인과 이야기하는 동안 나는 '손해'라는 제목 아래에 두 가지 내용을 썼다. 그리고 종이를 지배인에게 건네주며 말했다.

"지배인님께 이익과 손해될 부분, 양쪽을 전부 잘 생각해보시기 바랍니다. 그리고 제게 최종 결정을 알려주세요."

다음 날 나는 대관료 인상 안내서를 다시 받았는데 인상분은 300퍼센트가 아닌 50퍼센트에 그쳤다.

내가 원하는 바에 관해서는 한마디도 하지 않고 대관료 인상분을 줄였다는 점을 알아주기 바란다. 계속 나는 상대방이 원하는 바와 그것을 어떻게 얻을 수 있을지를 이야기했다.

내가 사람들이 흔히 하는 대로 반응했다고 해보자. 지배인 사무실로 쳐들어가서 이렇게 말했다고 생각해보라.

"강연 입장권 인쇄가 끝나고 강연 안내도 끝났다는 걸 알면서 대관료를 삼백 퍼센트나 올리다니 무슨 짓입니까? 삼백 퍼센트라고요! 말도 안 되죠! 저는 이 돈 못 냅니다."

그랬다면 어떻게 되었을까? 옥신각신 말싸움이 시작되어 달아올라 뜨거워졌을 것이다. 그리고 대개의 말싸움이 어떤 식으로 끝나는지 여러분도 알 것이다. 지배인의 행동이 잘못되었다는 걸 이해시켰다 해도 그는 자존심 때문에 뒤로 물러서 내 말에 동의하기가 어려웠을 것이다.

다음은 인간관계의 기술에 관한 최고의 조언이다. 헨리 포드가 말했다.

"성공의 비결이 한 가지 있다면 그건 자신뿐 아니라 다른 사람의 시각을 이해하고 그것을 통해 볼 줄 아는 능력에 있다."

정말 간단하고 분명한 이야기이므로 누구나 한눈에 이해할 수 있다. 그런데 이 세상 사람 열에 아홉은 열 번 중 아홉 번은 무시한다.

예를 알고 싶다면? 내일 아침 책상 위에 놓인 편지를 읽어보라. 그러면 대부분 이 중요한 상식을 어기고 있다는 걸 알게 될 것이다. 다음 편지를 읽어보자. 이 편지는 전국에 지점이 있는 광고 대행사의 라디오 담당 부서장이 쓴 것으로, 전국 지역 라디오 방송국의 국장들에게 보내졌다(각 문단 끝에 내 생각을 괄호 속에 적었다).

인디애나주 블랭크빌

존 블랭크 귀하

친애하는 블랭크 씨에게

우리 ●●회사는 라디오 광고 분야를 이끄는 대행사로서의 입지를 유지하기를 바랍니다.

(그쪽 회사가 바라는 바가 무슨 상관이야? 내 문제만으로도 골치가 아픈데. 은행에서는 저당권을 말소하려 하고, 벌레가 접시꽃을 망치고 있고, 어제는 주식 시장이 흔들렸어. 오늘 아침에는 8시 15분 차를 놓쳤고, 어젯밤에는 존스의 댄스파티에 초대받지 못했지. 의사는 내게 고혈압, 신경통, 비듬이 있대. 그리고 무슨 일이 일어났을까? 오늘 아침 이런저런 걱정을 하며 사무실에 나와 편지를 확인했더니 여기 멀리 뉴욕에서 웬 애송이가 자기 회사가 원하는 게 어쩌고 시끄럽게 구는구먼. 쳇! 이 편지를 받고 내가 무슨 생각을 할지 알았다면

이 사람은 광고계를 떠나 살충제나 만들어야 할걸.)

전국의 고객사가 우리 광고 네트워크로 연결되어 있습니다. 이에 따른 광고 시간 순이익도 매년 광고 대행사 가운데 최고의 자리를 지키고 있습니다.

(그쪽 회사 크고, 돈 많고, 최고다, 그 말이지? 그래서 어쩌라고? 그쪽이 제너럴모터스와 제너럴 일렉트릭, 육군참모부를 다 합한 것보다 큰 회사라 해도 나는 전혀 관심 없어. 얼빠진 벌새만큼만 눈치가 있었어도 내 관심은 그쪽 회사가 얼마나 큰지가 아니라 내가 얼마나 클 수 있는지에 있다는 걸 알았겠지. 그쪽 회사가 엄청난 성공을 거두었다는 이 모든 얘기가 전부 나를 작고 별 볼 일 없는 사람처럼 느끼게 한단 말이야.)

우리는 고객사에 최신 라디오 방송 정보 서비스를 제공하고 싶습니다.

(그쪽이 원하는 거겠지! 그쪽이 원하는 거라고. 완전 멍청이로군. 나는 그쪽 회사가 뭘 원하는지 아니 미국 대통령이 뭘 원하는지에는 관심 없단 말이야. 마지막으로 한 번 더 확실히 말해두지만 나는 내가 원하는 바에만 관심이 있어. 하지만 그쪽이 보낸 이 어이없는 편지에는 내가 원하는 바에 관해서는 단 한마디도 적혀 있지 않단 말이지.)

그러므로 우리 ●●회사를 주간 방송 정보 우선 제공 회사 목록에 넣어주시겠습니까? 제공해주신 모든 정보는 우리가 방송 예약 시간을 지혜롭게 정하는 데 유용하게 쓰일 것입니다.

('우선 목록'이라니. 뻔뻔스럽기도 하지! 그쪽 회사가 얼마나 잘났

는지 얘기하면서 나를 하찮은 사람처럼 느껴지게 하더니 나보고 그쪽 회사를 '우선' 목록에 넣어달라니. 심지어 '부탁드린다'라는 말도 없잖아.)

귀사의 최신 '방송 정보'와 함께 이 편지에 즉각 회신을 주신다면 양사 모두에 도움이 될 것입니다.

(바보 같군! 가을 낙엽처럼 온 사방에 뿌려지는 싸구려 양식의 편지를 보내놓고서는 저당권과 접시꽃과 혈압 때문에 근심 가득한 나보고 자리 잡고 앉아서 이런 편지를 받았다고 확인해주는 편지를 직접 쓰라는 거야? 그것도 '즉각' 써 달라는 소리까지 하고 말이야. '즉각'이라니, 이게 말이야? 그쪽만큼이나 나도 바쁜 사람이라는 걸 모르겠어? 아니, 적어도 나는 그렇다고 생각하고 싶어. 그리고 부탁한 내용에 관해 이야기하자면, 누가 그쪽 회사에 으스대며 내게 명령할 권리를 줬지?…… '양사 모두에 도움이 될 것'이라고 했네. 이제야, 드디어, 내 입장도 생각하기 시작했구면. 그런데 내게 어떤 이점이 있을 거라는 건지 모호하잖아.)

귀사를 위한 진심을 담아,

라디오 광고국장 존 도 드림

추신: 동봉해드리는 블랭크빌 저널의 사본이 흥미로우실 겁니다. 귀사에서 방송에 사용하셔도 좋습니다.

(드디어 편지 맨 아래 추신에 와서야 내 문제를 해결하는 데 도움이 될 이야기를 하는군. 왜 시작할 때부터 이야기하지 않은 거지? 하지만 무슨 소용이람? 나한테 이런 편지를 보낸 것처럼 쓸데없는 짓을 하는 광고쟁이들은 뇌 숨골에 뭔가 이상이 있는 거야. 그쪽에게 필

요한 건 우리 방송국의 최신 방송 정보를 담은 내 답장이 아니라 갑상샘 치료에 필요한 요오드라고.)

자, 평생 광고를 업으로 삼아 사람들의 마음을 움직여 물건을 사게 만드는 전문가라는 사람이 편지를 이렇게 쓴다면 정육점이나 빵 가게 주인, 자동차 수리공에게서는 무엇을 기대할 수 있을까?

아래에 또 다른 편지를 소개한다. 이 편지를 쓴 사람은 대형 화물 터미널의 소장으로 우리 강좌를 수강했던 에드워드 버밀렌이라는 사람에게 보낸 것이다. 이 편지는 받는 사람에게 어떤 영향을 주었을까? 우선 편지를 읽고 이야기하겠다.

뉴욕시 브루클린 11201 프론트가 28번지

A.제레가즈 선즈 주식회사

에드워드 버밀렌 영업부장님 귀하

안녕하십니까?

귀사 전체 물량의 상당 부분이 늦은 오후에 폐사에 도착하여 발송물 입고 터미널의 작업에 지장을 초래하고 있습니다. 이러한 이유로 화물 체증, 인부 연장 근무, 트럭 배차 지연이 발생하고 있으며 심지어 화물 운송이 지연되는 경우도 생기고 있습니다. 11월 10일에는 귀사로부터 무려 510개의 화물이 오후 4시 20분에 폐사의 터미널에 도착했습니다.

화물의 지연 입고로 인해 발생하는 바람직하지 못한 효과를 해소하는 데 협력을 요청드립니다. 앞서 말씀드렸던 11월 10일과 같은 물량을 출하하시는 날에는 트럭이 더 일찍 도착하게 하거나 아니면 일부 물량을 오전 중에 받도록 해주시겠습니까?

그렇게 해주신다면 귀사에서 출하하신 화물 트럭이 신속하게 하차 작업을 할 수 있고, 화물도 접수 당일 발송되는 게 확실해지므로 귀사에도 이득이 됩니다.

귀사를 위한 진심을 담아,

소장 J●● B●●

이 편지를 읽은 뒤 A. 제레가즈 선즈 주식회사의 영업부장인 버밀렌 씨는 다음과 같은 논평을 적어 내게 보냈다.

이 편지를 받으니 보낸 사람의 의도와 반대되는 효과가 나타났습니다. 편지는 화물 터미널이 겪는 어려움부터 얘기를 시작합니다만 일반적으로 말씀드리면 저희로서는 관심 밖의 일입니다. 그러고 나서 우리 회사에 불편함을 주는지 아닌지 아무런 고려 없이 협조해달라고 요청합니다. 그 후에 마침내 마지막 문단에 가서야 우리 회사가 협조하면 우리 회사에서 출하한 화물 트럭을 보다 신속하게 하차시키고 화물이 접수 당일 발송되는 게 확실해진다는 사실을 언급합니다.

다시 말씀드리면 우리 회사에서 가장 관심을 두는 내용을 마지막에서야 말하는 바람에 전체적으로 협조해야겠다는 마음보다 적대심만 생겼습니다.

이 편지를 어떻게 고쳐야 할지 보자. 자신의 문제를 얘기하면서 시간을 낭비하지 말자. 헨리 포드가 충고했던 것처럼 '자신뿐 아니라 다른 사람의 시각을 이해하고 그것을 통해 보도록' 하자.

아래에 편지를 고쳐보았다. 가장 좋은 글은 아니더라도 원래 편지보다는 더 낫지 않을까?

뉴욕시 브루클린 11201 프론트가 28번지

A.제레가즈 선즈 주식회사

에드워드 버밀렌 귀하

친애하는 버밀렌 영업부장님께

지난 14년간 변함없는 거래에 감사드립니다. 귀사의 성원에 매우 감사드리며 성원에 대한 보답으로 신속하고 효율적인 서비스를 제공해드리기 위해 애쓰고 있습니다. 이런 말씀을 드리게 되어 대단히 송구스럽습니다만 귀사에서 출하하신 대량 화물이 11월 10일에 그랬던 것처럼 오후 늦게 우리 터미널에 입고되면 신속하고 효율적인 서비스를 제공해드리기가 어렵습니다. 왜냐하면 우리의 다른 여러 고객사에서 보내는 화물도 오후 늦게 저희 터미널로 들어오기 때문입니다. 자연히 터미널이 복잡해집니다. 귀사에서 출하하신 트럭은 어쩔 수 없이 하역장에 발이 묶이게 되고 때로 화물 발송 일정까지 지연됩니다.

이러한 안 좋은 일이 벌어질 상황을 피할 방법이 있습니다. 가능한 한 출하분이 오전 중에 하역장에 도착하게 해주시면 귀사의 트럭은 발이 묶일 일이 없고, 출하하신 화물도 즉시 발송 작업에 들어갈 수 있습니다. 우리 직원들도 저녁에 일찍 퇴근해 귀사에서 생산하는 맛있는 마카로니와 파스타로 저녁 식사를 즐길 수 있게 됩니다.

물론 귀사에서 출하하신 화물이 언제 도착하든 저희는 항상 성심성의껏 전력을 다하여 즉시 작업할 것입니다. 바쁘실 테니 번거로운 답장은 보내시지 않아도 괜찮습니다.

귀사를 위한 진심을 담아,

소장 J●● B●●

뉴욕의 은행에서 일하는 바버라 앤더슨은 아들의 건강 문제로 애리조나주 피닉스로 이사하고 싶었다. 그래서 앤더슨은 강좌에서 배운 원칙을 적용하여 피닉스에 있는 은행 12곳에 다음과 같은 편지를 보냈다.

친애하는 관계자분들께

귀사처럼 빠르게 성장하는 은행에서는 업계에서 10년간 쌓아 올린 제 경력에 관심이 있으실 것 같습니다.

저는 뉴욕의 뱅커스 트러스트 은행에서 은행 오퍼레이션 분야의 다양한 업무를 맡았고 현재는 지점장으로 일하고 있습니다. 그동안 고객 관리, 신용부문, 대출과 사무 지원 업무를 포함해 모든 은행 업무 분야의 기술을 익혔습니다.

저는 5월에 피닉스로 이주하며 제가 귀사의 성장과 수익창출에 기여할 수 있다고 확신합니다. 4월 3일이 있는 해당 주에는 피닉스에 있을 예정인데 귀사가 사업 목표를 달성하는 데 제가 어떤 도움을 드릴 수 있는지 보여드릴 기회를 주시면 감사하겠습니다.

바버라 L. 앤더슨 드림

앤더슨 씨는 이 편지의 답장을 받았을까? 편지를 보낸 12곳의 은행 가운데 11곳에서 면접을 제안했고, 앤더슨 씨는 어느 은행의 제안을 수락할지 선택권을 가지게 되었다. 어떻게 이런 결과를 얻을 수 있었을까? 그건 앤더슨 씨가 편지에서 자신이 원하는 바를 말한 게 아니라 상대 은행에 자신이 어떤 도움을 줄 수 있는지를 썼기 때문이다. 앤더슨 씨는 자신이 원하는 바가 아니라 은행에서 원하는 바에 편지의 초점을 맞추었다.

오늘도 수천 명의 영업 담당자가 거리를 누비고 있다. 피곤한 몸을 이끌고 낙심한 채로 다니는 그들은 적은 보수를 받고 일한다. 왜 그럴까? 항상 자신이 원하는 바에 관해서만 생각하기 때문이다. 누구도 무언가를 살 마음이 없다는 걸 깨닫지 못한다. 살 마음이 있었다면 밖에 나가서라도 샀을 것이다. 하지만 우리는 언제나 자신의 문제를 푸는 일에는 관심을 가진다. 만일 영업 담당자가 자신이 제공하는 서비스나 상품이 우리의 문제를 해결하는 데 어떻게 도움이 되는지 보여줄 수 있다면 우리에게 애써 서비스나 물건을 팔지 않아도 우리가 알아서 살 것이다. 그리고 고객은 영업에 못 이겨 샀다는 느낌보다 스스로 사는 느낌을 좋아한다.

하지만 영업 담당자들은 고객의 시각에서 상황을 보지 않은 채 제품이나 서비스를 팔려고 애쓰면서 평생을 보낸다. 예를 들어, 나는 다년간 포레스트 힐스에 살았다. 뉴욕 외곽 지역 중심부에 있으며 단독 주택이 모여 있는 작은 동네이다. 어느 날 급하게 기차역으로 가고 있는데 이 동네에서 오랫동안 집을 매매하고 있는 부동산 중개업자를 우연히 만났다. 포레스트 힐스에 관해 잘 아는 사람이었기에 나는 황급히 회반죽으로 마감해서 지은 우리 집의 미장 바탕에 금속망을 썼는지 속이 빈 타일을 썼는지 물어보았다. 부동산 중개업자는 잘 모르겠다고 대답하며 포레스트 힐스 정원 협회로 전화하면 알 수 있을 거라는, 내가 이미 아는 이야기만 했다. 다음 날 아침 나는 그 부동산 중개업자로부터 편지를 받았다. 내가 원하는 정보가 담긴 편지였을까? 전화한 통이면 1분 만에 알 수 있었을 텐데 그는 그렇게 하지 않았다. 그 대신 내게 포레스트 힐스 정원 협회로 전화하면 궁금한 내용을 알 수 있을 거라는 얘기를 다시 한번 하고서는 자신이 내 보험을 담당하게 해달라고 부탁했다.

그는 나를 돕는 일에는 관심이 없었다. 그가 관심을 가졌던 건 자신에게 도움이 되는 일뿐이었다.

앨라배마주 버밍엄에 사는 하워드 루카스 씨는 같은 회사에 근무하는 영업 담당자 두 명이 같은 상황에 각각 어떻게 대처하는지 이야기해주었다. 그의 이야기는 다음과 같았다.

몇 년 전 저는 작은 회사에서 경영진으로 일하고 있었습니다. 우리 회사 근처에는 대형 보험 회사의 지역 본부 사무실이 있었어요. 그 회사에서 일하는 보험 판매 담당자에게는 영업 담당 구역이 배정되었고, 우리 회사를 담당하는 직원도 두 명 있었는데 칼과 존이라고 부르겠습니다.

어느 날 아침 칼이 우리 사무실에 들러서 회사에서 임원 고객을 위한 생명 보험 상품이 막 새로 나왔는데 우리가 나중에 관심이 생길지 모른다며 신상품에 관해 더 알게 되면 다시 들르겠다고 가볍게 이야기했습니다.

같은 날 쉬는 시간에 밖에 나갔다가 사무실로 돌아오는 길에 존이 우리를 보고는 소리쳤습니다.

"저기요, 루크 씨. 잠시만요. 여러분에게 좋은 소식이 있어요."

존은 급하게 다가와 자신의 회사에서 바로 그날 출시한 임원 고객을 위한 생명 보험 신상품의 내용을 아주 신나게 이야기했습니다(칼이 가볍게 이야기했던 것과 같은 상품이었죠). 존은 우리가 제일 먼저 가입하기를 바랐습니다. 우리에게 보장 내용에 관해 몇 가지 중요한 사실을 전하더니 이렇게 끝을 맺었어요.

"이 상품은 막 출시된 참이라서 내일 본사에서 담당자가 나와 상품 설명을 해줄 거예요. 자, 그러는 동안 담당자가 내일 더 많은 정보를 가지고 설명할 수 있도록 먼저 가입신청서를 작성해주세요."

우리는 상품의 자세한 보장 내용도 몰랐지만 존의 열정 덕분에 가입하고 싶다는 마음이 강해졌습니다. 보험 회사에서는 존이 처음 이해하고 우리에게 설명해준 내용이 맞다고 확인해주었고, 존은 우리 각각에게 상품을 팔기만 한 게 아니라 나중에 보장 내용을 두 배로 늘려주었습니다.

칼도 그렇게 할 수 있었지만, 그는 우리에게 가입하고 싶다는 마음이 생기게 하려는 어떠한 노력도 하지 않았어요.

세상은 기회를 잡으려는 사람과 자기 본위로 움직이는 사람으로 가득하다. 그러므로 드물게 사심 없이 다른 사람을 위하려는 사람은 막강한 이점을 지닌다. 경쟁할 일이 거의 없기 때문이다. 유명한 변호사이자 미국의 위대한 비즈니스 리더인 오웬 영은 다음과 같이 말했다.

"다른 사람의 입장에 설 수 있는 사람, 다른 사람의 마음이 어떻게 움직이는지 아는 사람은 앞으로 무슨 일이 기다리고 있을지 절대 걱정할 필요가 없다."

여러분이 이 책을 읽고 나서 딱 한 가지, 항상 다른 사람의 관점에서 생각하고, 그들의 시각에서 상황을 바라보려는 경향이 커졌다는 딱 한 가지 내용만 익히면 그것이 여러분 경력의 토대가 된다는 걸 쉽게 알 수 있을 것이다.

다른 사람의 관점에서 상황을 바라보고 그들이 무언가 간절히 원하도록 한다는 걸, 나에게만 득이 되고 상대에게는 손실이 되는 일을 하도록 상대의 마음을 조종하는 것으로 이해하면 안 된다. 협상의 당사자는 양쪽 모두 협상을 통해 얻는 게 있도록 해야 한다. 버밀렌 씨가 받은 편지에서도 제안된 내용을 실행함으로써 편지를 보낸 사람과 받은 사람 둘 다 얻는 게 있었다. 앤더슨 씨의 편지에서도 은행은 귀중한 직원을 얻고 앤더슨 씨는 적합한 일자리를 얻음으로써 양측 모두 이기는 상황이었다. 루카스 씨에게 보험을 판매했던 존의 사례에서도 거래를 통해 양측 모두에게 이익이 생겼다.

상대가 간절히 원하게 하여 양쪽 모두가 이익을 본 또 다른 사례로, 로드아일랜드주 워릭에 사는 마이클 휘든 씨의 이야기를 보자. 휘든 씨는 쉘 석유의 지역 영업 담당자이다. 휘든 씨는 지역 내 영업 실적 1위를 달성하고 싶었지만, 주유소 한 곳이 발목을 잡고 있었다. 그 주유소는 나이 든 어르신이 운영하고 있었는데 좀처럼 주유소를 청소하려 하지 않았다. 주유소의 외관이 너무 지저분해서 매출이 상당히 감소한 상황이었다.

주유소의 외관을 개선해달라는 휘든 씨의 어떤 부탁에도 어르신은 눈도 깜짝하지 않았다. 몇 번이나 간곡하게 부탁하고 마음을 열기 위해 대화를 나눴지만 전부 아무 소용 없었다. 급기야 휘든 씨는 자신이 관리하는 구역 내에서 가장 최신 설비를 갖춘 주유소에 어르신을 모시고 갔다. 어르신은 새 주유소의 시설에 매우 깊은 인상을 받았다.

다음번에 휘든 씨가 어르신의 주유소에 방문해보니 주유소는 깔끔해져 있었고 판매 실적도 늘어 있었다. 덕분에 휘든 씨는 지역 내 영업 실적 1위를 달성할 수 있었다. 휘든 씨가 온갖 이야기를 다 해도 소용없었지만, 최신 주유소를 보여주어 어르신의 마음에 불을 지피자 휘든 씨는 목표를 달성할 수 있었고, 휘든 씨와 어르신 양쪽 모두 이익을 얻었다.

사람은 대부분 자기 자신의 마음이 어떻게 움직이는지 알아보지도 않은 채 대학에 가서 베르길리우스고대로마의시인의 시를 읽고 미적분학 문제를 공부한다. 예를 보자. 한 번은 대학을 갓 졸업하고 에어컨 제조를 전문으로 하는 대기업 캐리어 코퍼레이션에 입사한 직원들에게 '효과적으로 말하기' 강의를 한 적이 있었다. 강의 참여자 가운데 한 사람이 휴식 시간에 농구를 하자고 다른 직원들을 설득하려 했다. 그는 대략 이런 식으로 말했다.

"저는 여러분이 밖으로 나와 농구를 했으면 합니다. 저는 농구하는 걸 좋아하는데 몇 번 체육관에 갔더니 농구 시합 팀을 나눌 수 있을 정도로 사람이 많지는 않았어요. 요전 날 밤에는 두세 명이 농구를 했습니다. 그러다 전 눈에 멍이 들었죠. 내일 밤에는 모두 농구하러 나와주었으면 좋겠습니다. 저는 농구를 하고 싶거든요."

이 직원이 하나라도 여러분이 원하는 바에 관해 이야기했는가? 아무도 가지 않는 체육관에 가고 싶지는 않다. 그렇지 않을까? 그가 무엇을 원하든 우리는 거기에 신경 쓰지 않으며, 눈에 멍이 들고 싶지도 않다.

우리가 체육관을 이용해서 원하는 일을 할 방법을 그가 이야기할 수 있었을까? 물론이다. 체육관을 이용하면 활력을 얻을 수 있다, 식욕이 좋아진다, 머릿속이 깨끗해진다, 재미있다, 게임을 할 수 있다, 농구를 할 수 있다, 기타 등등으로.

오버스트리트 교수의 현명한 조언을 다시 떠올려보자. 먼저, 상대에게 간절히 바라는 마음을 불러일으켜라. 이 일을 할 수 있는 사람은 온 세상을 가질 수 있다. 할 수 없는 사람은 외로운 길을 걷는다.

우리 수업을 들으러 온 학생 한 명은 자신의 어린 아들이 걱정스러웠다. 아들은 체중 미달이었지만 제대로 먹으려 하지 않았다. 아이의 부모는 다른 사람들이 일반적으로 쓰는 방법을 택했다. 아이를 혼내면서 잔소리를 한 것이다. "엄마는 네가 이것저것 먹었으면 좋겠어"라거나 "아빠는 네가 커서 튼튼한 사람이 되었으면 좋겠어"라고 말했다.

아이가 부모님의 부탁에 귀를 기울였을까? 아마 그렇다면 모래사장에서 모래 한 알에 관심을 기울이는 정도의 수준이었을 것이다.

상식이 조금이라도 있는 사람이라면 세 살짜리 아이가 서른 살 아버지의 관점에 반응하리라는 기대는 하지 않았을 것이다. 그런데 그 아버지는 그걸 기대했더랬다. 마침내 아이의 아버지도 그것이 어리석은 행동이었음을 알게 되었다. 그는 혼잣말을 했다.

"저 아이가 원하는 건 뭘까? 어떻게 하면 내가 원하는 것과 아이가 원하는 것을 하나로 묶을 수 있을까?"

그 점에 관해 생각하기 시작하자 일은 쉬워졌다. 아들에게는 자전거가 있었는데, 브루클린에 있는 집 앞의 보도에서 자전거를 타고 오르락내리락하길 좋아했다. 아들이 다니는 길 몇 집 아래에는 아들을 괴롭히는 아이가 살았다. 덩치가 큰 소년이었는데 아들의 세발자전거를 뺏어 자기가 타곤 했다. 당연히 아들은 소리 내 울며 엄마에게 달려갔고, 엄마가 나와 그 아이에게서 세발자전거를 돌려받아 아들을 다시 태워줘야 했다. 이런 일이 거의 매일 있었다.

그렇다면 어린 아들이 원하는 건 무엇일까? 셜록 홈스가 와야 이 질문의 답을 찾을 수 있는 건 아니다. 아들은 자존심, 분노, 존재의 중요성을 향한 바람 등 마음속 모든 강렬한 감정이 솟구쳐 자신을 괴롭히는 아이에게 복수하고 싶고, 얼굴을 한 방 먹이고 싶다는 생각으로 들끓었다. 아빠가 아들에게 엄마가 먹으라는 걸 전부 먹으면 어느 날 덩치 큰 그 아이를 때려눕힐 수 있을 거라고 설명한 후로 더는 밥 먹는 문제로 실랑이할 일이 없어졌다. 아이는 자신에게 자주 굴욕을 주며 괴롭히는 아이를 이길 수 있을 만큼 크려고 시금치, 양배추절임, 소금에 절인 고등어 등 무엇이든 잘 먹게 되었다.

편식 문제를 해결한 뒤 아이의 부모는 다른 문제도 해결해보기로 했다. 어린 아들은 아직 오줌을 가리지 못하고 있었다.

아이는 할머니와 한 침대에서 잤다. 아침이면 할머니가 일어나서 이불이 젖었다고 야단을 쳤다.

"조니야, 어젯밤 네가 또 오줌을 쌌구나."

그러면 아이가 말했다.

"아니에요, 제가 그런 게 아니에요. 할머니 오줌이잖아요."

이불에 오줌을 싸지 말라고 야단도 쳐보고, 엉덩이도 때려보고, 망신을 주기도 하고, 타일러보기도 했지만 그 어떤 방법도 효과가 없었다. 그래서 부부는 생각해보았다.

'어떻게 하면 우리 아이가 이불에 오줌을 싸지 않게 할 수 있을까?'

아이가 원하는 건 무엇이었을까? 첫째, 아이는 할머니 같은 나이트가운 대신 아빠처럼 파자마를 입고 싶어 했다. 할머니는 손자가 밤에 이불에다 오줌 싸는 데 진저리를 내고 있었기 때문에 손자가 달라진다면 기꺼이 파자마를 사주겠다고 했다. 둘째, 아이는 혼자만의 침대를 원했다. 할머니도 반대하지 않았다.

아이의 엄마가 브루클린에 있는 백화점에 아이를 데려가서 판매 사원에게 눈짓하며 말했다.

"여기 꼬마 신사분이 사고 싶은 게 있대요."

판매사원은 "꼬마 신사님, 어떤 제품을 보여드릴까요?"라고 응대하며 아이에게 자신이 중요한 고객이라는 느낌이 들도록 해주었다.

아이는 몇 센티미터 정도는 더 커 보이게 서서 이렇게 말했다.

"제가 쏠 침대를 사고 싶어요."

판매사원이 엄마 마음에 드는 침대를 아이에게 보여주자 엄마가 판매 사원에게 눈짓을 보냈고 판매사원은 이 침대가 좋겠다고 아이를 설득했다.

다음 날 침대가 배송되었다. 그리고 그날 밤 아빠가 퇴근해서 집에 들어왔을 때 어린 아들은 현관으로 달려와 소리쳤다.

"아빠! 아빠! 위층으로 와서 제가 산 제 침대 좀 보세요!"

침대를 본 아빠는 찰스 슈와브의 충고에 따라 '진심으로 인정하고 칭찬을 아끼지 않았다.'

"이 침대에는 오줌 싸지 않겠구나, 그렇지?"

아빠가 말했다.

"오, 안 싸요, 안 싸! 이 침대에는 오줌 싸지 않을 거예요."

자존심이 걸린 문제였기에 아들은 약속을 지켰다. 그건 자신의 침대였다. 자신이, 혼자 스스로 골라서 산 침대였다. 그리고 이제는 어리지만, 남자로서 파자마를 입고 있었다. 행동도 어른스럽게 하고 싶었다. 그래서 아들은 그렇게 했다.

이 수업을 같이 들었던 또 다른 아빠 수강생인 더치만은 전화기사로 일했는데, 그는 세 살 난 딸에게 아침을 먹이지 못하고 있었다. 흔히 하듯 혼내기, 부탁하기, 구슬리기 등 온갖 방법을 다 써보았지만, 소용이 없었다. 그래서 아이의 부모는 생각했다.

"어떻게 하면 딸아이가 아침을 먹고 싶다고 생각하게 할 수 있을까?"

어린 딸아이는 엄마를 흉내 내며 어른이 된 것 같은 기분을 느끼기를 좋아했다. 그래서 어느 날 아침 부부는 딸아이를 의자 위에 앉혀두고 아침을 만들게 했다. 딱 좋은 순간에 아빠가 부엌으로 들어섰는데 아이가 시리얼을 저으며 말했다.

"오, 아빠, 보세요, 오늘 아침에는 제가 시리얼을 만들고 있어요."

딸아이는 부모가 구슬리지 않아도 시리얼을 두 그릇이나 먹었다. 시리얼을 직접 만들며 흥미를 느꼈기 때문이다. 자신이 중요한 사람이라는 감정을 느낀 것이다. 아이는 시리얼을 만드는 일로 자기표현의 방법을 찾았다.

작가 윌리엄 윈터는 '자기표현은 인간 본성의 주요 욕구이다' 라고 말했다. 어째서 이와 같은 심리학을 사업상의 거래에 적용하지 못할까? 번뜩이는 아이디어가 떠올랐을 때 그것을 내 아이디어가 아니라 마치 그들의 것인 듯 그들 스스로 그 아이디어를 적용하게 하라. 그러면 사람들은 그것을 스스로 생각해낸 것으로 여기고 좋아하면서 열심히 따를 것이다.

명심하라.

'먼저, 상대에게 간절히 바라는 마음을 불러일으켜라. 이 일을 할 수 있는 사람은 온 세상을 가질 수 있다. 할 수 없는 사람은 외로운 길을 걷는다.'

원칙 3: 상대에게 간절히 바라는 마음을 불러일으켜라.

인간관계의 기본 원칙

원칙 1: 비판, 비난, 불평하지 말라.

원칙 2: 솔직하고 진심 어린 칭찬을 건네라.

원칙 3: 상대에게 간절히 바라는 마음을 불러일으켜라.

제2부
사람들로부터 사랑받는 법

제1장
이렇게 하면 어디서나 환영받는다

친구 사귀는 법을 알고 싶어서 이 책을 읽고 있는가? 왜 세상에 알려진 친구 사귀기 달인의 기술을 공부하지 않는가? 누가 친구 사귀기의 달인인가? 여러분은 내일 길을 가다 그를 만날지 모른다. 3미터 정도로 거리가 가까워지면 그는 꼬리를 흔들기 시작할 것이다. 여러분이 가던 길을 멈추고 쓰다듬으면 펄쩍 뛰어올라 그가 얼마나 우리를 좋아하는지 보여줄 것이다. 그리고 우리는 그가 이처럼 애정을 표하는 데 숨은 의도는 아무것도 없다는 걸 안다. 우리에게 부동산을 팔려는 것도 아니고, 우리와 결혼하고 싶어서 그러는 것도 아니다.

생존을 위해 일하지 않아도 되는 유일한 동물이 개라는 걸 생각해본 적 있을까? 닭은 알을 낳아야 하고, 소는 젖을 짜야 하고, 카나리아는 노래를 불러야 한다. 하지만 개는 사람에게 사랑만

주면서 살아간다.

우리 아버지는 내가 다섯 살 때 50센트를 주고 노란 털을 가진 작은 강아지를 사 오셨다. 강아지는 유년기의 내게 빛이자 기쁨이었다. 매일 오후 4시 30분경이면 강아지는 앞뜰에서 예쁜 눈으로 집으로 들어오는 길을 보며 꼼짝도 하지 않고 앉아 있었다. 그러다 내 목소리가 들리거나 덤불 사이로 저녁 도시락통을 흔들며 걸어오는 내 모습이 보이면 쏜살같이 출발해 숨도 쉬지 않고 언덕 위로 달려 올라와 너무 기뻐서 팔짝팔짝 뛰고 짖으며 나를 맞아주었다.

강아지 티피는 5년 동안 변함없는 내 친구였다. 그러던 어느 비극적인 밤(절대 잊을 수 없는 밤이다)에 내게서 3미터도 떨어지지 않은 가까운 거리에서 벼락을 맞아 숨졌다. 티피의 죽음은 내 어린 시절의 비극이었다.

티피, 너는 심리학 서적을 읽은 적은 없었지. 읽을 필요가 없었으니까. 너는, 다른 사람의 관심을 끌려고 애써서 2년 동안 사귀는 친구보다 다른 사람에게 진실한 관심을 먼저 보여서 2달 만에 사귈 수 있는 친구가 더 많다는 걸 타고난 본능으로 알았어.

다시 한번 말하자면, 2년 동안 다른 사람이 내게 관심을 두게 하려고 애썼을 때보다 2달 동안 다른 사람에게 관심을 먼저 가졌을 때 더 많은 친구를 사귈 수 있다.

하지만 평생 다른 사람의 관심만 끌려고 애쓰는 실수를 저지르면서 살아가는 사람이 많다는 걸 우리는 알고 있다.

물론 그래서야 효과가 없다. 사람들은 남에게 관심을 두지 않는다. 여러분에게도 내게도 관심이 없다. 사람들의 관심은 자기 자신에 있다. 아침에도 낮에도 저녁에도 늘 그렇다.

뉴욕 전화 회사에서 전화 통화 시 가장 자주 사용되는 단어가 무엇인지 자세히 연구했다. 역시 그건 인칭대명사 '나'였다. '나', '나'. '나'라는 단어는 500통의 전화 통화에서 3,900번 사용되었다. '나', '나', '나', '나'.

여러분은 사람들과 함께 찍은 단체 사진 속에서 누구를 가장 먼저 찾는가?

그저 사람들에게 내 인상을 남기려 들고 남의 관심을 끌려고 애쓰기만 하면 절대 진실하고 진심 어린 친구를 많이 사귈 수 없다. 친구, 진정한 친구는 그런 식으로 사귈 수 없다.

나폴레옹이 그런 방법을 시도했었다. 하지만 나폴레옹은 마지막으로 조세핀을 만났을 때 이렇게 말했다.

"조세핀, 나는 이 세상 그 누구보다 운이 좋았소. 하지만 지금 내가 기댈 수 있는 이 세상 유일한 사람은 당신뿐이구려."

물론 역사학자들은 그가 조세핀에게 진짜로 의지할 수 있었을지는 의심스러워했다.

오스트리아 빈의 유명한 심리학자 알프레드 아들러는《아들러 인생방법 심리학 What Life Should Mean to You》이라는 책을 썼다. 아들러는 이 책에서 이렇게 말한다.

'다른 사람에게 관심이 없는 사람이야말로 인생에서 큰 어려움을 겪으며 남에게 큰 상처를 준다. 인간의 모든 실패는 그런 사람에게서 비롯된다.'

다양한 지식이 담긴 두꺼운 심리학책을 수십 권 읽어도 우리는 이보다 더 중요한 의미를 지니는 문장을 만나지 못할 것이다. 아들러의 말에는 깊은 의미가 있으므로 여기서 다시 한번 강조한다.

다른 사람에게 관심 없는 사람이야말로
인생에서 큰 어려움을 겪으며 남에게 큰 상처를 준다.
인간의 모든 실패는 그런 사람에게서 비롯된다.

한 번은 뉴욕대학교에서 단편 소설 쓰기 수업을 들은 적이 있었는데, 그때 일류 잡지의 편집자는 매일 자기 책상 위로 올라오는 수십 개의 이야기 가운데 하나를 골라 몇 문단만 읽어보면 작가가 사람을 좋아하는지 아닌지를 알 수 있다고 말했다. "작가가 사람을 좋아하지 않으면 사람들도 그 작가의 이야기를 좋아하지 않을 겁니다"라고 그가 말했다.

냉철한 편집장은 소설 쓰기 강의를 하다가 두 번 멈추고는 설교조가 되어 미안하다고 사과했다.

"목사님처럼 이야기하고 있지만 명심하십시오. 작가로 성공하고 싶다면 타인에게 관심을 가져야 합니다."

소설을 쓰는 데도 그렇다면 직접 얼굴을 마주하는 대인관계를 맺을 때는 더더욱 상대방에게 관심을 가져야 한다.

하워드 서스톤은 이름난 마술사이다. 서스톤이 브로드웨이에서 마지막 공연을 하던 어느 날 저녁, 나는 그의 분장실을 찾아가 함께 시간을 보냈다. 서스톤은 40년 동안 전 세계를 다니면서 몇 번이고 환상을 일으켰고, 관객들을 홀렸다. 서스톤의 마술을 본 관객들은 깜짝 놀라 숨이 막힐 지경이었다. 6,000만 명 이상의 관객이 서스톤의 유료 공연을 보러 왔고, 그는 거의 200만 달러의 이익을 얻었다.

나는 서스톤 씨에게 성공의 비밀을 알려달라고 부탁했다. 학력은 분명 성공과 전혀 관계가 없었다. 그는 어릴 때 가출해 떠돌이 일꾼으로 살면서 기차 화물칸을 얻어 탔고, 건초더미에서 잤으며, 이집 저집 음식을 얻으러 다녔다. 그리고 기타 화물칸에서 밖을 내다보며 철로를 따라 붙어 있는 표지판을 보고 글 읽는 법을 배웠다.

서스톤 씨는 남보다 뛰어난 마술 지식을 지녔을까? 그것도 아니다. 서스톤 씨는 내게 마술의 손재주를 알려주는 책은 수백 권이나 있으며 자신만큼의 마술 지식을 갖춘 사람도 수십 명은 될 거라 말했다.

하지만 서스톤 씨에게는 남들에게 없는 두 가지가 있었다. 첫째, 서스톤 씨는 무대 위에서 자신의 개성을 드러내는 능력이 있었다. 그는 뛰어난 쇼맨이었다. 서스톤 씨는 인간 본성을 알고 있었다. 그가 하는 모든 행동, 모든 몸짓, 목소리, 모든 억양, 눈썹을 올리는 움직임 하나까지 사전에 철저하게 연습했고, 마술 동

작은 초 단위로 쪼개 시간을 쟀다. 그에 더해 서스톤 씨는 사람들에게 진심으로 관심을 가졌다. 서스톤 씨는 많은 마술사가 관객을 보면 이렇게 혼잣말을 한다고 알려주었다.

"좋아, 어리바리한 사람들이 잔뜩 모였군. 내가 전부 속여줘야지."

하지만 서스톤 씨는 전혀 달랐다. 그는 무대에 오를 때마다 스스로 이렇게 말한다고 했다.

"이분들이 내 공연을 보러 와주시다니 감사한 일이야. 덕분에 나는 하고 싶은 일을 하면서 살 수 있어. 공연에서 힘닿는 데까지 최선을 다하는 모습을 보여드려야지."

서스톤 씨는 먼저 '나는 관객을 사랑한다. 나는 관객을 사랑한다'라고 반복해서 말하는 일부터 하지 않고 무대에 오른 적은 단 한 번도 없다고 단언했다. 우스워 보인다고? 어리석은 짓이라고? 여러분은 좋을 대로 생각하면 된다. 나는 다만 내 의견을 보태지 않고 사상 최고의 유명 마술가가 사용했던 비법을 알려줄 뿐이다.

펜실베이니아주 노스 워렌에 사는 조지 다이크 씨는 30년간 운영하던 주유소 사업을 그만두고 은퇴할 수밖에 없었다. 새로 건설되는 고속도로가 그의 주유소 자리를 지나가게 되었기 때문이다. 하지만 은퇴 후 무료한 나날이 곧 지겨워지자 다이크 씨는 오래된 바이올린을 연주하며 시간을 보내기로 했다. 그는 곧 지역을 여행하며 음악을 듣고 솜씨 좋은 여러 바이올린 연주자와 이야기를 나누게 되었다. 다이크 씨는 겸손하고 친근한 사람이었고, 만나는 모든 음악가의 배경과 관심사를 알아가는 게 정말 흥미로웠다. 다이크 씨 자신이 그리 훌륭한 바이올린 연주자는 아니었지만, 이런 식으로 친구를 많이 사귀었다. 바이올린 경연대회에도 참가했고, 얼마 지나지 않아 미국 동부 컨트리 음악 팬들 사이에서 '킨주아 카운티에서 온 바이올린 주자 엉클 조지'로 알려졌다. 엉클 조지라는 별명을 들었을 때 다이크 씨는 일흔두 살이었고 인생의 매 순간을 즐기고 있었다. 다이크 씨는 다른 사람에게 한결같은 관심을 가짐으로써 대부분의 사람이 생산적인 시간은 끝났다고 여기는 나이에 스스로 새로운 인생을 개척했다.

시어도어 루스벨트 대통령이 깜짝 놀랄 정도의 인기를 누린 비밀도 거기에 있었다. 심지어 시어도어 루스벨트 대통령의 고용인까지 그를 좋아했다. 루스벨트 대통령의 개인 비서였던 제임스 아모스는《시어도어 루스벨트 대통령, 개인 비서의 영웅 Theodore Roosevelt, Hero to His Valet》이라는 책에서 루스벨트 대통령의 모습을 분명하게 보여주었던 일을 소개한다.

한 번은 우리 아내가 대통령님께 밥화이트종 메추라기에 관해 여쭤보았다. 아내는 한 번도 밥화이트종 메추라기를 본 적이 없었으므로 대통령님은 우리 아내에게 아주 자세히 설명해주었다. 얼마 뒤 우리가 사는 작은 집으로 전화가 걸려왔다.＊ 아내가 전

＊ 아모스 부부는 오이스터 베이에 있는 루스벨트 대통령의 사유지 내 작은 집에 살았다.

화를 받았는데 전화를 건 사람은 루스벨트 대통령님이었다. 대통령님이 직접 전화를 거신 건 아내에게 창밖에 밥화이트종 메추라기가 있으니 밖을 내다보라는 말씀을 하기 위해서였다. 이렇게 사소한 일에서 대통령님의 성품이 잘 드러난다. 대통령님은 우리 집 근처를 지날 때마다 우리가 보이지 않더라도 우리를 부르곤 했다.

"오, 애니?" 아니면 "오오, 제임스!" 이렇게 말이다. 그렇게 친근하게 인사를 건네다니!

그런 사람을 직원들이 어떻게 좋아하지 않을 수 있을까? 직원이 아닌 누구라도 그를 좋아하지 않을 수 있을까? 태프트 대통령 부부가 백악관을 비웠을 때 퇴임한 루스벨트 대통령이 백악관에 전화를 걸었다. 그러고는 예전 재직 시절 함께했던 모든 직원, 심지어 주방 보조까지 전부 이름을 부르며 인사를 건넸다. 이 사실에서도 루스벨트 대통령이 평범한 사람까지 정말 좋아했다는 걸 알 수 있다.

언론인 아치 버트는 이런 이야기를 썼다.

루스벨트 대통령은 주방일을 하는 앨리스를 보고 여전히 콘브레드를 만드는지 물어보았다. 앨리스는 직원들을 위해 종종 만들지만, 윗분들은 아무도 먹지 않는다고 대답했다. 그러자 루스벨트 대통령이 굵은 목소리로 말했다.

"맛을 모르는 사람들이로군. 대통령을 만나면 내가 알려드려야겠네."

앨리스가 콘브레드 한 조각을 접시에 담아 루스벨트 대통령께 가져다드리자 대통령은 그 빵을 먹으며 집무실로 걸어갔고, 가는 길에 정원사나 일하는 사람들을 만나면 일일이 인사를 나누었다…….

그는 예전에 그랬던 것처럼 모두에게 말을 걸었다. 백악관에서 40년 동안 수석 총무비서관을 지낸 아이크 후버는 눈물을 글썽이며 말했다.

"거의 이 년 만에 저희가 기쁘게 지낸 유일한 날이었습니다. 우리 중 누구도 백달러 지폐를 준다 해도 바꾸지 않을 날이었지요."

뉴저지주 채텀에 사는 영업 담당자 에드워드 M. 사익스 주니어도 대단할 것 없어 보이는 사람들에게 똑같이 관심을 가진 덕분에 거래처를 유지할 수 있었다. 사익스 씨의 이야기는 다음과 같다.

몇 년 전, 저는 존슨앤드존슨에서 매사추세츠 지역을 맡아 고객을 방문했습니다. 거래처 중에 힝헴에 있는 약국이 있었습니다. 이 약국에 갈 때마다 저는 주인을 만나 주문을 받기 전에 음료와 제품 판매 직원과 몇 분 정도 이야기를 나누곤 했습니다. 어느 날 약국 주인을 만나러 갔더니 더는 존슨앤드존슨의 제품에 관심이 없다며 가라고 하더군요. 우리 회사가 식료품점이나 할인점에 영업 활동을 집중해 소형 약국에 피해를 준다고 느끼기 때문이었습니다. 저는 기가 죽어 약국을 나왔고 몇 시간 동안 차를 운전하며 동네를 돌았습니다. 그러다 결국 약국으로 다시 돌아가 주인에게 적어도 우리 회사의 입장을 설명이라도 해봐야겠다고 마음먹었습니다.

약국에 다시 돌아가서 언제나처럼 걸어 들어가 음료와 제품 판매 직원에게 인사를 건넸습니다. 약국 주인에게 갔더니 미소를 보이며 다시 온 걸 반겨주었습니다. 그러더니 평상시의 두 배나 되는 주문을 했습니다. 깜짝 놀라 주인을 쳐다보며 다녀간 지 겨우 몇 시간밖에 지나지 않았는데 무슨 일이 있었는지 물어보았습니다. 그랬더니 음료 판매대에 있는 젊은 직원을 가리키며 제가 떠난 뒤 그 친구가, 가게에 오는 영업사원 중에 제가 드물게 자기나 다른 판매 직원에게 인사해주는 사람이라고 했다더군요. 그러면서 약국의 주문을 받을 자격이 있는 영업사원을 고르라면 그게 바로 저라고 했다는 겁니다. 주인은 그 말에 동의했고 단골 고객으로 남게 되었습니다. 영업 담당자가 가져야 할, 아니 모든 사람이 가져야 할 가장 중요한 덕목은 진심으로 다른 사람에게 관심을 가지는 것이라는 점을 절대 잊을 수 없습니다.

누군가에게 진심으로 관심을 기울이면 그 사람이 정말 바쁜 사람이라 해도 관심과 시간, 협조를 얻을 수 있다는 걸 개인적으로 경험한 적이 있다.

몇 년 전, 나는 브루클린 예술과학협회에서 소설 쓰기 강좌를 진행했다. 수업을 위해 나는 캐슬린 노리스, 패니 허스트, 아이다 타벨, 앨버트 페이슨 터휸, 루퍼트 휴즈처럼 저명한 작가들이 바쁘겠지만 브루클린으로 와서 수강생들에게 그들의 글쓰기 경험을 들려주었으면 했다. 그래서 우리는 작가들에게 그들의 작품을 깊이 감탄하며 몹시 조언을 얻고 싶고 성공 비결을 알고 싶다는 편지를 썼다.

편지마다 약 150명의 학생이 서명을 했다. 우리는 작가들이 바쁠 거라는 건 알고 있다고, 너무 바빠서 강연 준비할 틈은 없을 거라는 이야기를 나누었다. 그래서 편지 안에 작가와 작업 방법에 관해 궁금한 점을 담은 질문 목록을 넣어 보냈다. 작가들은 질문 목록을 참 좋아했다. 싫어할 사람이 어디 있을까? 그래서 작가들은 집을 나서 브루클린까지 와서 우리를 도와주었다.

같은 방법으로 나는 시어도어 루스벨트 정부의 레슬리 M. 쇼 재무부 장관, 태프트 정부의 조지 위커샴 법무장관, 정치가 윌리엄 제닝스 브라이언과 프랭클린 D. 루스벨트를 비롯해 다른 수많은 저명인사를 설득해 내가 진행하는 대중 연설 수업 시간에 초대했고, 학생들에게 그들의 이야기를 들려줄 수 있었다.

사람은 누구나, 공장 노동자나 사무실 직원이나 심지어 왕관을 쓴 왕까지도 자신을 존경하는 사람을 좋아한다. 독일 황제 빌헬름 2세를 예로 들어보자. 제1차 세계대전이 끝났을 때 독일 황제 빌헬름 2세는 세상에서 가장 맹렬한 비판을 받은, 누구나 경멸하는 사람이었을 것이다. 심지어 조국인 독일조차 그에게 등을 돌렸고 그는 목숨을 부지하기 위해 네덜란드로 망명해야 했다. 빌헬름 2세를 향한 사람들의 증오심은 너무 강렬해서 수백만 명이 기꺼이 그의 사지를 갈가리 찢거나 화형에 처하고 싶어 했을 정도였다. 이 모든 분노의 화염 속에서 한 소년이 빌헬름 2세에게 간단하지만, 진심 어린 편지를 썼다. 편지에는 친절함과 존경심이 담겨 있었다. 소년은 편지에서 다른 사람들이 어떻게 생각하든 자신은 황제로서의 빌헬름 2세를 언제나 사랑할 것이라고 했다. 빌헬름 2세는 편지에 크게 감명받았고, 자신을 만나러 오라고 소년을 초대했다. 소년은 어머니와 함께 황제를 만났고 황제는 소년의 어머니와 결혼했다. 그 어린 소년은 친구를 사귀고 사람을 움직이는 법을 배우기 위해 책을 읽을 필요가 없었다. 어떻게 해야 하는지 본능적으로 알고 있었기 때문이다.

친구를 사귀고 싶다면 다른 사람을 위해 나서서 무언가 해보자. 시간이나 에너지, 이타적인 마음과 사려 깊은 생각이 필요한 그런 일 말이다.

영국의 윈저 공작이 황태자이던 시절 남미 순방 일정이 있었다. 황태자는 출발하기 전 현지 언어로 연설할 수 있도록 몇 달에 걸쳐 스페인어를 배웠다. 그랬더니 남미 사람들이 정말 좋아했다.

수년 전부터 나는 친구들의 생일을 알아보려 애쓰고 있다. 어떻게 알아보고 있을까? 나는 점성술에 대해서는 전혀 믿지 않지만, 다른 사람들에게 태어난 날이 성격이나 기질과 관련이 있다고 생각하는지 물어보면서 이야기를 시작한다. 그러고 나서 태어난 달과 날짜를 물어본다. 예를 들어 상대방이 11월 24일이라 답하면 혼잣말로 되뇐다.

"11월 24일, 11월 24일."

그러다 친구와 헤어지자마자 이름과 생일을 적어두었다가 나중에 생일 기록 수첩에 옮겨 적는다. 그러고는 신년이 시작될 때 자동으로 알 수 있도록 달력에 친구들의 생일을 표시해둔다. 친구의 생일날이 되면 나는 편지나 전보를 보낸다. 정말 성공적이었다! 나는 종종 세상에서 유일하게 친구의 생일을 기억하는 사람이었다.

친구를 사귀고 싶다면 활기차고 열정적인 모습으로 인사를 건네자. 누군가의 전화가 걸려왔을 때도 같은 마음으로 받는다. 상대가 전화해주어서 내가 얼마나 기쁜지 드러나는 목소리로 "여보세요" 하며 전화를 받아라. 전화상담원이 전화를 받을 때마다 전화 건 상대를 향한 관심과 열정이 느껴지는 어조의 목소리로 응답하도록 훈련하는 회사가 많다. 그렇게 하면 고객은 이 회사가 자신에게 관심을 두고 있다고 느끼기 때문이다. 내일 전화를 받을 때는 이 점을 기억하라.

다른 사람에게 진정한 관심을 보이면 친구를 사귈 수 있을 뿐 아니라 회사를 향한 고객의 충성심도 키울 수 있다. 뉴욕 노스 아메리카 내셔널 뱅크의 사보에 예금 고객인 매들린 로즈데일이 쓴 다음과 같은 편지가 실렸다.

귀사의 직원들에게 제가 얼마나 감사하고 있는지 말씀드리고 싶어요. 모든 직원분이 정말 공손하고, 예의 바르게 도움을 주십니다. 한참 기다린 뒤에 창구 직원분께서 상냥하게 맞아주시면 얼마나 기쁘던지요.

작년에 저희 어머니께서 다섯 달 동안 병원에 입원하셨습니다. 저는 마리 페트루첼로라는 창구 직원분을 자주 찾았습니다. 페트루첼로 씨는 저희 어머니를 걱정해주셨고, 병에 차도가 있는지 물어봐주셨습니다.

로즈데일 씨가 이 은행을 계속 찾을 것이라는 사실에 한 치의 의심이라도 드는가?

뉴욕시 대형 은행에 근무하는 찰스 R. 월터스는 어느 기업을 위한 기밀 보고서를 작성하라는 업무를 받았다. 이토록 다급히 필요한 사실 정보를 가지고 있는 사람은 단 한 명뿐이었다. 월터스가 사장실로 안내받았을 때 한 젊은 여성이 문 사이로 고개를 내밀고 사장님께 오늘은 우표가 없다고 말했다.

"열두 살 난 아들을 위해 우표를 수집하고 있네."

사장이 월터스에게 설명했다.

월터스는 자신의 업무를 이야기하고 질문을 시작했다. 사장의 대답은 애매했고, 일반적이었으며, 명료하지 않았다. 사장은 이야기하고 싶어 하지 않았고, 분명 무엇도 사장이 이야기하도록 설득할 수 없을 것 같았다. 그래서 면담은 짧고, 소득 없이 끝났다.

"솔직히 무엇을 해야 할지 모르겠더라고요."

월터스가 수업 시간에 이 이야기를 소개하며 말했다.

그러다 비서가 사장님께 이야기했던 내용이 떠올랐습니다. 우표, 열두 살 난 아들…… 그리고 또 우리 은행의 해외 사업부에서 우표를 수집한다는 사실도 기억났습니다. 전 세계 모든 대륙에서 쏟아져 들어오는 편지에 붙어 있는 우표들이죠.

다음 날 오후 저는 사장실에 찾아가 아드님을 위한 우표가 있다고 말씀드렸습니다. 제가 열렬한 환영을 받았을까요? 물론입니다. 사장님께서는 국회의원 출마라도 한 것처럼 그보다 더할 수 없다 싶을 정도로 세차게 악수를 청했습니다. 그는 미소를 보였고 그의 호의가 느껴졌어요.

"우리 아들 조지가 이 우표를 무척 좋아할 걸세."

사장님은 우표를 만지작거리며 계속 말했어요.

"이것 좀 봐! 이건 보물이라고."

우리는 30분 동안 우표 이야기를 나누고, 사장님 아드님의 사진을 보았습니다. 그러고 나서 사장님은 한 시간 이상 제가 원하는 모든 정보를 나누어주었습니다. 부탁드리지도 않았는데 그렇게 해주었습니다. 사장님은 자신이 아는 내용을 전부 말해주고, 다른 부하 직원에게 전화를 걸어 물어봐주기도 했습니다. 사장님의 동료분들께도 전화를 걸었지요. 저에게 사실관계, 숫자, 보고서, 서신까지 산더미처럼 알려주었어요. 신문 기자들이 쓰는 표현대로라면 저는 특종을 잡았습니다.

또 다른 예를 보자.

필라델피아에 사는 네이플 주니어는 대형 체인점에 연료를 판매하려고 수년간 노력을 기울이고 있었다. 하지만 그 체인점은 계속 다른 지역의 딜러에게서 연료를 사고는 네이플의 사무실 문 바로 앞을 지나며 운송했다. 네이플은 어느 날 저녁 우리 수업 시간에 학생들 앞에서 발표하면서 그 체인점을 향한 뜨거운 분노를 쏟아냈고, 나라에 해가 되는 회사라고 낙인찍었다. 그리고 아직도 자신이 체인점에 물건을 팔지 못하는 이유를 궁금해했다.

나는 그에게 다른 방법을 써보라고 제안했다. 그런데 일은 이렇게 진행되었다. 함께 수업을 듣는 수강생들 사이에 체인점이 늘어나면 나라에 득보다 해가 되는지 아닌지 의견이 갈려 토론이 시작된 것이다.

네이플은 내 제안에 따라 해가 되는 건 아니라는 쪽에 섰다. 체인점의 확장을 옹호하는 데 동의했고, 곧장 자신이 경멸했던 체인점의 임원을 찾아가 말했다.

"저는 여기 연료를 팔러 온 게 아닙니다. 부탁드릴 게 있어서 왔습니다."

그러고는 토론에 관해 설명한 뒤 이렇게 말했다.

"제가 원하는 사실을 알려줄 수 있는 분이 달리 없을 것 같아서 도움을 부탁드리러 왔습니다. 저는 정말 토론에서 이기고 싶습니다. 그러니 어떤 도움이든 주시면 정말 감사하겠습니다."

다음은 그 후의 이야기를 네이플의 말 그대로 옮긴 것이다.

저는 그분에게 정확히 1분만 달라고 부탁했습니다. 그분이 저를 만나기로 한 건 그래서였죠. 하지만 제가 토론에 관해 말씀드리고 나니 손짓으로 의자에 앉으라고 하고는 정확히 1시간 47분 동안 말씀을 이어나갔습니다. 체인점을 주제로 책을 썼던 다른 임원에게 전화도 걸었고요. 전국 체인점 협회에 편지를 써서 이 주제에 관한 토론 기록 사본도 구해주었습니다.

그분은 체인점이 주민들에게 진정한 서비스를 제공한다고 생각했어요. 수백 개 지역의 마을을 위해 자신이 하는 일을 자랑스럽게 여겼지요. 이야기하는 동안 그분의 눈은 정말 반짝였고, 덕분에 저는 단 한 번 꿈도 꾼 적 없는 일에 눈을 떴다는 사실을 고백해야겠습니다. 그분은 제 정신상태 전부를 바꾸었습니다. 제가 돌아가는 길에 그분은 문까지 저를 배웅해주며, 제 어깨에 손을 두르고, 토론에서 이기기를 바란다고 빌어주었습니다. 그리고 제게 나중에 다시 들러서 토론이 어떻게 되었는지 이야기해 달라고 하였습니다. 마지막으로 한 말씀은 이랬습니다.

"나중에 봄에 다시 들러주게. 자네한테 연료를 발주해야겠어."

제게는 거의 기적 같은 일이었습니다. 제가 부탁하지도 않았는데 연료를 사겠다는 제안을 한 겁니다. 그분과 그분의 문제에 진심으로 관심을 가졌더니 저와 우리 회사 제품에 관해 그분의 관심을 끌려고 10년 동안 노력했던 것보다 더 큰 진전이 두 시간 만에 이루어졌습니다.

네이플이 새로운 사실을 발견한 건 아니다. 아주 오래전 예수가 태어나기 100년 전에 고대 로마의 유명 시인 푸블릴리우스

시루스가 이렇게 말했다.

"우리는 우리에게 관심을 두는 사람에게 관심을 가진다."

인간관계를 위한 다른 모든 원칙이 그렇듯 관심을 보일 때는 진심이 있어야 한다. 그리고 관심을 보이는 사람뿐 아니라 관심을 받는 사람에게도 도움이 되어야 한다. 양쪽 모두가 이익을 얻는 양방향 길이어야 하는 것이다.

뉴욕 롱아일랜드에서 우리 수업을 들은 마틴 긴스버그는 어느 간호사가 보여준 특별한 관심이 어떻게 자신의 인생에 깊은 영향을 끼쳤는지 이야기했다.

그날은 추수감사절이었고 저는 열 살이었습니다. 저는 시립 병원의 복지 병동에 입원해 있었고, 다음 날 정형외과에서 큰 수술을 받기로 되어 있었습니다. 앞으로 몇 달이나 병원에 갇혀 회복해야 하고 고통이 따를 수밖에 없을 것임을 알고 있었지요.

저는 아버지가 돌아가시고 안 계셨습니다. 작은 아파트에서 어머니와 저, 단둘이 기초생활수급비를 받으며 살았습니다. 그날은 어머니가 병원에 올 수 없는 날이었고요.

시간이 흐를수록 외로움과 절망, 무서움에 사로잡혔어요. 어머니가 집에서 혼자 제 걱정을 하실 거란 걸 알고 있었거든요. 함께할 사람도, 함께 먹을 사람도 한 명 없고, 추수감사절 저녁을 먹을 만큼 돈도 여유롭지 못하다는 것도요.

그런 생각을 하자 눈물이 차올랐고, 저는 베개 아래에 얼굴을 묻고 이불을 뒤집어쓴 채 조용히, 하지만 비통하게 울었습니다. 너무 울어서 고통으로 몸이 아플 지경이었지요.

제가 흐느끼는 소리를 듣고 어린 학생 간호사 한 분이 다가와 이불을 내리고는 눈물을 닦아주었어요. 그리고 자신이 얼마나 외로운지, 추수감사절에 일해야 하고, 가족과 함께할 수 없다고 이야기해주었습니다. 그리고 제게 함께 저녁을 먹을 수 있는지 묻고는 2인분의 음식을 들고 왔습니다. 칠면조 구이를 자른 것, 으깬 감자, 크랜베리 소스와 디저트로 먹을 아이스크림도 있었습니다. 그분은 제게 말을 걸고 무서워하는 저를 진정시키려 애썼습니다. 오후 4시에 근무 시간이 끝났는데도 거의 밤 11시가 되도록 제 옆에 있어주었습니다. 저와 함께 게임도 하고 이야기도 나누고 제가 잠들 때까지 자리를 지켰지요.

열 살이었던 그해 이후로 추수감사절이 여러 번 지나갔지만 매해 그 추수감사절을 떠올립니다. 제가 느꼈던 좌절과 두려움, 외로움, 그리고 어떻게든 전부 참을 수 있게 해준 낯선 이의 따뜻함과 부드러운 마음씨를요.

다른 사람으로부터 사랑받고 싶다면, 진정한 우정을 쌓고 싶다면, 남을 돕는 한편 자기 자신을 돕고 싶다면, 다음의 원칙을 마음에 새겨라.

원칙 1: 다른 사람에게 진심 어린 관심을 가져라.

제2장
좋은 첫인상을 남기는 간단한 방법

뉴욕의 어느 저녁 파티 자리에 유산을 상속받은 한 상속녀가 손님으로 참석했다. 그녀는 파티에 참석한 모든 사람에게 좋은 인상을 남기려 몹시 애쓰고 있었다. 모피와 다이아몬드, 진주 등에 상당한 돈을 마구 썼다. 하지만 얼굴에서는 심술과 이기심이 풍겼다. 그녀는 모든 사람이 다 아는 사실, 즉 몸에 걸친 옷보다 얼굴에 어린 표정이 훨씬 더 중요하다는 사실을 깨닫지 못한 것이었다.

찰스 슈와브는 내게 자신의 미소는 백만 달러의 값어치가 있다고 했다. 하지만 그건 아마 사실을 과소평가한 것이다. 슈와브의 개성, 매력, 주위 사람으로부터 사랑받는 능력 덕분에 그는 엄청난 성공을 거두었기 때문이다. 슈와브가 지닌 개성 가운데 정말 훌륭한 요소는 눈길을 사로잡는 그의 미소였다.

말보다 행동이 더 많은 의미를 전한다. 미소는 '저는 당신을 좋아해요, 당신이 저를 행복하게 해줍니다. 당신을 만나서 기뻐요'라는 뜻이다. 강아지가 그토록 사랑받는 이유이다. 강아지는 사람을 보면 몹시 기뻐하며 펄쩍 뛰어오른다. 그러니 자연스레 사람들도 강아지를 좋아한다. 아기의 미소도 마찬가지다.

병원 대기실에서 의사를 만나려고 초조하게 기다리는 침울한 사람들의 표정을 본 적 있을까? 미주리주 레이타운에서 수의사로 일하는 스티븐 스프라울 박사는 어느 평범한 봄날에 관해 이야기해주었다. 그날도 병원 대기실에는 애완동물의 예방접종을 기다리는 사람들로 가득했다. 누구도 다른 사람에게 말을 걸지 않았고, 다들 아마 대기실에 앉아 '허비하는 시간'에 할 만한 수십 가지 다른 일에 관해 생각하고 있었을 것이었다. 스프라울 박사는 우리 수업 시간에 이렇게 말했다.

"예닐곱 명의 손님이 대기실에서 기다리고 있는데 어느 젊은 여성분이 구 개월 된 아기와 고양이 한 마리를 데리고 들어왔습니다. 그 여성분은 어느 남성분 옆에 앉았는데 그는 진료를 보기까지 오래 기다려야 해서 상당히 짜증이 난 상태였습니다. 그런데 아기가 그를 향해 아기 특유의 함박웃음을 지어 보였습니다. 남성분이 어떻게 했을까요? 여러분이나 저였더라도 당연히 그랬겠지만, 아기를 향해 미소를 보냈습니다. 곧 그는 아기 엄마와 아기에 대해서, 그리고 자신의 손주들에 관해서 이야기를 나누게 되었습니다. 그러자 진료를 기다리던 사람들이 전부 대화에 참여하면서 지겨움과 긴장감으로 가득했던 대기실이 즐겁고 기분 좋은 경험을 주는 장소로 바뀌었습니다."

가식적인 미소라면 어떨까? 그건 안 된다. 가식적인 미소로는 누구도 속일 수 없다. 가식적인 미소는 기계적이라는 걸 사람들은 알고 있으며 불쾌하게 여긴다. 여기서 내가 이야기하는 미소란 진짜 미소, 마음을 따뜻하게 하는 미소, 내면에서 우러나온 미소, 값진 미소를 말한다.

미시간대학교 심리학과의 제임스 맥코넬 교수는 미소에 관한 느낌을 이렇게 표현했다.

"미소 짓는 사람은 더 효과적으로 일을 관리하고, 더 효과적으로 사람들을 가르치며, 물건이나 서비스도 더 효과적으로 판매합니다. 그리고 미소 짓는 사람은 행복을 더 많이 느끼는 아이를 키웁니다. 찡그리기보다는 미소 지을 때 훨씬 더 많은 정보를 줄 수 있습니다. 그래서 벌을 주는 것보다 격려하는 게 훨씬 더 효과적인 교육 방법입니다."

뉴욕 대형 백화점의 인사팀장은 내게 우울한 얼굴을 한 철학 박사보다는 초등학교를 졸업하지 못했더라도 유쾌한 미소를 짓는 사람을 고용하겠다고 말했다.

미소의 효과는 엄청나다. 미소가 보이지 않을 때조차 그렇다. 미국 전역의 전화 회사는 '전화의 힘'이라는 프로그램을 운영하는데, 전화를 이용해 제품이나 서비스를 판매하는 직원을 위한 프로그램이다. 이 프로그램에서는 전화로 이야기할 때 미소 지으라고 당부한다. '미소'는 목소리로도 전해지기 때문이다.

오하이오주 신시내티의 한 회사에서 컴퓨터 부서 관리자로 일하는 로버트 크라이어는 좋은 사람을 찾기 어려운 자리에 적합한 지원자를 잘 찾는 방법을 이렇게 이야기했다.

"저는 우리 부서에 컴퓨터 공학 박사학위를 가진 사람을 채용하려고 몹시 애쓰고 있었습니다. 그러다 마침내 퍼듀대학교 졸업 예정인 이상적인 조건을 갖춘 청년을 찾았습니다. 전화로 몇 번 이야기를 나누다가 그가 다른 몇 군데 회사에서도 입사 제의를 받았다는 걸 알게 되었습니다. 그중에는 우리 회사보다 크거나 유명한 회사가 많았어요. 그가 우리 회사의 입사제의를 받아들였을 때 저는 정말 기뻤습니다. 그가 입사하고 나서 왜 다른 회사를 두고 우리 회사를 선택했는지 물어보았습니다. 그는 잠시 생각하더니 이렇게 말했습니다. '전화로 이야기를 나눌 때 다른 회사의 관리자는 차갑고 사무적인 태도여서 그저 또 다른 업무를 본다는 생각밖에 안 들었는데, 부장님 목소리는 마치 제 전화를 받아 기쁜 것처럼 들렸거든요…… 그래서 정말 저를 조직의 일원으로 원하고 있다고 생각했습니다.' 확실히 아셨겠지만 저는 지금도 여전히 전화 받을 때 미소를 짓습니다."

미국 최대 고무 회사 이사회의 회장은 내게, 자신이 관찰한 바에 따르면 어떤 일이든 즐기지 않으면서 성공하는 경우는 매우 드물다고 이야기했다. 업계의 지도자 격인 이분은 열심히 일하는 것만이 원하는 바를 이룰 마법의 열쇠라는 옛 속담을 그다지 믿지 않는다.

"저는 떠들썩하고 즐겁게 일했기 때문에 성공한 사람들을 알고 있습니다. 나중에 즐거움도 일이 되자 이들은 변했습니다. 일을 지겨워했고, 일 안에서 기쁨을 잊었고, 결국 일을 실패하게 되더군요."

상대방이 나를 만나 즐겁기를 바란다면 내가 사람들을 만나서 즐거워해야 한다.

나는 수천 명의 직장인에게 일주일 동안 누군가를 향해 매일 미소 짓고, 그 결과가 어땠는지 수업에 와서 이야기해달라고 부탁했다. 과연 어떻게 되었을까? 어디 보자…… 다음은 뉴욕에서 주식중개인으로 일하는 윌리엄 스타인하트가 보낸 편지의 내용이다. 스타인하트의 경우가 예외적인 건 아니다. 사실 수백 건의 전형적인 사례에 속한다.

저는 결혼한 지 18년이 넘었습니다. 그리고 그 세월 동안 아침에 일어나 출근할 때까지 아내를 향해 미소 짓거나 스무 마디 이상 말을 건 적은 거의 없었습니다. 브로드웨이로 통근하는 사람 중에 아마 제가 가장 무뚝뚝했을 것입니다.

미소를 지으며 겪은 일에 관해 이야기해보라고 말씀하셨을 때 일주일만 해보자고 생각했습니다. 그래서 다음 날 아침 머리를 빗으면서 거울 속 뚱한 얼굴을 보며 마음속으로 생각했습니다.

'빌, 오늘은 그 뚱한 얼굴을 벗어버리는 거야. 대신 미소를 지을 거야. 지금 당장 시작하자고.'

아침 식사를 하러 식탁에 앉았을 때 "여보, 좋은 아침이야"라고 인사를 건네며 미소를 지었습니다.

상대방이 놀랄지 모른다고 경고하셨죠. 음, 아내의 반응은 그 이상이었습니다. 아내는 혼란스러워하더군요. 충격을 받은 것 같았습니다. 앞으로는 일상적으로 있는 일이 될 거라고 이야기하고 매일 아침 그렇게 인사했습니다.

이렇게 제 태도를 바꾸니 두 달 만에 저희 가정에는 작년 한 해 동안 느꼈던 행복보다 더 큰 행복이 찾아왔습니다.

출근하면서 아파트 엘리베이터 안내인에게 미소를 지으며 "안녕하세요"라고 인사했고, 수위에게도 미소와 함께 인사를 전했습니다. 지하철표 사는 곳 직원에게 거스름돈을 부탁할 때도 미소 지었고, 주식 거래소 객장에 서서 일할 때도 최근 내가 웃는 걸 한 번도 본 적 없는 사람들을 향해 미소를 지었습니다.

그랬더니 사람들이 다시 미소로 화답한다는 것을 곧 알게 되었습니다. 제게 불평불만을 쏟아내러 온 사람에게도 쾌활하게 대하며, 이야기를 들을 때도 미소를 지었더니 문제 해결이 훨씬 쉬워졌습니다. 미소는 제게 돈을 가져다주었습니다. 매일 많은 돈을요.

저는 다른 주식중개인과 사무실을 함께 씁니다. 그 사람과 함께 일하는 직원 중에 호감 가는 청년이 한 명 있는데, 미소를 지었더니 얻게 된 결과에 매우 신이 나서 청년에게 인간관계에 관한 저의 새로운 철학을 이야기했습니다. 그랬더니 청년은 자신이 처음 제 사무실을 함께 쓰려고 왔을 때 제가 심하다 싶을 정도로 뚱한 사람이라고 생각했고, 최근에서야 그 생각이 바뀌었다고 이야기해주었습니다. 청년이 말하기를, 미소를 지으면 제가 아주 인간적으로 보인다고 합니다.

또한 저는 비판하지 않기로 했습니다. 이제 비난 대신 칭찬과 감사를 하기로 했습니다. 제가 원하는 바에 관해서 이야기하는 건 그만두었습니다. 이제는 다른 사람의 관점에서 생각하려 애씁니다. 그랬더니 제 인생에 말 그대로 혁명적인 변화가 생겼습니다. 저는 완전히 다른 사람이 되었고, 더 행복해지고, 더 부유해지고, 우정과 행복이 더 커졌습니다. 결국, 인생에서는 이런 것들이 가장 중요하죠.

미소 짓고 싶은 마음이 들지 않는가? 그러면 어떻게 해야 할까? 두 가지 방법이 있다. 첫째, 억지로 미소 지어라. 혼자 있다면 휘파람을 불거나 콧노래를 부르거나 노래를 불러라. 이미 행복한 사람인 듯 행동하라. 그러면 행복해질 것이다. 심리학자이자 철학자인 윌리엄 제임스는 이렇게 말했다.

"행동이 기분을 따르는 것 같지만, 사실 행동과 기분은 함께 움직인다. 그래서 우리는 의지로 직접 통제가 가능한 행동을 조절해서 의지로 통제할 수 없는 기분을 간접적으로 조절할 수 있다. 그러므로 기분이 좋지 않을 때 스스로 기분이 좋아지게 만들려면 이미 기분 좋은 사람처럼 앉아서 기분 좋은 것처럼 행동하고 말하면 된다……."

이 세상 사람 누구나 행복을 찾는다. 그리고 행복을 찾을 확실한 방법이 하나 있다. 그건 바로 생각을 통제하는 것이다. 행복은 외부 조건에 달린 게 아니라 우리 마음가짐에 달려 있다.

사람을 행복하게 혹은 불행하게 만드는 데 중요한 건 그가 무엇을 가졌는지, 누구인지, 어디에 있는지 아니면 무슨 일을 하는지가 아니라 행복을 어떻게 생각하는가이다. 예를 들어 두 사람이 같은 장소에서 같은 일을 한다고 해보자. 그리고 재산 수준과 사회적 지위도 비슷하다, 그런데도 한 사람은 비참함을 느끼고 한 사람은 행복하다. 왜 그럴까? 마음가짐이 다르기 때문이다. 나는 뉴욕, 시카고 혹은 로스앤젤레스의 에어컨이 완비된 사무실에서만큼이나 열대의 엄청난 더위 아래에서 원시적인 도구만으로 육체노동을 하는 가난한 소작농 사이에서도 행복한 사람들을 많이 보았다.

"좋거나 나쁘기만 한 건 없다. 생각이 그렇게 만들 뿐이다"라고 셰익스피어는 말했다.

에이브러햄 링컨은 예전에 "대부분 사람은 마음먹는 만큼 행복해진다"라고 말했다. 링컨의 말이 맞다. 뉴욕 롱아일랜드 기차역의 계단을 걸어 올라가다 그 사실을 생생하게 보여주는 예를 보았다. 내 바로 앞에 지팡이와 목발을 짚는 30~40명의 지체부자유 소년들이 계단을 오르려 애쓰고 있었다. 한 소년은 스스로 아예 걸을 수 없어 다른 사람의 도움을 받아야 했다. 그들의 웃음소리와 즐거운 모습에 나는 놀라고 말았다. 그래서 소년들을 이끄는 남성에게 내 감정을 이야기했다. 그러자 그가 말했다.

"오, 그렇죠. 평생 불구로 살아야 한다는 사실을 알게 되면 처음에는 충격을 받습니다. 하지만 충격에서 벗어난 후에는 대개 운명을 받아들이게 되고, 그러면 평범한 아이들처럼 행복을 느끼며 살아갑니다."

그 아이들에게 경의를 표하고 싶었다. 아이들은 내게 절대 잊어서는 안 될 교훈을 가르쳐주었다.

닫힌 사무실에서 종일 혼자 일하면 외로울 뿐 아니라 사내의 다른 직원을 사귈 기회를 놓치게 된다. 멕시코 과달라하라의 마리아 곤잘레스도 그렇게 일했다. 다른 직원들의 이야기 소리와 웃음소리를 들으면 함께하는 동료 관계가 부러웠다. 입사한 지얼마 되지 않았을 때 복도에서 직원들 곁을 지나갈 때마다 곤잘레스는 부끄러운 듯 다른 쪽을 쳐다보았다.

몇 주가 지나자 곤잘레스는 생각했다.

'마리아, 저 친구들이 먼저 다가와주기를 기대해서는 안돼. 네가 나가서 만나려 해야지.'

그래서 다음부터 탕비실에 갈 때는 밝은 미소를 지으며 만나는 사람마다 말을 걸었다.

"안녕하세요, 잘 지내시죠?"

바로 효과가 나타났다. 상대방도 미소 지으며 인사를 건넸고, 복도가 더 밝아진 것처럼, 직장이 더 친근한 곳인 것처럼 느껴졌다. 동료들의 얼굴을 익히게 되었고, 몇몇 직원과는 친분을 쌓게되었다. 직장 일도, 사는 것도 더 즐겁고 재미있어졌다.

수필가이자 출판가인 엘버트 허버드의 현명한 조언을 귀담아듣자. 하지만 실행하지 않으면 소용이 없다는 것도 명심하자.

밖으로 나설 때는 언제나 턱을 당기고 고개를 꼿꼿이 세우고 숨을 크게 들이마셔라. 햇살을 느끼고 미소를 지으며 친구에게 인사하라. 그리고 악수할 때마다 마음을 담아라. 오해를 살까 두려워하지 말고 적을 생각하느라 단 1분도 낭비하지 말라. 하고 싶은 일이 무엇인지 확실하게 마음을 정하려 노력하라. 일단 마음을 정한 후에는 갑자기 방향을 바꾸지 말고 목표를 향해 곧장 움직여라. 여러분이 하려는 멋지고 훌륭한 일에 전념하라. 그렇게 시간이 흐르고 나면 산호충이 흐르는 조류에서 필요한 성분을 얻는 것처럼 여러분도 의식하지 못하는 사이에 바라는 일을 이룰 기회를 잡게 될 것이다. 마음속으로 자신이 원하는 능력 있고, 성실하며, 쓸모 있는 사람이 된 모습을 그려라. 그런 생각을 하면 시시각각 그런 사람으로 바뀌어간다…… 생각이 가장 중요하다. 적절한 마음가짐, 즉 용기 있고, 솔직하고, 쾌활한 마음을 지녀라. 올바른 생각을 하는 건 창조하는 일이다. 원하는 바를 모두 이루게 되고 진심 어린 기도는 전부 응답을 받는다. 우리는 마음먹은 대로 이룬다. 턱을 당기고 고개를 높이 들어라. 세상에 나갈 준비를 하는 번데기 속에서 우리는 신이다.

고대 중국인들은 현명했고 세상 물정에 밝았다. 그들이 남긴 다음의 격언을 우리는 늘 떠올려야 한다.

'미소 짓지 않는 사람은 장사를 시작하면 안 된다.'

우리의 미소는 선의의 표현이다. 미소를 지으면 만나는 사람 모두의 삶을 밝히게 된다. 찡그리고, 노려보고, 외면하는 모습을 보던 사람에게 우리의 미소는 구름 사이로 비치는 햇살 같은 존재일 것이다. 특히 상대방이 상사나 고객, 선생님이나 부모님 혹은 자녀로부터 스트레스를 받은 상황에서는 더욱 그렇다. 그런 사람에게 미소를 보내면 모든 게 절망적인 건 아니며, 세상에는 기쁨이 있다는 사실을 일깨워줄 수 있다.

몇 년 전 뉴욕의 한 백화점에서는 크리스마스 시즌 때문에 바빠서 판매 직원들이 스트레스를 받자 다음과 같은 따뜻한 철학이 담긴 광고를 내보냈다.

'크리스마스에 보내는 미소의 가치'

미소 짓는 데 돈이 드는 건 아니지만, 미소는 많은 걸 이루어낸다. 미소를 주는 사람은 아무런 대가를 치르지 않고도 받는 사람의 마음을 풍요롭게 한다.

미소를 짓는 건 한순간이지만 때로 받는 사람의 마음에 영원히 남기도 한다. 미소 없이 살 수 있을 만큼의 부자는 없고, 미소의 혜택을 누리는 사람은 가난해도 부유하다. 미소는 가정에 행복을 만들고, 직장에 선의를 키우며, 서로 간의 우정을 나타낸다. 미소는 지친 사람에게 휴식이며, 낙심한 사람에게 빛이며, 슬픈 사람에게 햇살이며, 자연이 주는 최고의 문제 해결책이다.

하지만 미소는 살 수도, 얻을 수도, 빌릴 수도, 훔칠 수도 없다. 다른 사람에게 보이기 전까지는 누구에게도 아무런 가치를 지니지 않기 때문이다.

만일 크리스마스 시즌 막바지에 선물을 사러 몰려드는 손님들 때문에 판매사원이 너무 지쳐 미소 지을 수 없다면 우리가 미소를 보내는 건 어떨까? 더는 미소 지을 수 없는 사람만큼 미소를 필요로 하는 사람은 없으니 말이다!

원칙 2 : 미소를 지어라.

제3장
이렇게 하지 않으면 문제에 휘말릴 것이다

1898년 뉴욕 록랜드 카운티에서 비극적인 사건이 일어났다. 한 아이가 사망했고, 그날 이웃들은 아이의 장례식에 참석할 준비를 하고 있었다.

짐 팔리는 마구간에서 마차에 말을 매고 있었다. 땅은 눈으로 뒤덮였고, 공기는 차갑고 살을 에는 듯했다. 말은 벌써 며칠 동안이나 움직일 일이 없었다. 짐 팔리가 말을 물이 담긴 여물통으로 끌고 가자 말은 장난스럽게 몸을 돌리더니 뒷발을 허공으로 높이 차다가 짐 팔리를 죽이고 말았다. 그래서 작은 마을인 스토니 포인트에서는 한 명이 아니라 두 명의 장례식이 열리게 되었다.

짐 팔리는 미망인과 세 아들, 그리고 몇백 달러의 보험금을 남겼다.

장남인 짐(제임스)은 열 살이었고, 벽돌 공장에서 일했다. 모래를 수레에 실어 날라 거푸집에 붓고, 벽돌을 돌려가며 햇볕에 말렸다. 짐은 그다지 많은 교육을 받을 기회가 없었다. 하지만 타고나길 싹싹해서 사람들의 사랑을 받는 재주가 있었고, 그래서 정계에 진출했다. 시간이 흐르면서 짐은 다른 사람의 이름을 기억하는 신기한 능력을 키웠다.

그는 고등학교 근처에도 가보지 못했다. 하지만 46세가 되기 전에 네 군데 대학에서 짐에게 명예 학위를 주었고, 짐은 민주당 전국위원회 의장과 미국 우정공사 총재가 되었다.

한 번은 짐 팔리를 인터뷰하면서 성공의 비결을 물어보았다. 그가 "열심히 일했습니다"라고 대답해서 나는 "그런 비결 말고요"라고 말했다. 그랬더니 자기가 성공한 비결이 무엇이라 생각하는지 내게 물었다. 그래서 대답했다.

"만 명이나 되는 사람의 이름을 기억하는 능력 때문이라 생각합니다."

"아닙니다. 잘못 알고 계신 거예요."

그가 말했다.

"저는 오만 명의 이름을 기억하고 있어요."

확실히 알아두길 바란다. 짐 팔리는 이런 능력으로 1932년 프랭클린 루스벨트 대통령의 선거 운동을 맡아 그를 백악관에 입성시켰다.

짐 팔리는 석고판매원으로 여기저기 다니던 시절에 그리고 스토니 포인트 마을 서기로 일하던 시절에 사람의 이름을 기억하는 방법을 고안했다.

처음에는 아주 간단했다. 새로운 사람을 만날 때마다 상대의 성과 이름, 그리고 가족, 직업, 정치적 견해 등의 사실을 확인했다. 그렇게 알아낸 사실을 마치 그림의 일부인 것처럼 마음속에 잘 새겨두었다가 다음번에 그 사람을 만나면, 그게 1년 뒤라 할지라도 악수를 하면서 가족의 안부를 묻고 뒷마당에 접시꽃은 잘 자라는지를 물었다. 그를 좋아하는 사람이 늘어나는 건 당연했다!

루스벨트의 대통령 선거 운동이 시작되기 몇 달 전, 짐 팔리는 미국 서부와 북서부 전역의 모든 주에 사는 사람에게 하루에 수백 통씩 편지를 썼다. 그러고 나서는 기차를 타고 19일 동안 약 20,000킬로미터를 여행하며 20개 주를 돌았다. 그동안 마차, 기차, 자동차, 보트 등의 이동수단을 이용했다. 어느 마을에 들러 아침이나 점심 혹은 차를 나누는 시간이나 저녁 식사 자리에서 사람들을 만났고, 그들과 '솔직한 이야기'를 나누었다. 그러고 나면 다시 서둘러 다음 여정을 위해 떠났다.

동부로 다시 돌아오자마자 팔리는 그가 방문했던 각 마을의 한 명에게 편지를 써서 자신과 이야기를 나누었던 모든 손님의 이름을 알려달라고 부탁했다. 최종 목록에는 수천 명의 이름이 적혀 있었다. 그런데도 목록에 이름이 있는 사람은 누구나 개인적으로 제임스 팔리가 보낸 편지를 받는 기쁨을 누렸다. 편지는 '친애하는 빌에게' 혹은 '친애하는 제인에게'처럼 이름을 부르며 시작되었고, 마지막에는 항상 '짐으로부터'라는 애칭으로 된 서명이 있었다.

짐 팔리는 평범한 사람은 온 세상의 다른 이름을 다 합한 것
보다 자기 자신의 이름에 더 관심이 있다는 걸 일찌감치 알았다.
상대의 이름을 알고 자주 불러야 한다는 걸 기억하라. 그건 영리
하면서 아주 효과적인 칭찬 방법이다.

하지만 이름을 잊거나 철자를 잘못 쓰면 매우 불리한 처지에
놓이게 된다. 예를 들어 한 번은 내가 프랑스 파리에서 대중 연
설 강좌를 열고 파리의 모든 미국인 거주자에게 편지를 보냈다.
영어를 잘 모르는 게 분명한 프랑스인 타이피스트가 받는 사람
이름을 적었고, 자연히 철자에 실수가 있었다. 파리에 있는 대형
미국계 은행의 관리자인 한 남성은 자신의 이름 철자가 잘못되
었다면서 가차 없는 비난이 담긴 답장을 보냈다.

때로 이름을 기억하는 건 힘들다. 특히 발음하기 힘든 이름일
경우 더욱 그렇다. 그래서 사람들은 이름을 외우려고 애쓰는 대
신 이름을 무시하거나 부르기 쉬운 별명으로 부른다.

시드 레비는 한동안 니코데무스 파파둘로스라는 이름의 고객
을 찾아갔다. 사람들 대부분이 그를 '닉'이라 불렀다. 시드 레비
는 우리에게 이렇게 말했다.

"저는 고객을 방문하기 전에 그의 이름을 혼자 여러 번 불러
보는 특별한 노력을 기울였습니다. 그를 만나 '안녕하세요, 니
코데무스 파파둘로스 씨'라고 정식으로 이름을 부르며 인사를
건네자 그는 깜짝 놀랐습니다. 몇 분이나 흐른 것 같지만 파파
둘로스 씨는 아무런 대답이 없었습니다. 마침내 파파둘로스 씨
는 눈물을 흘리며 말했습니다. '레비 씨, 이 나라에 살았던 십오

년 동안 제 이름을 제대로 부르려고 노력해준 사람은 아무도 없었습니다.'"

앤드루 카네기가 성공할 수 있었던 비결은 무엇이었을까?

사람들은 앤드루 카네기를 강철왕이라 불렀다. 하지만 카네기 자신은 철강 제조에 관해 아는 게 거의 없었다. 대신 그의 곁에는 카네기 자신보다 철강에 관해 훨씬 많이 아는 수백 명의 직원이 있었다.

그리고 카네기는 사람을 다룰 줄 알았다. 그게 그를 부자로 만들어주었다. 카네기는 어린 시절부터 사람을 조직하는 데 재능을 보였고, 리더십에 천재성을 지니고 있었다. 열 살이 되었을 때 카네기도 사람의 이름을 기억하는 게 정말 중요하다는 사실을 깨달았다. 그리고 이를 이용해 사람들의 협조를 얻었다. 예를 들면 이렇다.

스코틀랜드에서 지내던 소년 시절 카네기는 토끼를 잡았다. 엄마 토끼였다. 얍! 카네기는 곧 새끼토끼 한 무리도 얻게 되었다. 그런데 새끼토끼들에게 먹일 게 아무것도 없었다. 그때 카네기에게 번뜩이는 아이디어가 떠올랐다. 카네기는 이웃에 사는 아이들에게 토끼들을 먹일 클로버와 민들레를 뜯어 올 수 있는지 물어보았다. 대신 풀을 뜯어 오면 그 친구의 이름을 새끼토끼에게 붙이겠다고 말했다. 정말 마법처럼 효과가 있었고, 카네기는 그 일을 절대 잊지 않았다.

수년 후 카네기는 사업에 똑같은 심리를 적용해 수백만 달러를 벌었다. 예를 들면 카네기는 펜실베이니아 철도에 철강 레일을 팔고 싶었다. 당시 펜실베이니아 철도의 사장은 에드거 톰슨이었다. 그래서 카네기는 피츠버그에 거대한 제강 공장을 짓고 '에드거 톰슨 철강 공장'이라 이름 붙였다.

여기서 문제를 낼 테니 한번 풀어보라. 펜실베이니아 철도가 철강 레일이 필요했을 때 에드거 톰슨 사장은 어디서 철강 레일을 구매했을까?…… 시어스? 로이벅? 아니, 아니다. 틀린 대답이다. 다시 생각해보라.

카네기와 조지 풀먼이 침대 차량 사업에서 우위를 점하려고 서로 경쟁하고 있을 때 철강왕 카네기는 다시 한 번 토끼를 기를 때 얻었던 교훈을 떠올렸다.

카네기가 경영하던 센트럴 운송회사는 풀먼의 회사와 경쟁하고 있었다. 두 회사 모두 유니언퍼시픽 철도로부터 침대 차량 사업을 얻으려고 애쓰고 있었다. 서로 맞서 가격을 후려치느라 수익을 얻을 기회를 전부 망치고 있었다. 카네기와 풀먼 모두 유니언퍼시픽 이사회 사람들을 만나러 뉴욕으로 갔다. 어느 날 저녁 카네기는 세인트니컬러스 호텔에서 풀먼을 만나 말했다.

"풀먼 씨, 안녕하십니까, 우리가 바보 같은 짓을 하는 게 아닐까요?"

"무슨 소리십니까?"

풀먼이 따졌다.

그러자 카네기가 마음속 생각을 이야기했다. 서로의 이해관계를 위해 회사를 합치자는 내용이었다. 그러면서 서로 대립하기보다 함께 일할 때 얻을 수 있는 상호이익을 생생하게 그렸다.

풀먼은 카네기의 이야기에 주의를 기울였지만, 완전히 확신할 수는 없었다. 마침내 풀먼이 물었다.

"새 회사 이름은 어떻게 하실 생각입니까?"

그러자 카네기가 즉각 대답했다.

"아, 물론 풀먼 팰리스 차량회사입니다."

풀먼의 얼굴이 밝아졌다.

"제 방으로 오시죠. 더 자세히 이야기합시다."

그날의 대화로 업계의 역사가 이루어졌다.

이처럼 친구나 사업 동료의 이름을 기억하고 예우하는 방침이 카네기가 지닌 리더십의 비결 중 하나였다. 카네기는 회사 공장에서 일하는 많은 직원의 이름을 기억하고 부를 수 있다는 사실이 뿌듯했고, 자신이 사장으로 재임하는 동안 공장에 한 번도 파업이 일어나지 않았다는 사실을 자랑했다.

텍사스 상업 은행의 회장 벤튼 러브는 회사가 커질수록 분위기가 차가워진다고 믿는다.

"회사 분위기를 따뜻하게 만들 수 있는 한 가지 방법은 직원들의 이름을 기억하는 겁니다. 직원 이름을 기억하지 못한다고 말하는 임원은 사업의 중요한 부분을 기억하지 못한다고 말하는 것과 같고, 회사를 위험한 상태로 운영하는 것입니다."

캘리포니아주 랜초 팰로스 버디스에 사는 TWA항공의 승무원 카렌 키어슈는, 객실 내 탑승객의 이름을 가능한 한 많이 기억했다가 기내 서비스를 제공할 때 탑승객의 이름을 부르는 걸 습관으로 삼았다. 그랬더니 키어슈에게 직접적으로 혹은 항공사 측에 그의 서비스가 훌륭하다는 칭찬이 전해졌다. 어느 승객은 칭찬의 글에 이렇게 적었다.

"저는 한동안 TWA항공사를 이용하지 않았습니다. 하지만 앞으로는 TWA항공만 이용할 겁니다. TWA항공의 서비스는 매우 개인 맞춤형이고, 그건 제게 중요한 부분입니다."

사람들은 자기 이름을 매우 자랑스러워하며 무슨 일이 있어도 이름을 영원히 남기려 애쓴다. 당대 최고의 쇼맨이었던 바넘은 허세가 심하고 감정을 잘 드러내지 않는 사람이었지만, 그런 그조차 자신의 이름을 이을 아들이 없다는 데 크게 실망했고, 손자인 실리에게 이름을 '바넘' 실리로 바꾸면 25,000달러를 주겠다고 약속했다.

몇백 년 동안 왕실과 귀족들은 예술가, 음악가, 작가 들이 작품을 만들어 바치도록 그들을 후원했다.

도서관과 박물관은 인류의 기억에서 자신의 이름이 사라지는 걸 참지 못하는 사람들의 기증 덕분에 풍부한 소장품을 갖추게 되었다. 뉴욕 공공 도서관에는 애스터와 레녹스 콜렉션이 있고, 메트로폴리탄 박물관에는 벤저민 알트만과 J. P. 모건이 소장품을 기증해 이름을 남겼다. 거의 모든 교회에는 스테인드글라스로 창문이 아름답게 장식되어 있는데, 이는 헌금 기부자의 이름을 기념하기 위한 것이다. 대부분의 대학 캠퍼스에도 지을 때 큰돈을 기부한 사람의 이름을 딴 건물이 많이 있다.

우리가 다른 사람의 이름을 기억하지 못하는 건 대부분 단순

한 이유에서이다. 상대의 이름을 잊지 않도록 집중하여 반복적으로 외우지 않기 때문이다. 머리에 새기는 데 필요한 시간과 에너지를 들이지 않기 때문이다. 그러면서 너무 바쁘다는 변명만 늘어놓는다. 하지만 프랭클린 루스벨트만큼 바쁜 사람은 아마 없을 것이다. 그렇게 바쁜 루스벨트도 심지어 정비공의 이름까지 기억하려고 시간을 들였다.

예를 들어볼까. 자동차회사 크라이슬러는 루스벨트 대통령을 위한 특수차를 생산했다. 대통령은 하반신 마비로 일반적인 차를 탈 수 없었다. 체임벌린과 정비공 한 명이 백악관으로 자동차를 인도했다. 내게는 체임벌린 씨가 당시 경험에 관해 쓴 편지가 있다.

저는 루스벨트 대통령님에게 여러 특수 장치가 달린 자동차를 어떻게 다루어야 하는지를 가르쳐주었습니다. 그리고 대통령님으로부터 사람을 다루는 예술에 관해 많이 배웠습니다.

백악관을 방문해보니 대통령님은 아주 즐겁고 쾌활한 분이었습니다. 저를 이름으로 불렀고, 제가 편히 있도록 해주었지요. 특히 저는 대통령님께서 제가 선보이고 설명해드릴 자동차에 지극한 관심이 있다는 사실이 인상적이었어요. 자동차는 전부 손으로만 구동할 수 있게 설계되어 있었는데, 자동차를 보려고 사람들이 몰려들었지요. 대통령님이 말했습니다.

"놀라운 차로군요. 버튼을 누르기만 하면 차가 움직이고 별다른 노력 없이 운전할 수 있다니. 대단한 차예요. 어떻게 움직이게 만들어졌는지 궁금해요. 시간을 내 뜯고 어떻게 작동하는지 봤으면 좋겠어요."

루스벨트 대통령님의 친구와 동료 들이 자동차를 칭찬하자 대통령님은 그들 앞에서 말했습니다.

"체임벌린 씨, 이 차를 개발하는 데 들인 모든 시간과 노력에 정말 감사드립니다. 자동차가 아주 훌륭합니다."

루스벨트 대통령님은 차의 방열장치, 특수 백미러와 시계, 특별 조명, 실내 장식품의 종류, 운전석의 좌석 위치, 트렁크 안에 있는 대통령님의 이름 첫 글자를 새긴 특별 여행 가방을 칭찬하였습니다. 다시 말하면 루스벨트 대통령님은 자동차의 모든 세부적인 곳을 제가 상당히 신경 써서 만들었다는 걸 알아차린 겁니다. 그리고 늘 그러셨듯 루스벨트 여사님과 퍼킨스 노동부 장관 그리고 비서관에게도 이 점을 말했습니다. 심지어는 나이 든 백악관 수위까지 불러 "조지, 이 여행 가방은 특히 잘 다루어야 하네"라고 말했지요.

운전 강습이 끝나자 대통령님이 제게 말했습니다.

"음, 체임벌린 씨, 연방준비제도 이사회에서 삼십 분째 나를 기다리고 있소. 이젠 일하러 돌아가야겠군요."

저는 백악관에 정비공 한 사람을 데려갔습니다. 정비공이 도착했을 때 루스벨트 대통령님에게 소개해드렸어요. 정비공은 대통령님과 이야기를 나누지 않았고, 그 친구 이름은 딱 한 번 들었지요. 정비공은 부끄럼을 타는 청년이었고, 계속 뒤에 있었습니다. 하지만 우리가 떠나기 전에 대통령님은 정비공과도 악수를 나누며 이름을 불러준 후 워싱턴에 와주어서 고맙다고 인사했습니다. 그건 전혀 형식적인 인사가 아니었어요. 정말 마음에서 우러나 하는 말씀이라는 걸 느낄 수 있었지요.

뉴욕으로 돌아오고 며칠이 지났을 때 루스벨트 대통령님이 서명한 사진과 도와주어서 고맙다고 다시 한 번 감사를 표한 짤막한 편지를 받았습니다. 어떻게 그런 편지를 쓸 짬이 났는지 저로서는 그저 신기하기만 했습니다.

프랭클린 루스벨트 대통령은 호감을 얻는 가장 간단하면서도 분명하고 중요한 방법은 이름을 기억하고 상대가 존재의 중요성을 느끼게 하는 것이라는 점을 알고 있었다. 그런데 우리 중에 그렇게 하는 사람이 얼마나 될까? 처음 누군가를 소개받으면 잠시 이야기를 나누고는 작별 인사를 할 때쯤이면 이미 이름조차 기억하지 못하는 경우가 절반은 될 것이다.

정치인이 배워야 할 첫 번째 교훈은 이것이다.

'유권자의 이름을 외우는 건 정치인이 할 일이다. 유권자의 이름을 잊는다는 건 정치인으로서 잊히는 일이다.'

이름을 외우는 능력은 정계에서만큼 기업 활동과 사회적 관계에서도 중요하다.

프랑스의 황제이자 위대한 나폴레옹의 조카였던 나폴레옹 3세는 자신이 모든 왕정 업무를 처리함에도 만나는 모든 사람의 이름을 외울 수 있다고 자랑했다.

나폴레옹 3세의 비결은 무엇이었을까? 간단하다. 만일 상대의 이름이 분명하게 들리지 않으면 이렇게 말했다.

"매우 미안하지만 이름을 잘 듣지 못했네."

그러고 나서 만일 상대의 이름이 흔한 이름이 아니라면 '이름을 어떻게 쓰나?'라고 묻곤 했다. 대화를 나누는 동안 일부러 여러 번 상대의 이름을 부르고, 그의 이름과 특징, 표정과 전체적인 외모를 연관시키려 노력했다.

만일 중요한 사람이라면 나폴레옹은 더 큰 노력을 기울였다. 혼자 있는 시간이 되자마자 종이에 이름을 적고 쳐다보면서 집중해서 단단히 외운 뒤 이름을 적은 종이를 찢었다. 이런 방법으로 귀로 듣기만 하는 게 아니라 눈으로 보면서 사람들의 이름을 외웠다.

전부 이렇게 이름을 외우려면 시간이 걸렸다. 하지만 에머슨이 말한 것처럼 '훌륭한 예절은 사소한 희생을 바탕으로 이루어진다.'

사람의 이름을 기억하고 부르는 일은 나라의 왕이나 기업의 임원처럼 특권계층에만 중요한 게 아니다. 누구에게든 중요한 일이다. 제너럴 모터스의 직원인 인디애나주의 켄 노팅엄은 보통 사내 카페테리아에서 점심을 먹는다. 노팅엄은 카페테리아 계산대에서 근무하는 여성 직원이 항상 찡그리고 있다는 걸 눈치챘다.

"그 직원은 두 시간가량 샌드위치를 만들었어요. 그분에게 저는 또 다른 샌드위치일 뿐이었죠. 저는 원하는 샌드위치를 주문했습니다. 그분은 작은 저울로 햄의 무게를 달고 나서 양상추 한

장과 감자칩 몇 개를 집어 저에게 건넸습니다.

다음 날에도 같은 줄에 섰어요. 똑같은 직원이 똑같이 찡그리고 있었고요. 한 가지 달라진 게 있다면 제가 그분의 명찰을 보았다는 것입니다. 그래서 미소를 지으며 이렇게 인사를 건넸습니다. '유니스 씨, 안녕하세요.' 그러고 나서 원하는 샌드위치를 주문했습니다. 그랬더니 햄은 무게도 재지 않고 잔뜩 넣어주었고, 양상추 세 장에 감자칩도 접시에서 떨어질 정도로 듬뿍 주었습니다."

우리는 이름이 지닌 마법의 힘을 알아야 한다. 이름은 다른 누구도 아닌, 우리가 상대하는 사람이 전적으로, 완전하게 소유하고 있는 것이라는 점도 깨달아야 한다. 이름은 한 사람을 다른 사람과 구분하는 기준이며, 다른 모든 사람 사이에서 우리를 특별한 존재로 만든다. 개인의 이름을 가지고 어떤 상황에 접근하면 우리가 주려는 정보나 요구하는 내용이 그 사람에게 특히 중요해진다. 식당 종업원에서 고위 임원에 이르기까지 우리가 사람을 대할 때 이름의 힘은 마법처럼 작용한다.

원칙 3: 사람의 이름은 상대에게는 그 어떤 말보다
중요하고 듣기 좋은 소리임을 기억하라.

제4장
쉽게 대화를 잘하는 사람이 되는 방법

얼마 전 나는 브리지 카드 게임을 즐기는 파티에 갔다. 나는 브리지 게임을 하지 않는다. 그리고 거기에는 나처럼 브리지 게임을 하지 않는 여성이 한 명 있었다. 그녀는 내가 로웰 토머스가 라디오 방송을 하기 전 한때 그의 상사였고, 토머스가 당시 방송하고 있던 생생한 여행 이야기를 준비하는 걸 도와주면서 유럽 여행을 많이 했다는 사실을 알고 있었다. 그녀가 말했다.

"오, 카네기 씨, 카네기 씨가 가본 멋진 곳과 아름다운 경치에 관한 이야기를 정말 듣고 싶어요."

소파에 앉으면서 그녀는 자신이 남편과 함께 최근 아프리카 여행을 다녀왔다고 말했다.

"아프리카!"

내가 외쳤다.

"정말 흥미롭군요! 저는 항상 아프리카에 가보고 싶었어요. 하지만 알제리의 수도 알제에서 이십사 시간 머문 걸 빼고는 한 번도 가본 적이 없습니다. 맹수가 나오는 나라에 가보셨나요? 말씀해보세요. 그랬다고요? 정말 좋으셨겠어요. 부럽습니다. 아프리카 얘기 좀 들려주세요."

그랬더니 그녀는 아프리카 여행에 관해 45분 동안 이야기했다. 내가 어디를 다녀왔는지, 무엇을 보았는지는 다시 묻지 않았다. 내가 여행한 곳에 관한 이야기는 듣고 싶어 하지 않았다. 그녀에게 필요했던 건 자기 이야기를 재미있게 들어줄 사람일 뿐이었다. 그래야 자신을 과시하면서 자신이 다녀온 곳에 관한 이야기를 할 수 있기 때문이다.

그녀가 비정상이었던 걸까? 아니다. 많은 사람이 그렇다.

이런 일도 있었다. 나는 뉴욕의 어느 출판사가 주최한 만찬 모임에서 유명한 식물학자를 만났다. 전에 식물학자와 이야기를 나눠본 적은 없었기 때문에 나는 그 사람이 아주 흥미로웠다. 말 그대로 의자 끄트머리에 걸터앉아 그 사람이 들려주는 이국적인 식물 이야기와 새로운 형태의 식물을 개발하는 실험 이야기, 실내 정원(그리고 심지어 험블 감자에 관한 놀라운 사실까지) 이야기를 재미있게 들었다. 나도 작은 실내 정원이 있었는데, 그 사람은 친절하게 내가 실내 정원을 가꾸면서 겪는 어려움을 해결할 방법도 알려주었다.

앞서 말한 것처럼 우리는 만찬 모임에 참석하고 있었다. 거기에는 십여 명의 다른 손님도 있었지만 나는 예의 없이 다른 사람은 전부 무시하고 식물학자와 몇 시간이고 이야기를 나누었다.

자정이 되자 나는 모두에게 인사하고 자리를 떠났다. 그 후 식물학자는 파티를 주최한 사람에게 가서 내 칭찬을 했다고 한다. 내가 '아주 흥미로운 사람'이라고 말이다. 내가 이렇다느니 저렇다느니 이야기한 끝에 마지막에는 나를 '정말 재미있게 대화하는 사람'이라고 했다고 한다.

재미있게 대화하는 사람이라고? 아니, 나는 거의 말을 하지 않았다. 이야기의 주제를 바꾸지 않는 한 나는 아무 말도 할 수 없었다. 펭귄 몸의 구조만큼이나 식물에 관해 내가 아는 바는 거의 없었기 때문이다. 내가 한 게 있다면 집중해서 이야기를 잘 들어준 것뿐이다. 내가 집중해서 이야기를 잘 들은 건 정말 내가 흥미로워하는 주제였기 때문이다. 식물학자도 그걸 느낀 것이다. 그리고 그 점이 자연스럽게 그를 기쁘게 했다.

그렇게 다른 사람의 이야기를 들어주는 것이 누군가에게 줄 수 있는 최고의 칭찬이다. 작가 잭 우드포드는 소설 《사랑에 빠진 이방인Strangers in Love》에서 이렇게 썼다.

'경청이라는 은근한 아부에 저항하는 사람은 없다.'

나는 경청에서 한발 더 나아가 '진심으로 인정하고 칭찬을 아끼지 않았다.' 나는 식물학자에게 엄청나게 재미있는 이야기였고 많이 배웠다고 말했다. 실제로 그랬다. 식물학자처럼 그런 지식이 있었으면 좋겠다고 말했다. 정말 그랬다. 그와 함께 들판을 돌아다닐 수 있으면 좋겠다고 말했다. 그게 정말 내 마음이었다. 그리고 우리는 꼭 다시 만나야 한다고 말했고, 다시 만났다.

그러니 실제로는 내가 그저 상대의 이야기를 잘 듣고 이야기를 많이 하도록 했을 뿐인데 그는 내가 대화를 잘하는 사람이라고 생각했다.

그렇다면 업무상의 만남에서 대화를 성공적으로 이끌 비결은 무엇일까? 하버드대학교 총장을 역임한 찰스 엘리엇에 따르면 이렇다.

"업무상의 대화를 잘하는 비결 같은 건 없습니다…… 상대방의 이야기에 전적으로 집중하는 게 아주 중요합니다. 그것만큼 상대를 기분 좋게 하는 건 없습니다."

엘리엇 전 총장은 경청의 달인이었다. 미국 최초의 위대한 소설가 헨리 제임스는 이렇게 기억했다.

"엘리엇 박사님이 다른 사람의 이야기를 듣는 건 그저 조용히 침묵하는 게 아니라 하나의 활동이었습니다. 두 손을 무릎에 올려두고 허리를 꼿꼿이 세우고 앉아 양쪽 엄지손가락을 서로 빠르게 혹은 느리게 돌리는 걸 제외하고 꼼짝도 하지 않았어요. 말하는 사람을 정면으로 응시하며 귀뿐 아니라 눈으로도 들으시는 것 같았지요. 온 마음을 기울여 들으셨고 상대가 말하는 동안에도 말해야 할 내용을 잘 전할 수 있도록 세심한 주의를 기울이셨습니다…… 대화가 끝나면 엘리엇 총장님과 이야기를 나눈 상대방은 해야 할 말을 잘 전했다는 생각을 하게 됩니다."

당연한 말 아닐까? 이런 비결을 발견하려고 하버드대학교에서 4년 동안 공부할 필요는 없다. 하지만 비싼 땅을 빌려 판매 물품을 효율적으로 구매하고 진열장을 꾸며 고객의 눈길을 끌고 광고에 수천 달러를 들여놓고는 경청 능력이 부족한 판매 직원을 고용하는 백화점 사장을 우리는 알고 있다. 고객의 말에 끼어들고, 반박하고, 짜증 나게 하고, 결국 고객을 매장에서 쫓아내기만 하는 그런 직원 말이다.

시카고의 어느 백화점에서는 판매 직원이 고객의 이야기를 잘 듣지 않아 백화점에서 매년 수천 달러를 쓰는 단골손님을 거의 잃을 뻔한 적이 있었다. 시카고에서 우리 수업을 들었던 헨리에타 더글러스 부인은 특별 할인판매 기간에 백화점에서 코트를 샀다. 그런데 집에 와서 보니 안감이 찢어져 있었다. 부인은 다음 날 다시 백화점을 찾아 판매 직원에게 교환을 요청했다. 그런데 직원은 부인의 이야기를 들으려고도 하지 않고 이렇게 말했다.

"특별 할인판매 기간에 사셨잖아요."

그러면서 벽에 붙어 있는 문구를 가리키며 "읽어보세요, '교환 및 반품 금지'입니다. 일단 사셨으니 부인 거예요. 안감은 직접 꿰매세요"라고 큰 목소리로 말했다.

"하지만 이건 하자 상품이잖아요."

더글러스 부인이 반박했다.

그랬더니 판매 직원이 말을 자르고 "그래도 달라지는 건 없습니다. 할인판매 상품은 절대 반품이 안 됩니다"라고 말했다.

더글러스 부인이 분개하며 다시는 이 백화점을 찾지 않겠다며 발길을 돌리는 순간, 단골손님인 더글러스 부인을 오랫동안 알고 있었던 백화점의 매니저가 인사를 건넸다. 더글러스 부인이 코트 매장에서 있었던 일을 설명했다.

매니저는 주의를 기울여 이야기를 전부 듣고 나서 코트를 살펴보았다. 그러고 나서 이렇게 말했다.

"특별 할인판매 제품은 '반품'이 안 됩니다. 그래야 시즌 마감 때 상품을 처분할 수 있거든요. 하지만 '반품 금지' 정책은 하자 상품에는 적용되지 않아요. 당연히 저희가 안감을 고쳐드리거나 교환해드리겠습니다. 혹시 원하시면 환불이라도 해드릴게요."

얼마나 태도가 다른지! 만일 매니저가 와서 고객의 이야기를 듣지 않았다면 백화점은 오랜 단골을 영원히 잃을 뻔했다.

업무의 세계에서만큼 가정생활에서도 경청이 중요하다. 뉴욕 크로톤 온 허드슨에 사는 밀리 에스포시토 부인은 아이들이 말할 때 주의를 기울여 들어준다. 어느 날 저녁 그녀는 아들인 로버트와 함께 부엌에 앉아 아들의 생각을 들으며 간단히 이야기하고 있었다. 로버트가 말했다.

"엄마, 엄마가 절 많이 사랑하시는 거 알아요."

감동받은 에스포시토 부인이 말했다.

"물론 너를 아주 사랑한단다. 엄마의 사랑이 의심스러웠니?"

로버트가 대답했다.

"아니요, 그런데 제가 엄마한테 할 말이 있을 땐 언제나 엄마는 무슨 일을 하고 있든 멈추고 제 얘기를 들어주시잖아요. 그래서 엄마가 저를 진짜 사랑하신다는 걸 알 수 있어요."

늘 불평만 하는 사람, 심지어 매우 거친 비평을 하는 사람도 인내심을 가지고 공감하며 들어주는 사람 앞에서는 부드러워지고 차분해진다. 경청하는 사람은 잘못을 지적하는 사람이 성내며 킹코브라처럼 몸을 세워 독설을 뿜는 동안 침묵을 지킨다. 예를 보자.

몇 년 전 뉴욕 전화 회사에서는 고객 서비스 담당자를 욕하며 공격적인 말을 퍼붓는 고객을 마주해야 했다. 그 고객은 욕을 하고 고래고래 소리를 질렀다. 전화선을 송두리째 끊어버리겠다고 위협했고, 잘못 청구되었다고 우기며 요금 일부를 내지 않겠다고 나섰다. 신문에 투서를 보냈고, 공공 서비스 위원회에 셀 수 없이 불만을 제기했으며, 전화 회사를 상대로 여러 개의 소송도 진행했다.

마침내 회사에서 가장 솜씨 좋은 '문제 해결사'가 폭풍우처럼 화내는 진상 고객을 만나러 갔다. '문제 해결사'는 고객의 이야기를 경청했고, 성미가 고약한 고객은 기꺼이 장황한 불만을 쏟아냈다. 전화 회사 직원은 그 이야기를 들어주었고 '네, 그렇죠'라고 말하며 고객의 불만에 공감해주었다.

"거의 세 시간 동안 그분은 미친 듯이 악을 쓰며 이야기했고 저는 듣기만 했습니다."

'문제 해결사'는 우리 수업에서 자신의 경험을 이야기했다.

"그리고 나서 그분을 다시 찾아가 또 이야기를 들어드렸어요. 그렇게 네 번을 만났습니다. 그리고 네 번째 만남이 끝나기 전에 저는 그분이 시작하려는 모임의 창립 회원이 되었습니다. 모임의 이름은 '전화 가입자 보호 협회'였습니다. 저는 지금도 이 모임의 회원이에요. 그리고 제가 알기로 지금 현재 저는 그분을 제외하고 그 모임의 세상 유일한 회원입니다.

　그분을 만나는 동안 저는 그분이 말씀하시는 모든 부분을 듣고 공감해드렸습니다. 전에는 그런 식으로 대하는 직원이 없었다고 합니다. 그래서 그분은 차츰 우호적인 모습을 보이게 되었어요. 첫 번째 만남에서도, 두 번째, 세 번째 만남에서도 저는 그분을 찾아간 이유는 꺼내지도 않았습니다. 하지만 네 번째 만남에서 저는 문제를 완전히 해결할 수 있었지요. 그분은 밀린 전화 요금을 완납하였고, 전화 회사와 갈등을 겪은 소비자 역사상 처음으로 그분 스스로 공공 서비스 위원회에 접수한 불만 사항을 철회하였습니다."

　'그분'은, 전혀 의심 없이, 자신을 냉담하게 고객을 착취하는 전화 회사로부터 공공의 권리를 보호하는 신성한 운동가라고 여겼다. 하지만 사실 그가 정말 원했던 건 존재의 중요성을 느끼는 일이었다. 처음에는 전화 회사에 불평불만을 제기하면서 그런 감정을 느꼈다. 하지만 전화 회사 직원으로부터 인정받고 자기 존재의 중요성을 느끼게 되자 상상 속의 불만은 연기처럼 사라졌다.

　수년 전 어느 날 아침 화가 난 고객이 데트머 모직 회사의 창업자인 줄리언 데트머 씨의 사무실로 들이닥쳤다. (데트머 모직 회사는 후에 양복업계에서 세계 최대의 모직 유통업체가 된다.)

　데트머 씨가 내게 설명했다.

그 사람은 우리 회사에 약간의 부채가 있었습니다. 그 고객은 이를 부정했지만, 그가 잘못 생각하고 있다는 걸 우리는 알고 있었죠. 그래서 우리 회사의 신용팀에서 대금을 지불하라고 계속 이야기했던 모양입니다. 신용팀에서 여러 차례 보낸 편지를 받고 나자 그 고객은 짐을 싸서 시카고로 왔고, 서둘러 제 사무실로 찾아온 것입니다. 그 대금을 지불하지도 않을 거고, 데트머 모직 회사로부터 다시는 단돈 1달러어치 제품도 사지 않을 거라는 이야기를 하러 말이죠.

저는 그분이 하고 싶어 하는 말을 참을성을 가지고 들어주었습니다. 중간에 끼어들고 싶은 마음도 들었지만, 그건 좋은 생각이 아니라는 걸 알았습니다. 그래서 그분이 다 털어놓을 수 있게 해드렸지요. 그분이 마침내 진정하고 다른 사람 이야기도 들을 수 있게 되었을 때 제가 조용히 말했습니다.

"저한테 말씀해주시러 시카고까지 와주셔서 감사합니다. 저한테 대단히 큰 친절을 베풀어주셨어요. 저희 신용팀이 고객님을 화나게 했다면 다른 좋은 고객에게도 그럴 수 있다는 의미니까요. 그건 정말 좋지 않은 일이 되겠지요. 고객님께서 말씀하시려는 생각보다 들으려는 제 마음이 훨씬 더 큽니다. 정말이에요."

그분은 제가 그런 말을 하리라고 절대 생각하지 못했겠죠. 제 생각에 그분은 약간 실망한 것 같았습니다. 그도 그럴 것이 제게 한바탕 설교를 하러 시카고까지 왔는데 제가 다투기는커녕 감사를 드렸으니까요. 저는 문제가 된 대금을 장부에서 지울 테니 잊으시라 말했습니다. 우리 회사 직원들은 수천 명의 고객을 관리하지만, 그분은 매우 꼼꼼한 성격에다 관리하는 거래처가 하나뿐이었기 때문에 우리 직원들보다 더 잘 아시리라 생각한다고 말씀드렸죠.

저는 그분에게 제가 그 입장이라면 어떤 기분일지 정확히 이해한다며, 그런 입장이라면 의심의 여지 없이 저도 그분과 똑같이 느꼈을 거라 말했습니다. 더는 우리 회사와 거래하지 않을 것이라고 했기에 다른 모직 회사도 몇 군데 추천해주었고요.

그날 저는 함께 점심을 먹자고 권했습니다. 그분은 마지못해 응했지만, 식사가 끝나고 사무실로 돌아왔을 때는 전보다 더 큰 주문을 냈습니다. 그분은 가벼운 마음으로 집으로 돌아갔고, 우리가 자신을 공정하게 대해준 것처럼 자신도 공정해지고 싶어 대금 내용을 다시 살펴보았더니 잘못된 부분이 한 곳 있었다며 사과의 말씀과 함께 대금을 보내왔습니다.

그리고 나중에 아들을 얻은 뒤 가운데 이름을 데트머로 지었습니다. 이후 그분은 돌아가실 때까지 22년간 제 친구이자 고객으로 남아 있었습니다.

수년 전 네덜란드에서 이민 온 어느 가난한 소년은 가족의 생계를 돕기 위해 학교가 끝난 뒤 빵 가게의 창문을 닦았다. 소년의 가족은 매우 가난했기에 빵 가게 유리창을 닦는 일뿐만 아니라 매일 바구니를 들고 거리에 나와 석탄 마차가 석탄 배달을 하다 배수로에 빠뜨린 석탄 부스러기를 주우러 다녔다. 소년의 이름은 에드워드 보크였고, 그는 평생 6년 이상 학교에 다녀보지 못했다. 그래도 그는 자수성가하여 미국 언론 역사상 가장 성공한 잡지 편집자가 되었다. 어떻게 그런 일이 가능했을까? 그건 아주 긴 이야기가 되겠지만, 출발점이 어땠는지는 간단히 이야기할 수 있다. 이번 장에서 알려주는 인간관계의 원칙을 적용하는 게 그의 출발점이었다.

보크는 열세 살에 학교를 그만두고 웨스턴 유니언 전신회사의 사환이 되었지만, 단 한 순간도 교육받아야겠다는 생각을 버린 적은 없었다. 그래서 학교 대신 독학을 시작했다. 그는 차비와 점심값을 아껴 미국 위인전집을 사 모았다. 그러고 나서 듣도 보도 못한 일을 했다. 유명인 가운데 아직 살아 있는 사람의 전기를 읽고 어린 시절은 어떠셨는지 더 알려달라며 편지를 보낸 것이다. 보크는 경청을 잘하는 사람이었다. 그래서 유명한 사람들이 자신의 이야기를 더 많이 꺼내게 했다. 보크는 당시 대통령 선거에 출마 중이었던 제임스 가필드 장군에게 편지를 보내 어린 시절 한때 운하에서 배를 끄는 일을 도우며 지냈던 게 맞는지 물었다. 가필드 장군은 답장을 보내주었다. 보크는 그랜트 장군에게도 편지를 보내 어느 전투에 관해 물었고, 그랜트 장군은 지도를 그려주었다. 그러고는 편지를 보낸 열네 살짜리 소년 보크를 저녁 식사에 초대해 이야기를 나누며 그날 저녁을 함께 보냈다.

얼마 지나지 않아 웨스턴 유니언의 사환 소년은 미국의 여러 유명 인사와 편지를 나누는 사이가 되었다. 거기에는 시인 랠프 왈도 에머슨, 문필가 올리버 웬델 홈스, 시인 롱펠로, 에이브러햄 링컨 부인, 소설가 루이자 메이 올콧, 셔먼 장군과 정치인 제퍼슨 데이비스도 포함되어 있었다. 보크는 이런 유명인들과 편지를 교환했을 뿐 아니라 휴가가 생기자마자 그들의 집을 방문하면 환영받는 손님이 되었다. 이런 경험이 보크에게는 가치를 헤아릴 수 없는 자신감을 심어주었다. 이렇게 만난 남녀 유명인들이 보크의 인생을 형성한 꿈과 야망에 불을 붙였다. 다시 한번 말하지만, 이 모든 일은 이번 장에서 말하는 인간관계의 원칙을 보크가 삶에 적용했기 때문에 가능했다.

수백 명의 유명인을 인터뷰한 언론인 아이삭 마코슨에 따르면 많은 사람이 호감을 주는 인상을 남기지 못하는 이유는 주의 깊게 듣지 않기 때문이라고 한다.

"자기가 다음에 무슨 말을 할지 너무 신경 쓰느라 다른 사람의 이야기를 듣질 않습니다…… 대단히 중요한 지위에 있는 사람들이 제게 말을 잘하는 사람보다 잘 듣는 사람을 좋아한다고 하더군요. 하지만 그 어떤 장점보다 잘 듣는 능력을 갖춘 사람은 드문 것 같습니다."

중요한 지위에 있는 사람들만 잘 듣는 사람을 원하는 게 아니라 평범한 사람 역시 그렇다. 한 번은 〈리더스 다이제스트〉에 이런 글이 실렸다.

'이야기를 들어주는 청중이 필요할 때 많은 사람이 의사에게 전화한다.'

남북전쟁이 진행되던 어두운 시기, 링컨은 일리노이주 스프링필드에 사는 옛 친구에게 편지를 써서 워싱턴에 올 수 있는지 물어보았다. 링컨에게는 그와 상의하고 싶은 일이 있었다. 옛 이웃이 백악관을 찾았고 링컨은 노예 해방 선언을 하는 게 타당한지 그에게 몇 시간 동안 이야기했다. 링컨은 노예 해방의 장단점을 전부 나열했고, 관련된 편지와 신문 기사를 전부 읽었다. 한쪽에서는 노예를 해방하지 않는다고 링컨을 비난했고, 다른 한쪽에는 노예를 해방하려 든다고 링컨을 비난했다. 몇 시간이나 이야기를 한 후에 링컨은 옛 친구와 악수를 하고 잘 가라고 인사한 뒤 그의 의견을 묻지도 않은 채 일리노이주로 돌려보냈다. 링컨은 그 모든 이야기를 자기 자신에게 한 것이었다. 생각을 정리하려는 방법인 것 같았다.

"링컨은 제게 이야기한 뒤에 더 편안해 보였습니다."

링컨의 옛 친구가 말했다. 링컨은 조언을 원한 게 아니라 그저 친근하고 자신의 이야기에 공감해주면서도 부담되지 않는 청중이 필요했던 것뿐이다. 이는 문제에 부딪혔을 때 모든 사람이 원하는 바이다. 짜증 난 고객이나 불만스러운 직원 혹은 상처받은 친구가 보통 원하는 것이기도 하다.

현대 사회에서 가장 뛰어난 경청자는 지그문트 프로이트이다. 프로이트를 만난 사람은 이야기를 듣는 그의 태도를 이렇게 묘사했다.

"그 모습이 얼마나 인상적인지 절대 잊을 수 없을 거예요. 프로이트에게는 다른 누군가에게서도 찾을 수 없었던 특성이 있거든요. 그렇게 상대의 말에 집중하는 사람은 본 적이 없어요. 그처럼 사람의 마음을 꿰뚫는 듯한, '영혼을 파고들듯 응시'하는 사람은 달리 없습니다. 프로이트의 눈길은 부드럽고 다정했어요. 낮은 목소리도 부드러웠고요. 몸은 거의 움직이지 않았지요. 하지만 프로이트가 제가 말을 잘하지 못할 때조차 저에게 보내는 집중력과 칭찬은 정말 남달랐습니다. 누군가 그런 식으로 제 이야기를 듣는다는 게 어떤 건지 정말 모르실 거예요."

사람들이 나를 피하고 뒤에서 비웃으며 경멸하게 할 방법을 알고 싶다면 여기 소개한다. 누구의 이야기도 오랫동안 듣지 말라. 자기 자신에 대해서 끊임없이 이야기하라. 다른 사람이 말하고 있을 때 이야깃거리가 떠오르면 상대의 말이 끝날 때까지 기다리지 말라. 바로 끼어들어 말하는 중간에 방해하면 된다.

그렇게 하는 사람을 알고 있는가? 안타깝지만 나는 그런 사람을 알고 있다. 그중에서도 놀라운 건 그런 사람 가운데 일부는 유명인이라는 점이다.

그런 사람들은 지루하다. 자기 자신에 도취해 있고 나는 중요한 사람이라는 생각에 젖어 있기에 그들의 이야기는 지루할 뿐이다.

자기 얘기만 하는 사람은 자기 생각만 하는 사람이다. 오랫동안 컬럼비아대학교의 총장을 지낸 니컬러스 머리 버틀러 박사는 "자기 생각만 하는 사람은 절망적으로 무지한 사람이다. 얼마나 많은 교육을 받았건 전혀 배운 바가 없는 것과 마찬가지다"라고 말했다.

그러므로 대화를 잘하는 사람이 되고 싶다면 경청하는 사람이 되어야 한다. 흥미로운 사람이 되고 싶다면 다른 사람에게 흥미를 보여야 한다. 질문을 던지면 다른 사람들은 즐거이 대답해 줄 것이다. 상대방이 자기 자신과 자신이 이루어낸 것에 관해 이야기하도록 이끌어라.

여러분과 이야기를 나누는 상대방은 여러분과 여러분의 문제보다는 자기 자신과 자기 자신의 문제에 100배는 더 관심이 많다는 점을 명심하라. 이가 아픈 사람에게는 중국에서 백만 명이 기아로 죽는 것보다 자기 이가 아픈 게 더 중요한 일인 법이다. 사람은 아프리카에서 지진이 40번 일어나는 것보다 내 목에 난 종기가 더 신경 쓰인다. 다음번에 대화를 시작할 때는 이 점을 생각하라.

원칙 4: 경청하는 사람이 되라.
상대방이 자기 자신의 이야기를 하도록 이끌어라.

제5장
사람들의 흥미를 끄는 방법

시어도어 루스벨트 대통령을 만나본 사람은 누구나 그의 다양하고 폭넓은 지식에 깜짝 놀랐다. 카우보이를 만나든 의용 기병대원을 만나든 뉴욕의 정치인을 만나든 외교관을 만나든 루스벨트 대통령은 무슨 말을 해야 할지 알았다. 어떻게 그럴 수 있었을까? 간단하다. 루스벨트 대통령은 손님이 오기로 할 때마다 전날 밤늦게까지 손님이 특히 흥미로워할 주제의 책을 읽었다.

루스벨트 대통령은 모든 지도자가 그렇듯 사람의 마음을 얻을 왕도는 상대가 가장 소중히 여기는 것에 관해 이야기하는 것임을 알았다. 수필가이자 예일대 문학 교수였던 윌리엄 라이언 펠프스는 다정한 사람이었고 이러한 교훈을 어린 시절에 배웠다. 펠프스는 수필《인간의 본성Human Nature》에서 이렇게 썼다.

여덟 살 때 후사토닉 강 근처 스트랫퍼드에 있는 리비 린슬리 숙모님 집에서 주말을 보냈다. 어느 날 저녁 중년 남자가 찾아와 숙모님과 대화를 나누다가 내게 관심을 보였다. 그때 나는 보트를 아주 좋아했고, 그 손님은 내가 특히 흥미로워할 내용의 이야기를 해주었다. 그분이 떠난 뒤 나는 그분에 관해 열심히 이야기했다. 그렇게 재미있는 사람이 있을까! 숙모님께서는 그분이 뉴욕에서 변호사로 일하고 있으며 보트에 관해서는 전혀 관심이 없는 분이라고 알려주었다. 그러니 보트 이야기는 털끝만큼도 재미가 없었을 것이다.

"그러면 그분은 왜 보트 이야기만 계속하셨을까요?"

"그건 그분이 신사이기 때문이란다. 네가 보트에 관심 있다는 걸 아시고, 네가 흥미로워하고 즐거워할 만한 내용에 관해 이야기하신 거란다. 네게 맞춰주신 거지."

펠프스는 '숙모님의 말씀을 절대 잊을 수 없었다'라고 덧붙였다.

이번 장을 쓰는 동안 나는 보이스카우트 일을 열심히 하는 에드워드 칼리프로부터 편지를 받았다. 편지에는 이런 내용이 적혀 있었다.

어느 날 제게 도움이 필요한 일이 생겼습니다. 유럽에서 대규모 스카우트 잼버리가 열릴 예정인데 미국 어느 대기업의 사장님께 참가 어린이 한 명의 여행 비용을 후원해주시길 바랐지요.

다행히 제가 그분을 만나러 가기 직전, 그분이 100만 달러짜리 수표를 액자에 넣어 보관하고 있다는 이야기를 들었습니다. 그래서 그분의 사무실에 들어가자마자 그 수표를 보여달라고 부탁드렸지요. 100만 달러짜리 수표라니! 저는 그런 수표를 쓰는 사람은 본 적이 없다며, 100만 달러짜리 수표를 실제로 봤다고 아들들에게 이야기해주고 싶다고 말했습니다.

그분은 기꺼이 그 수표를 제게 보여주었어요. 저는 보여주셔서 감사하다고 말씀드리고 어쩌다 그런 거액의 수표를 쓰게 되었는지 전부 알려달라고 부탁드렸습니다.

아마 눈치챘겠지만, 칼리프 씨는 보이스카우트나 유럽에서 있을 잼버리, 혹은 본인이 원하는 바를 주제로 대화를 시작하지 않았다. 그 대신 상대방이 관심을 가지는 주제에 관해 이야기했다. 대화의 결과는 다음과 같았다.

이내 그분이 말씀하셨습니다.

"아, 그런데 저를 왜 만나자고 하신 거죠?"

그래서 용건을 말씀드렸습니다. 정말 놀랍게도 그분은 제가 부탁드린 비용을 즉시 내주었을 뿐 아니라 부탁드린 것보다 훨씬 많은 금액을 후원해주었습니다. 저는 그저 한 아이를 유럽에 보낼 여비만 후원해달라고 말씀드렸는데 다섯 아이와 제 경비까지 내주었습니다. 1,000달러를 내주었고 유럽에 7주간 머무르라고 하였지요. 게다가 우리를 잘 도와주라며 그분 회사의 유럽 지사장님께 소개장을 써주었고, 직접 파리에 오셔서 저희를 만나 시내 구경을 시켜주었어요.

그후로도 부모님의 형편이 어려운 소년들에게 일자리를 주었고, 지금도 여전히 보이스카우트 활동을 도와주고 있습니다.

그때 제가 그분의 관심사를 알지 못했다면, 그래서 처음에 분위기를 만들지 못했다면 지금의 10분의 1만큼도 그분께 쉽게 다가가지 못했을 겁니다.

이는 업무에 사용할 만한 가치 있는 기술일까? 어떻게 생각하는가? 한번 살펴보자. 다음은 뉴욕의 도매 전문 제빵 회사인 듀버노이 앤드 선즈의 헨리 듀버노이의 예이다.

듀버노이 씨는 뉴욕의 어느 호텔에 빵을 팔려고 애써왔다. 그는 4년 동안 매주 호텔지배인을 찾아갔다. 그리고 그 매니저가 참석하는 행사에 똑같이 참석했다. 심지어 주문을 받기 위해 그 호텔에 방을 빌려 살기도 했다. 그런데도 성공하지 못했다.

듀버노이 씨의 이야기를 들어보자.

그러다가 인간관계를 공부하고 나서 전술을 바꿔보기로 마음먹었습니다. 호텔지배인이 관심을 두는 것, 그가 열정을 쏟는 대상이 무엇일까 알아보기로 한 거죠.

그러다 그가 호텔 임원들로 구성된 미국 호텔접객인협회에 소속되어 있다는 걸 알았습니다. 그냥 속해 있는 게 아니라 밝고 열정적인 성격을 바탕으로 협회장을 맡고 있었고, 국제접객인협회의 회장이기도 했습니다. 협회의 모임이 어디서 열리든 그는 행사장에 있었습니다.

그래서 다음 날 그를 만났을 때 협회 이야기를 꺼냈습니다. 반응은 놀라웠습니다. 그가 보인 반응이라니! 지배인은 제게 30분 동안 협회 이야기를 했고, 그의 목소리는 열정적인 데다 활기찼습니다. 그에게 협회 일이 단순한 취미 활동이 아니라 인생에서 열정을 쏟는 일이라는 걸 분명하게 알 수 있었죠. 지배인의 사무실을 나오기 전 그는 제게 협회 회원권을 '팔았습니다.'

그런 이야기를 나누는 동안 빵 이야기는 일절 꺼내지 않았지요. 그런데 며칠 뒤 호텔 식료품 구매 담당자가 제게 전화를 걸어 샘플과 견적서를 들고 와달라고 말했습니다.

"지배인님에게 무슨 일을 한 건지 모르겠네요."

식료품 구매 담당 직원이 내게 인사를 건넸습니다.

"하지만 분명 지배인님의 마음은 당신에게 팔렸어요!"

생각해보세요! 저는 4년 동안이나 그 지배인에게 공을 들였습니다. 그의 호텔에 빵을 팔려고 말이죠. 하지만 그가 관심을 두는 곳이 어디인지, 그가 무슨 이야기를 하고 싶어 하는지 알아내려고 노력하지 않았다면 아직도 공만 들이고 있었을 겁니다.

메릴랜드주 해거스타운 출신의 에드워드 해리먼은 군 복무를 마치고 돌아와 메릴랜드주의 아름다운 컴버랜드 밸리에 살기로 했다. 하지만 안타깝게도 당시 그 지역에는 일자리가 거의 없었다. 약간의 조사 결과 펑크하우저라는 특이한 독불장군이 이 지역의 많은 회사를 소유했거나 관리한다는 걸 알아냈다. 펑크하우저는 처음에는 가난했지만 후에 부를 일군 인물이었고, 그 점이 해리먼의 흥미를 불러일으켰다. 하지만 펑크하우저는 구직자를 만나주지 않는다고 알려져 있었다. 해리먼은 다음과 같이 썼다.

여러 사람을 만나 이야기해본 결과 그가 주로 관심을 가지는 대상은 권력과 돈을 추구하는 일이라는 걸 알아냈습니다. 펑크하우저 씨는 열심히 일하는 엄격한 비서를 이용해 저 같은 사람을 멀리하고 있었기 때문에 비서의 관심사와 목표를 연구한 뒤 불시에 사무실로 찾아갔습니다. 비서는 거의 15년간 궤도를 도는 위성처럼 펑크하우저 씨의 주변에 머물러 있었습니다. 비서에게 펑크하우저 씨에게 제안할 내용이 있어서 찾아왔고, 내 제안이 펑크하우저 씨의 경제적, 정치적 성공을 의미하는 것이라고 말했더니 비서는 제 이야기를 열심히 들었습니다. 비서와 대화를 나누면서 펑크하우저 씨의 성공에 비서가 건설적으로 기여한 공로에 관해 이야기했습니다. 그 덕분인지 비서는 저와 펑크하우저 씨가 만날 약속을 잡아주었지요.

저는 일자리 이야기는 직접적으로 꺼내지 않으리라 마음먹고 펑크하우저 씨의 거대하고 인상적인 집무실로 들어갔습니다. 펑크하우저 씨는 조각이 새겨진 커다란 책상에 앉아 있다 저를 보고 우레와 같이 소리쳤어요.

"젊은이, 무슨 일인가?"

그래서 대답했습니다.

"펑크하우저 씨, 당신이 돈을 벌 방법이 제게 있습니다."

그러자 즉시 펑크하우저 씨가 자리에서 일어나 제게 천을 씌워둔 커다란 의자에 앉으라고 권했습니다. 그리고 저는 제 아이디어와 그 아이디어를 실현하는 데 필요한 저의 자질, 그리고 그런 아이디어가 어떻게 펑크하우저 씨 개인과 사업의 성공에 이바지할 수 있는지를 설명했습니다.

펑크하우저 씨는 저에 관해 알게 되었고 즉시 저를 채용했지요. 그 후 20년이 넘도록 저는 펑크하우저 씨의 회사를 키웠고, 우리는 둘 다 성공을 거두었습니다.

상대방의 관심사에 관한 이야기는 양쪽 모두를 성공으로 이끈다. 직원 커뮤니케이션 분야를 이끄는 하워드 허지그 씨도 항상 이 원칙을 따른다. 상대방의 관심사를 이야기해서 무엇을 얻을 수 있느냐는 질문을 받으면 허지그 씨는 이야기를 나눈 각각의 사람으로부터 서로 다른 보상을 얻을 뿐 아니라 누군가와 이야기를 나눌 때마다 전반적으로 인생의 폭이 넓어지는 경험을 보상으로 얻는다고 대답한다.

원칙 5: 상대방의 관심사에 관해 이야기하라.

제6장
사람들이 즉시 나를 좋아하게 만들 방법

뉴욕 33번가와 8번가 교차로에 있는 우체국에서 나는 편지를 부치려고 줄을 서 있었다, 그러다 우체국 창구 직원이 업무를 따분하게 여긴다는 걸 눈치챘다. 봉투의 무게를 재고, 우표를 건네주고, 거스름돈을 내주고, 영수증을 발행하는 똑같은 단조로운 업무가 매년 반복된다. 그래서 나는 혼자 생각했다.

'저 직원이 나를 좋아하게 만들어야겠어. 그렇게 하려면 당연히 뭔가 좋은 말을 해야겠지. 내 이야기가 아니라 저 직원에 관한 이야기여야 해.'

그래서 또 스스로 질문을 던져보았다.

'저 직원에 관해서 내가 솔직하게 칭찬할 수 있는 부분은 무엇일까?'

이 질문은 때로 답하기 어렵다. 상대가 낯선 사람일 경우 특히 더 그렇다. 하지만 이번에는 우연히도 답하기가 쉬웠다. 내가 끝없이 부러워할 만한 것을 금방 찾았기 때문이다.

그 직원이 내 우편물의 무게를 재는 동안 나는 감탄하며 말했다.

"저도 그런 머리카락이 있다면 정말 좋을 것 같아요."

직원은 반쯤 놀란 표정으로 나를 바라보았다. 얼굴에는 미소가 번지고 있었다.

"음, 예전만큼 좋지도 않은걸요."

그가 겸손하게 말했다. 그래서 나는 예전만큼 윤기가 흐르는 건 아닐지 몰라도 지금도 여전히 멋지다고 말해주었다. 그랬더니 그가 정말 기뻐했다. 우리는 잠시 즐거운 이야기를 나누었고 그는 마지막에 이렇게 말했다.

"제 머리카락을 부러워하는 사람들이 많아요."

그날 그는 분명 구름 위를 걷는 기분으로 점심을 먹으러 나갔을 것이다. 저녁에 퇴근한 뒤 집에 가서 아내에게도 분명 이야기했을 것이다. 그리고 분명 거울을 보고 이렇게 말했을 것이다.

"정말 멋진 머리카락이군."

한 번은 이 이야기를 사람들 앞에서 한 적이 있는데 한 남성이 물었다.

"그 사람에게서 무엇을 얻어내려 하셨습니까?"

그 사람에게서 무엇을 얻어내려 하다니! 그 사람에게서 무엇을 얻어내고 싶었냐니!

만일 우리가 다른 사람에게서 무언가 얻어내려 하는 게 아니라서 사소한 칭찬을 하지도 못하고 작은 행복을 퍼뜨리지도 못하는 비열하고도 이기적인 사람이라면, 그렇게 우리의 영혼이 신맛 나는 작은 야생 사과 정도의 크기밖에 안 되는 거라면 인생의 실패를 맞이해도 싸다. 아, 그렇다! 내가 그 직원에게서 얻어내려 했던 게 있었다. 하지만 그건 값을 매길 수 없는 것이었다. 그리고 나는 그걸 얻었다. 내가 얻은 건 그가 나를 위해 아무것도 해줄 수 없는 사람이라 해도 나는 그를 위해 무언가 해주는 사람이라는 느낌이다. 그런 느낌은 그 순간이 지나고 나서도 기억 속에 오랫동안 남아 나를 흐뭇하게 한다.

인간의 행동에는 한 가지 매우 중요한 법칙이 있다. 그 법칙을 따르면 문제가 생길 일이 거의 없다. 사실 이 법칙을 따르기만 하면 셀 수 없이 많은 친구와 끊임없는 행복이 찾아온다. 하지만 이 법칙을 어기는 순간 끝없는 문제에 휘말리게 된다. 바로 다음과 같은 법칙이다.

항상 상대방에게 자신이 중요한 사람이라고 느끼게 하라.

앞서 말했던 것처럼 존 듀이는 인간 본성에서 가장 깊은 욕구는 중요한 사람이 되고 싶다는 마음이라고 했다. 그리고 윌리엄 제임스는 '인간 본성의 가장 깊은 원리는 인정받고 싶다는 열망'이라고 말했다. 인간이 동물과 다른 점은 바로 이런 마음이다. 이런 열망 덕분에 문명이 일어날 수 있었다.

철학자들은 수천 년 동안 인간관계의 원칙에 관해 생각했다. 그 결과 단 한 가지 중요한 수칙이 정해졌다. 새로울 것 없으며, 인류의 역사만큼 오래된 규칙이다. 조로아스터교에서는 2,500년 전부터 페르시아의 신도들에게 이 규칙을 전했다. 중국에서 유교는 2,400년 전부터 이를 설파했다. 도교를 세운 노자는 중국의 한강 계곡에서 제자들에게 이 규칙을 전했다. 석가모니는 예수가 태어나기 500년 전 신성한 갠지스 강변에서 이를 가르쳤다. 힌두교의 성전에는 그보다 1,000년 전에 이미 이 규칙이 담겨 있었다. 예수는 1,900년 전 유대의 바위산에서 이를 가르쳤다. 그리고 이 규칙을 한 문장으로 정리했다. 이건 아마 세상에서 가장 중요한 규칙일 것이다.

남에게 대접받고자 하는 대로 남을 대접하라.

사람들은 주위로부터 칭찬받고 싶어 하고, 진정한 가치를 인정받고 싶어 한다. 우리가 사는 작은 세상 안에서 '나는 중요한 사람'이라는 느낌을 얻고 싶어 한다. 진심 없는 싸구려 아첨이 듣고 싶은 게 아니다. 진심이 담긴 칭찬을 원한다. 찰스 슈와브가 말했던 것처럼 친구와 동료로부터 '진심으로 인정받고 아낌없는 칭찬 듣기'를 바란다. 누구나 그렇다.

그러므로 황금률에 따라 대접받고 싶은 대로 다른 사람을 대접하자. 어떻게, 언제, 어디서 해야 할까? 대답하자면 항상, 어디서나 그렇게 해야 한다.

위스콘신주 오클레어에 사는 데이비드 스미스는 자선 공연장에서 음료 부스를 맡아달라는 부탁을 받은 난처한 상황에 어떻게 대처했는지 수업 시간에 들려주었다.

공연 날 밤에 공원에 도착했는데 음료 판매대 옆에 매우 기분이 나빠 보이는 나이 든 여성 두 분이 서 있는 걸 보았습니다. 두 분은 각자 서로 음료 판매의 책임자라고 생각하는 게 분명했습니다. 어떻게 해야 하나 생각하며 거기 서 있었는데 행사 후원위원회 사람이 나타나서 제게 현금이 든 상자를 건네며 음료 판매를 맡아주어서 고맙다는 인사를 건넸습니다. 그러더니 옆에 계신 여성분들은 로즈와 제인이며 음료 판매를 도와주실 거라고 소개하고 자리를 떠났습니다.

깊은 침묵이 이어졌습니다. 현금 상자가 (말하자면) 책임자를 상징하는 것이라는 걸 깨닫고 저는 로즈에게 현금 상자를 주면서 제가 돈 계산을 제대로 못할지 모르니 현금 상자를 맡아주면 고맙겠다고 설명했습니다, 그리고 나서 제인에게는 음료 판매대에 배정된 십대 청소년 두 명에게 소다수 제조기 사용법을 보여주라고 부탁하면서, 이들의 교육을 담당해달라고 말했습니다.

그날 저녁은 아주 즐거웠습니다. 로즈는 신나게 돈을 셌고, 제인은 십대 아이들을 감독했죠. 그리고 저는 음악회를 즐겼습니다.

이처럼 상대를 인정한다는 철학을 적용하는 데 프랑스 대사가 되거나 어느 협회의 회장이 될 때까지 기다려야 하는 건 아니다. 우리는 매일 일상에서 이런 마법의 힘을 부릴 수 있다.

예를 들어 레스토랑에서 감자튀김을 시켰는데 으깬 감자가 나왔다면 이렇게 말해보자.

"번거롭게 해서 죄송하지만 저는 감자튀김을 시켰답니다."

그러면 아마 종업원이 "아닙니다, 무슨 말씀을요"라고 대답하고 기쁜 마음으로 요리를 바꿔줄 것이다. 우리가 존중을 표현했기 때문이다.

'번거롭게 해드려서 죄송하지만', '~해주시겠습니까?', '부탁드려도 될까요?', '~은 어떠세요?', '감사합니다' 같은 별것 아닌 말로 표하는 공손함이 단조로운 일상생활의 톱니바퀴에 윤활유가 되고, 예의범절을 잘 배웠다는 점을 증명하기도 한다.

또 다른 예를 살펴보자. 《크리스천The Christian》, 《재판관The Deemster》, 《맨섬 사람The Manxman》 등 홀 케인의 소설은 20세기 초 전부 베스트셀러가 되었다. 수백만 명이 그가 쓴 소설을 읽었다. 그는 대장장이의 아들이었다. 평생 교육받은 건 8년이 전부였다. 하지만 사망 당시 홀 케인은 당대의 문인 가운데 가장 부유한 작가였다.

그의 이야기는 다음과 같다. 홀 케인은 소네트와 발라드 형식의 시를 무척 좋아했다. 그래서 시인 단테 가브리엘 로제티의 시를 전부 읽었다. 심지어 로제티의 예술적인 성취를 찬양하는 글을 썼고, 글의 사본을 로제티에게 직접 보냈다. 로제티는 기뻐했다. 로제티는 아마 이렇게 생각했을 것이다.

'내 능력을 이렇게 격찬하는 젊은이는 분명 똑똑한 사람일

거야.'

그래서 로제티는 이 대장장이의 아들을 런던으로 초대해 비서로 삼았다. 이 일은 홀 케인 인생의 전환점이 되었다. 이 일을 시작하면서 당대의 작가들을 만날 수 있었기 때문이다. 작가들의 조언과 격려를 얻은 덕분에 하늘에 자신의 이름을 새기는 작가로서의 경력을 시작할 수 있었다.

맨섬에 있는 홀 케인의 집 그리바 캐슬은 전 세계 관광객들의 여행 명소가 되었고, 홀 케인은 수백만 달러의 유산을 남겼다. 그러나 누가 알 수 있으랴? 그가 만일 유명 작가를 칭찬하는 글을 쓰지 않았더라면 알려지지 않은 가난한 사람으로 죽을 수도 있었음을.

이것이 바로 진심 어린, 마음으로 느껴지는 칭찬이 지닌 거대한 힘이다.

로제티는 스스로 자신을 중요한 사람이라고 생각했다. 그건 이상한 일이 아니다. 거의 모든 사람이 자신을 중요한 사람, 아주 중요한 사람이라 여긴다.

누군가가 자기 존재의 중요성을 느끼게만 해주면 많은 사람의 인생이 변한다. 캘리포니아에서 우리 수업을 강의하는 강사 로널드 롤랜드는 동시에 미술과 공예 강사이기도 하다. 롤랜드는 공예 기초반 수업을 듣는 크리스라는 학생의 이야기를 이렇게 썼다.

크리스는 자신감이 부족한, 아주 조용하고, 내성적인 소년으로 마땅히 받아야 할 관심을 받지 못하는 그런 유형의 학생이었습니다. 저는 공예 고급반 강의도 맡고 있었는데, 이 강의를 들을 수 있게 된 학생들은 마치 지위가 상승하고 특권을 얻은 것처럼 생각했지요.

수요일에 크리스가 자리에서 열심히 작품을 만들고 있었습니다. 그를 보니 깊은 내면에 숨겨진 열정이 있다는 게 정말 느껴졌습니다. 그래서 크리스에게 고급반에 들어오지 않겠냐고 권했습니다. 그때 눈물을 참으려 애쓰던 크리스의 얼굴, 수줍은 열네 살 소년의 얼굴을 보여드릴 수 없어서 정말 아쉽습니다.

"저 말씀이세요, 롤랜드 선생님? 제가 그 정도로 잘하나요?"

"그래, 크리스, 넌 그럴 만큼 솜씨가 충분해."

그즈음 눈물이 차올라 저는 자리를 떠나야 했습니다. 그날 두 뼘은 키가 커진 듯한 크리스가 교실 밖으로 나가면서 반짝이는 파란색 눈으로 저를 바라보고 신나는 목소리로 말했습니다.

"롤랜드 선생님, 고맙습니다."

자신이 중요한 존재라는 걸 느끼고 싶은 깊은 바람, 크리스는 제게 절대 잊을 수 없는 그 교훈을 가르쳐주었습니다. 이 교훈을 잊지 않기 위해 저는 '우리는 중요한 사람이다'라는 표어를 써서 모두가 볼 수 있도록, 그리고 제가 만나는 모든 학생이 똑같이 중요한 존재라는 걸 저 스스로 떠올릴 수 있도록 교실 앞에 걸어두었습니다.

있는 그대로의 진실을 말하자면 우리가 만나는 거의 모든 사람은 자신이 어느 면에서 상대보다 낫다고 생각한다. 그러므로 사람의 마음을 사로잡는 확실한 방법은 그 사람이 중요한 사람인 걸 내가 알고 있음을, 그리고 진심으로 그렇게 생각하고 있음을 은근히 알려주는 것이다.

에머슨의 말을 명심하라.

"만나는 모든 사람이 어느 면에서는 나보다 낫다. 그래서 누구에게서나 배울 점이 있다."

그런데 한심한 점은 전혀 성취감을 느낄 이유가 없는 사람이 야단스럽게 자만심을 표하며 잘난 체하는 경우가 많다는 것이다. 이는 정말 역겨운 일이다. 셰익스피어가 '……인간이여, 오만한 인간이여, 얄팍한 권위를 내세우며…… 하늘을 앞에 두고 잘도 속임수를 부리는구나. 천사를 울리면서'라고 말한 것처럼.

지금부터 우리 수업을 들었던 직장인들이 이 원칙을 적용해서 어떻게 놀랄 만한 결과를 얻었는지 그 방법을 소개한다. 코네티컷주에 사는 어느 변호사의 예를 보자(친척 때문에 그는 이름을 밝히고 싶어 하지 않았다).

수업을 듣기 시작하고 얼마 지나지 않아 R은 아내와 함께 아내의 친척 집을 방문하려고 롱아일랜드로 갔다. 아내는 R을 나이 든 숙모와 이야기하게 두고 자신은 다른 나이 어린 친척들을 만나러 나갔다. 조만간 수업 시간에 칭찬의 원칙을 어떻게 적용했는지 발표해야 했기 때문에 그는 어르신과 이야기하면서 가치 있는 경험을 얻어야겠다고 생각했다. 그래서 솔직하게 칭찬할 만한 게 있을까 집 안을 둘러보았다.

"이 집은 1890년경에 지어졌군요, 그렇지 않나요?"

그가 물었다.

숙모가 대답했다.

"그래, 정확히 1890년, 바로 그해에 지어졌어."

"이 집을 보니 제가 태어났던 집이 떠오르네요. 집이 참 아름다워요. 잘 지어진 집이네요. 널찍하고요. 아시겠지만, 사람들이 더는 이런 집을 짓지 않잖아요."

숙모도 그 말에 동의했다.

"자네 말이 맞네. 요즘 젊은이들은 아름다운 집에 신경 쓰지 않아. 다들 작은 아파트를 좋아하지. 그러고는 자동차를 타고 돌아다니기나 하고 말이야. 이건 꿈의 집이야."

숙모는 그리운 추억을 떠올리며 떨리는 목소리로 말했다.

"이 집은 사랑으로 지어졌거든. 집을 짓기 전에 남편과 내가 몇 년 동안 꿈꿨지. 건축가도 없었어. 전부 우리 둘이서 계획한 거야."

숙모는 R에게 집구경을 시켜주었고, R은 숙모가 여행길에서 구해 평생 소중히 간직한 아름다운 보물을 보고 진심으로 칭찬했다. 페이즐리 무늬 숄, 오래된 영국제 찻잔 세트, 웨지우드 차이나 도자기, 프랑스제 침대와 의자, 이탈리아산 그림, 한때 프랑스의 성에 걸려 있던 실크 커튼 같은 것들이었다.

집을 보여준 뒤 숙모는 R을 차고로 데려갔다. 차고에는 받침대 위에 올려져 있는 패커드 자동차가 있었는데, 거의 새것의 상태였다.

숙모가 부드러운 목소리로 말했다.

"남편이 죽기 얼마 전에 이 차를 샀었지. 남편이 죽은 이후로
는 한 번도 안 탔어…… 집 안의 좋은 물건들을 잘 봐주었으니
이 차를 자네에게 주겠네."

R이 말했다.

"아닙니다, 숙모님. 너무 지나치세요. 물론 베풀어주시는 마
음에는 감사드려요. 하지만 저는 받을 수 없어요. 저는 숙모님
의 피붙이도 아닌걸요. 제 차도 새것이에요. 그리고 숙모님의
친척 중에도 이 패커드 자동차를 가지고 싶어 하는 사람이 많
을 거예요."

"친척이라고!"

숙모가 소리쳤다.

"그래, 이 차를 가질 수 있도록 내가 죽기만 기다리는 친척들
이 있네. 하지만 그들이 가질 수는 없을 거야."

"친척들에게 주고 싶지 않다면 중고차 판매업자에게 아주 쉽
게 팔 수 있어요."

R이 말했다.

"이 차를 판다고!"

숙모가 외쳤다.

"자네 생각에 내가 이 차를 팔 것 같은가? 남편이 나를 위해 사
준 이 차에 낯선 이들이 타고 거리를 돌아다니는 걸 내가 볼 수
있을 것 같아? 이 차를 판다는 건 꿈에서조차 생각해보지 않았
네. 자네에게 이 차를 주고 싶어. 자네는 아름다운 물건의 진가

를 알아보는 사람이니까."

R은 차를 받지 않으려고 애썼지만 받지 않으면 숙모가 마음 상해할 것 같아서 그럴 수가 없었다.

숙모는 커다란 집에 페이즐리 숄과 프랑스산 골동품, 그리고 추억과 함께 홀로 남겨져 있었기에 작은 칭찬에도 굶주려 있었다. 한때는 젊고, 아름답고, 인기 많은 사람이었다. 한때는 사랑으로 따뜻한 집을 지었고 유럽 전역을 다니며 물건을 수집해 집을 아름답게 꾸몄다. 하지만 이제는 나이 들고 고립되어 외로움 속에 지내며 사람이 건네는 작은 따뜻함, 진심 어린 작은 칭찬을 갈구하게 되었다. 하지만 누구도 주지 않는 그런 것들이었다. 그래서 R의 칭찬을 들었을 때 사막의 샘처럼 감사한 마음이 솟구쳐서 소중히 여기는 패커드 자동차 정도의 선물을 주지 않고는 그 마음을 다 표현할 수 없었음이다.

또 다른 예를 보자.

도널드 맥마흔은 뉴욕주 라이에 있는 루이스 앤드 밸런타인 조경회사의 관리자이다. 맥마흔은 다음과 같은 일을 겪었다.

'친구를 사귀고 사람들에게 영향을 주는 법'을 알려주는 강연에 참석하고 나서 바로 저는 유명 법률가의 사유지에서 조경공사를 하게 되었습니다. 집주인이 나와 철쭉과 진달래 군락을 어디에 조성하고 싶은지 몇 가지 사항을 알려주었지요.

제가 말했습니다.

"판사님, 멋진 취미를 가지셨군요. 판사님의 훌륭한 개를 보고 감탄했어요. 매디슨 스퀘어 가든에서 열리는 애견 경연대회에서 매년 많은 상을 타시는 이유를 알 것 같습니다."

그런데 이런 사소한 칭찬의 효과는 그야말로 놀라웠습니다.

판사가 말했어요.

"네 그렇죠. 개들 덕분에 재미있는 일이 많습니다. 개들이 있는 곳을 한번 보시겠소?"

판사는 거의 한 시간 동안 키우는 개와 개가 받은 상을 보여주었습니다. 심지어 개들의 혈통족보까지 가져와 예쁘고 영리한 강아지의 혈통까지 설명했어요.

마침내 판사가 물었습니다.

"집에 어린아이가 있나요?"

"네, 있습니다. 아들이 하나 있어요."

제가 대답했습니다.

"아이가 강아지를 키우고 싶어 하지 않나요?"

판사가 물었습니다.

"아, 그렇죠, 아주 좋아할 겁니다."

"좋아요, 내가 강아지를 한 마리 주리다."

판사가 말했습니다.

판사는 강아지를 어떻게 키워야 하는지를 설명했습니다. 그러고 나서 말을 멈추더니 '말로 하면 잊어버리겠지. 내가 써서 주겠소'라고 하고는 집으로 들어가서 강아지의 족보와 먹이 주는 방법을 타이핑한 종이와 수백 달러는 나갈 강아지 한 마리를 들고 나왔습니다. 그리고 1시간 15분이나 되는 소중한 시간을 내게 할애했어요. 판사의 취미 생활에 관해 솔직한 마음으로 칭찬했기 때문이죠.

코닥으로 유명한 조지 이스트먼은 투명 필름을 발명해 영화 촬영을 가능하게 했다. 이스트먼은 1억 달러에 이르는 거대한 부를 일구었고 지구상에서 가장 유명한 기업가가 되었다. 그러나 이렇게 엄청난 성취를 거둔 이스트먼조차 우리 같은 사람처럼 작은 칭찬을 원하는 건 마찬가지였다.

이스트먼이 로체스터에 이스트먼 음악대학교와 킬번 홀을 짓고 있을 때 당시 뉴욕 슈페리어 의자 회사의 사장이던 제임스 애덤슨은 공연장에 들어갈 의자를 납품하고 싶었다. 애덤슨은 건축가에게 전화를 걸어 로체스터에서 이스트먼을 만날 약속을 잡았다.

애덤슨이 도착했을 때 건축가가 말했다.

"의자 납품 계약을 맺고 싶으시다는 건 알지만 제가 지금 말씀드릴 수 있는 건, 조지 이스트먼의 시간을 오 분 이상 쓰시면 헛물만 켜게 되실 거라는 거예요. 이스트먼 씨는 규율에 엄격한 분이고, 아주 바쁘세요. 그러니 용건만 빨리 말씀하시고 얼른 나오세요."

그래서 애덤슨도 그렇게 하려고 마음먹었다.

사무실로 안내받아 들어가서 보니 이스트먼은 고개를 숙이고 책상 위에 쌓인 산더미 같은 서류를 보고 있었다. 곧 이스트먼이 고개를 들어 안경을 벗고 건축가와 애덤슨 쪽으로 와서 말했다.

"안녕하세요, 여러분. 제가 무엇을 도와드릴까요?"

건축가가 애덤슨을 소개하자 애덤슨이 말했다.

"이스트먼 씨, 기다리면서 사무실을 보고 감탄하고 있었습니다. 저도 이런 사무실에서 일해보고 싶어요. 저는 실내장식 전문 목재 사업을 하고 있지만, 이렇게 잘 꾸며진 사무실은 평생 처음 봅니다."

이스트먼이 답했다.

"제가 거의 잊고 지냈던 사실을 상기시켜주시는군요. 아름다운 사무실이오, 맞아요. 처음 지었을 때 저도 정말 좋아했답니다. 하지만 이제는 여기서 여러 다른 일을 생각하느라 때로는 한 번에 몇 주씩 사무실 안을 쳐다보지 않을 때도 있습니다."

애덤슨이 걸어가 손으로 목재판을 문질렀다.

"이건 영국산 떡갈나무군요. 그렇지 않습니까? 이탈리아산 떡갈나무와는 재질의 느낌이 약간 다르죠."

"그렇소, 영국 수입산 떡갈나무라오. 고급 목재를 전문으로 다루는 친구가 나를 위해 골라주었소."

이스트먼이 대답했다.

그러고 나서 이스트먼은 사무실을 안내하면서 사무실을 지을 때 자신이 계획하고 실행한 내용, 즉 목재의 비율과 색채, 수작업으로 이루어진 목각 장식 및 기타 효과 등에 관해 이야기해주었다.

그들은 사무실 안을 돌아다니며 목공 제품을 보며 감탄하다가 창문 앞에서 잠시 멈추었다. 이스트먼은 부드럽고 조용한 목소리로 그가 사람들을 돕기 위해 세운 기관인 로체스터대학교, 종합병원, 동종요법 병원, 양로원 등에 관해 이야기했다. 애덤슨은 이스트먼이 일군 부를 사람들의 고통을 덜어주는 일에 쓰는 건 이상적인 일이라며 따뜻한 마음으로 기쁨의 뜻을 전했다. 이내 이스트먼은 유리 케이스를 열고 그가 처음으로 샀던 카메라를 꺼냈다. 그 카메라는 어느 영국인으로부터 산 발명품이었다.

애덤슨은 이스트먼에게 사업을 시작하기까지 젊은 시절 겪었던 어려움에 관해 자세히 물어보았다. 이스트먼은 가난했던 어린 시절의 생생한 느낌을 전해주었다. 자신이 보험 회사 사무실 직원으로 일하는 동안 홀어머니가 힘들게 하숙집을 운영한 이야기, 가난에 대한 공포가 밤낮으로 밀려와 어머니가 일하지 않고 살 수 있도록 돈을 많이 벌어야겠다고 결심한 이야기 등을 들려주었다. 또한, 애덤슨은 이스트먼이 사진 건판 실험을 했던 이야기를 하는 동안 추가 질문을 했고 이야기에 빠져들어 경청하면서 이스트먼이 더 많은 얘기를 꺼내도록 만들었다. 이스트먼은 낮에는 사무실에서 종일 일하고, 때로는 밤새도록 실험하며 화학 약품 처리를 하는 동안에만 잠깐씩 눈을 붙이며 일했다며, 어떨 때는 같은 옷을 입고 72시간 연속으로 일하고 잔 적도 있다고 이야기했다.

애덤슨이 이스트먼의 사무실로 안내를 받았던 건 10시 15분이었고, 5분 이상 머무르면 안 된다는 경고를 받았었다. 하지만 그 뒤 한 시간이 지났고, 그 후 다시 두 시간이 지났다. 그래도 두 사람은 계속 이야기를 나누었다. 마침내 조지 이스트먼이 애덤슨에게 말했다.

"지난번 일본에 갔을 때 의자를 하나 샀어요. 집에 가져와 해가 드는 앞 베란다에 두었다오. 그랬더니 햇빛에 페인트가 벗겨져서 요전에 시내에 나가 페인트를 사서 내가 직접 칠했소. 내가 칠한 의자를 보러 오시겠소? 좋소. 우리 집으로 와서 점심을 함께합시다. 의자를 보여드리리다."

점심 식사 후 이스트먼은 애덤슨에게 일본에서 사 온 의자를 보여주었다. 가격은 몇 달러 되지 않는 물건이었지만 이제 수백만 달러의 재산가가 된 이스트먼은 스스로 페인트칠한 의자가 자랑스럽기만 했다.

이스트먼의 건물에 들어갈 의자의 발주 금액은 90,000달러에 달했다. 애덤슨과 경쟁업체 중에 누가 주문을 받았을까?

이 이야기의 시점부터 이스트먼이 사망할 때까지 두 사람은 가까운 친구로 지냈다.

프랑스 루앙에서 레스토랑을 경영하는 클로드 마레는 이 원칙을 사용함으로써 잃을 뻔했던 핵심 인력을 놓치지 않을 수 있었다. 이 직원은 5년간 레스토랑에서 일했고 사장인 마레와 21명의 직원을 이어주는 중요 연결고리의 역할을 맡고 있었다. 그런데 등기 우편으로 해당 직원의 사직서가 배달되자 마레는 충격을 받았다.

마레는 이렇게 말했다.

저는 매우 놀랐습니다. 그리고 그보다 더 실망했어요. 왜냐하면, 제가 그동안 그 직원을 잘 대해주었고, 그의 요구를 들어줬다고 생각하고 있었기 때문입니다. 저에게는 직원이자 친구 같은 존재였어요. 하지만 아마 그 직원이 근무하는 걸 너무 당연시해서 다른 직원보다 훨씬 많은 업무를 요구했는지도 모릅니다.

당연히 저는 설명을 듣지 않고는 사직서를 받아들일 수 없었어요. 그래서 그 직원을 따로 불러 말했지요.

"폴레트, 자네의 사직서를 받아들일 수 없다는 걸 알아줘야 해. 자넨 나와 이 레스토랑에 정말 큰 의미를 지니는 사람이야. 이 레스토랑이 성공하려면 나만큼이나 자네의 역할이 중요해."

그리고 전체 직원 앞에서도 같은 말을 했습니다. 폴레트를 우리 집으로 초대해 우리 가족이 보는 앞에서 폴레트에 대한 신뢰를 다시 한번 이야기했고요.

폴레트는 사직서를 철회했습니다. 그리고 지금 저는 그 어느 때보다 폴레트를 의지하고 있어요. 저는 폴레트가 하는 일을 칭찬하고, 나와 우리 레스토랑에 폴레트가 얼마나 중요한 사람인지 보여주는 방식으로 자주 제 마음을 표현합니다.

"상대방에 관한 이야기를 해라."

대영제국을 통치했던 사람 가운데 누구보다 기민했던 디즈레일리 총리는 이렇게 말했다.

"상대방에 관한 이야기를 해라. 그러면 사람들은 몇 시간이고 귀를 기울일 것이다."

원칙 6: 상대방에게 스스로 중요한 존재라고
생각하게 하라. 단, 진심 어린 마음으로 그렇게 해야 한다.

사람들로부터 사랑받는 법

원칙 1: 다른 사람에게 진심 어린 관심을 가져라.

원칙 2: 미소를 지어라.

원칙 3: 사람의 이름은 상대에게는 그 어떤 말보다 중요하고 듣기 좋은 소리임을 기억하라.

원칙 4: 경청하는 사람이 되라. 상대방이 자기 자신의 이야기를 하도록 이끌어라.

원칙 5: 상대방의 관심사에 관해 이야기하라.

원칙 6: 상대방에게 스스로 중요한 존재라고 생각하게 하라. 단, 진심 어린 마음으로 그렇게 해야 한다.

제3부
사람들을 설득하는 법

제1장
논쟁에서 이길 방법은 없다

제1차 세계대전이 끝난 직후 나는 런던에서 어느 날 밤 소중한 교훈을 얻었다. 당시 나는 로스 스미스 경의 매니저로 일하고 있었다. 로스 경은 제1차 세계대전 중 팔레스타인 지역에서 활약한 오스트레일리아의 뛰어난 조종사로, 종전이 선언되자마자 지구의 절반을 30일 만에 날아와 세계를 깜짝 놀라게 했다. 전에는 그런 시도를 한 사람조차 없었으므로, 로스 경의 활약은 대단한 파문을 불러일으켰다. 오스트레일리아 정부는 상금 50,000 달러를 수여했고, 영국 왕은 기사 작위를 내렸다. 그래서 로스 경은 한동안 영연방에서 사람들 입에 가장 많이 올랐다. 어느 날 저녁 나는 로스 경을 위한 연회에 참석했다. 저녁 식사를 하는 동안 내 옆에 앉은 남성이 '우리가 아무리 대충 해도 우리의 운명을 결정하는 건 신이다'라는 말을 인용해 웃긴 이야기를 했다.

이야기를 재밌게 이끌어가던 그는 자신이 인용한 문구는 성경 말씀이라고 했다. 하지만 그건 틀린 소리였다. 내가 확실히 알고 있었다. 내가 알고 있는 내용에 털끝만큼의 의심도 없었다. 그래서 나도 내가 중요한 존재라는 느낌을 받고 잘난 모습을 보이고 싶어서 누구도 청하지 않고, 누구도 환영하지 않는, 잘못을 지적하는 사람이 되기로 했다. 그도 주장을 굽히지 않았다.

"뭐라고요? 셰익스피어가 한 말이라고요? 그럴 리 없습니다! 말도 안 되는 소리예요! 그건 성경 말씀입니다."

그는 자기 말이 맞다고 했다.

이야기를 한 사람은 내 오른편에 앉아 있었다. 그리고 왼편에는 내 오랜 친구인 가몬드가 앉아 있었다. 가몬드는 오랫동안 셰익스피어를 연구해왔기에 이야기를 한 남자와 나는 가몬드에게 답을 물어보기로 했다. 가몬드는 이야기를 듣고 식탁 아래로 나를 툭 치더니 이야기했다.

"데일, 자네가 틀렸네. 저분 말씀이 맞아. 그건 성경에 나오는 말씀이야."

그날 밤 집으로 돌아오는 길에 나는 가몬드에게 말했다.

"가몬드, 그 사람이 인용한 말이 셰익스피어 작품에 나온다는 걸 알고 있잖나."

가몬드가 대답했다.

"물론이지. 〈햄릿〉 5막 2장. 하지만 데일, 우린 즐거운 연회의 손님이었어. 뭐하러 그 사람이 틀렸다는 걸 증명하려 드나? 그렇게 해서 그 사람이 자네를 좋아하겠어? 그 사람 체면을 살려주면 좋지 않았을까? 각을 세우는 일은 항상 피해야 하네."

가몬드는 내가 절대 잊을 수 없는 교훈을 가르쳐주었다. 나는 이야기를 꺼낸 사람을 불편하게 만들었을 뿐 아니라 내 친구까지 당황하게 했다. 내가 시비를 걸지만 않았다면 얼마나 더 좋았을까.

그건 내게 몹시 필요한 교훈이었다. 나는 상습적으로 논쟁을 벌이는 사람이었기 때문이다. 어린 시절 나는 은하수 아래에서 매사에 형과 논쟁을 벌였다. 대학에 가서는 논리학과 논증법을 배워 토론 대회에 참가했다.

미주리주 출신에 관해 이야기해보자.* 나는 미주리주에서 태어났다. 그래서 맞는 말인지 확인해야 하는 사람이었다. 후에 나는 뉴욕에서 토론과 논증을 가르쳤다. 그리고 부끄럽지만 한 번은 토론과 논증을 주제로 책을 쓰려고도 했었다. 그때 이후로 나는 수천 번의 논쟁을 듣고, 참여하고, 결과를 관찰했다. 이 모든 활동의 결과 논쟁에서 이기는 이 세상 최고의 방법은 오직 하나밖에 없다는 결론에 도달했다. 그건 바로 논쟁을 피하는 것이다.

---

* 미주리주의 별칭은 '내게 보여달라'라는 뜻의 Show Me State이다. 그런 별칭이 붙은 이유는 1899년 미주리주 하원의원이었던 윌리엄 반디버가 이런 말을 했기 때문이라고 한다. "나는 옥수수와 목화를 기르는 주에서 왔습니다. 허황하고 번지르르한 말은 나를 설득하지도 만족시키지도 못합니다. 나는 미주리주 출신입니다. 당신들은 내게 보여주어야만 합니다." 이 말에서 유래되어 '미주리주 출신'이라는 말은 '나는 회의적이고 쉽게 설득되지 않는 사람이다'라는 의미를 지니게 되었다.

방울뱀과 지진을 피하듯 논쟁을 피하라. 논쟁은 양쪽이 각자 자기주장이 절대 옳다는 생각을 한층 더 하면서 끝나는 경우가 십중팔구이다.

　논쟁에서는 이길 방법이 없다. 왜냐하면, 논쟁에서 지면 지는 것이고, 논쟁에서 이겨도 지는 것이기 때문이다. 왜 그럴까? 자, 논쟁에서 상대방을 이겼고, 구멍투성이인 상대방의 주장을 저격했고, 상대방이 심신상실 상태라는 걸 증명했다 치자. 그래서 뭐가 어떻다는 것일까? 우리 기분은 좋을지 모른다. 하지만 상대방의 기분은 어떨까? 상대는 열등감을 느낄 것이다. 즉, 우리는 그 사람의 자존심에 상처를 낸 셈이다. 그러면 그 사람은 우리의 승리에 분개한다. 그리고 이렇게 된다.

의지에 반해 설득당한 사람은
여전히 자기 의견을 굽히지 않는다.

　수년 전 패트릭 오헤어가 우리 수업에 참석했다. 오헤어는 교육을 거의 받지 못했지만, 얼마나 말다툼을 좋아했던지! 오헤어는 한때 운전기사로 일했고, 우리 수업을 들으러 온 건 트럭을 팔려고 애썼지만 그다지 성공을 거두지 못하고 있었기 때문이다. 몇 가지를 물어보니 그는 거래하려는 손님과 계속 말다툼을 벌이고 반감을 산다는 사실이 드러났다. 트럭을 사려는 손님이 조금이라도 트럭에 관해 비판적인 말을 하면 오헤어는 몹시 화를 내며 바로 다툼을 벌였다. 그리고 싸워서 이기는 경우가 많았다. 그는 이렇게 말했다.

"종종 '내가 그 사람한테 한마디해줬어'라고 생각하며 사무실을 나오곤 했습니다, 물론 제가 한마디해주기는 했죠. 하지만 아무것도 팔지는 못했습니다."

오헤어에게는 말하는 법을 가르치는 게 능사가 아니었다. 말을 삼가고 말다툼을 피하는 훈련이 당장 시급했다. 그 후 오헤어는 뉴욕 화이트 모터 컴퍼니의 스타 영업사원이 되었다. 어떻게 한 걸까? 다음은 그가 직접 이야기한 내용이다.

제가 트럭 구매 예정자의 사무실에 방문하면 그 사람이 말합니다. "뭐라고요? 화이트 트럭이라고요? 화이트 트럭은 안 좋아요! 거저 준다 해도 안 갖겠소. 나는 후즈잇 트럭을 살 거요."

그럼 저는 맞장구를 치지요.

"후즈잇 트럭은 좋은 차입니다. 후즈잇 트럭을 사신다면 틀림없을 겁니다. 후즈잇 트럭은 좋은 회사에서 만들고 좋은 사람들이 파는 차예요."

그러면 상대는 꿀 먹은 벙어리가 됩니다. 논쟁할 틈이 없죠. 그 사람이 후즈잇 트럭이 최고라고 하면 당연하다고 응대합니다. 그럼 그 사람도 더 할 말이 없어요. 제가 그 말에 동의한다는데 그 사람도 오후 내내 '후즈잇 트럭이 최고'라는 말만 하고 있을 수는 없겠지요. 그러고 나면 후즈잇 트럭 이야기는 그만하게 되죠. 그때부터 저는 화이트 트럭의 장점에 관해 이야기를 시작합니다. 그 사람이 처음에 했던 그런 말을 들으면 얼굴이 붉으락푸르락해지던 때가 있었습니다. 후즈잇 트럭은 아니라며 논쟁을 시작했죠. 하지만 제가 후즈잇 트럭에 반대하면 할수록 트럭을 사려던 사람은 점점 후즈잇 트럭을 옹호했어요. 논쟁하면 할수록 고객은 경쟁사 제품을 감싸더군요.

지금 와서 돌이켜보면 제가 어떻게 영업을 해왔는지 의문스럽습니다. 저는 말다툼하고 논쟁하느라 인생의 수년을 허비했어요. 지금은 입을 열지 않습니다. 그러는 편이 도움이 됩니다.

현자 벤저민 프랭클린은 다음과 같이 말하곤 했다.

"논쟁을 벌여 상대를 상처 주고 반박하면 때로 승리를 거둘지 모른다. 하지만 결코 상대의 호의를 얻지 못하니 공허한 승리일 뿐이다."

자, 스스로 생각해보라. 이론적이고 극적인 승리를 얻을 것인가 아니면 상대의 호의를 얻을 것인가? 둘 다 얻을 수 있는 경우는 거의 없다.

한번은 〈보스턴 트랜스크립트〉 신문에서 다음과 같이 짤막하고 우스운 시를 실었다.

여기 윌리엄 제이가 잠들다.

죽을 때까지 자기가 옳다고 주장하던 사람.

그의 말이 맞았다. 꼭 맞았다. 그가 계속 주장했던 것처럼.

하지만 마치 그는 틀린 사람이나 마찬가지로 죽어 잠들었다.

여러분 말이 맞을지 모른다. 꼭 맞을 것이다. 여러분이 논쟁하면서 계속 주장하는 것처럼 말이다. 하지만 다른 사람의 마음을 돌려야 한다는 걸 생각하자면 그건 틀린 주장을 하는 것만큼이나 헛된 일이다.

소득세 전문 컨설턴트인 프레데릭 파슨스는 정부 세금 조사관과 한 시간째 언쟁을 벌이고 있었다. 9,000달러가 걸린 사안이었다. 파슨스는 이 9,000달러가 사실상 악성 부채라서 수금할 수 없는 돈이므로 세금을 징수해서는 안 된다고 주장했다. 세금 조사관이 반박했다.

"악성 부채라니요, 세상에! 이건 과세대상에 해당합니다."

파슨스는 수업 시간에 이 이야기를 들려주었다.

세금 조사관은 차갑고, 거만하고, 고집스러웠습니다. 어떤 이유나 사실도 소용없었죠…… 논쟁이 길어지면 길어질수록 그는 점점 더 고집을 부렸어요. 그래서 저는 논쟁을 피하기로 마음먹고 주제를 바꿔 그 사람을 칭찬했습니다. 이렇게요.

"조사관님께서 하셔야 하는 정말 중요하고 어려운 일에 비교해 이건 아주 사소한 문제라 생각합니다. 저도 세금 공부를 했습니다만 전부 책을 통해 배울 수밖에 없었어요. 하지만 조사관님께서는 최전선에서 경험을 통해 지식을 얻으셨죠. 가끔 조사관님과 같은 일을 하고 싶다는 생각을 한답니다. 그러면 많이 배울 수 있을 것 같아요."

제가 한 말은 전부 진심이었습니다.

"음."

조사관이 의자에서 몸을 바로 세우더니 등을 기대고 자신이 하는 일에 관해 이야기를 시작했죠. 교묘한 사기 수법을 밝혀낸 일화도요. 시간이 지날수록 목소리가 점점 친절해졌고 이내 조사관은 자기 아이에 대해서도 이야기했습니다. 헤어질 때 그는 내 문제에 관해 더 생각해보고 며칠 내에 결정 사항을 알려주겠다고 했습니다.

3일 뒤 조사관이 제 사무실로 전화를 걸었고 처음 세금 신고를 했던 그대로 두기로 했다고 알려주었습니다.

세금 조사관은 인간의 가장 흔한 약점을 잘 보여준다. 바로 존재의 중요성을 느끼고 싶어 한다는 점이다. 파슨스와 논쟁을 하는 한 조사관은 자신의 권위를 소리높여 주장해야 존재의 중요성을 느낄 수 있었다. 그런데 파슨스가 조사관의 존재의 중요성을 인정하고 논쟁을 멈춰 그의 자존심을 세워주자마자 상대에 공감하는 친절한 사람이 되었다.

석가모니가 말했다.

'미움을 없애는 건 미움이 아니라 사랑이다.'

그리고 싸움을 끝내는 건 논쟁이 아니라 눈치, 수완, 화해와 다른 사람의 시각으로 보려는 공감하는 마음이다.

한 번은 링컨이 어느 젊은 장교를 질책한 적이 있었다. 그가 동료와 심한 논쟁을 벌였기 때문이다. 링컨이 말했다.

"자신에게 최선을 다하는 사람 중에 사사로운 논쟁에 시간을 허비하는 사람은 없네. 울화통을 터뜨리고 자제력을 잃는 등의 결과를 감수할 사람은 더 없어. 동등한 권리밖에 주장할 게 없으면 큰일도 양보하게. 자네의 것이 분명하더라도 사소한 일은 양보하게. 권리를 주장하며 개에 물리는 것보다는 길을 비켜주는 게 낫다네. 개를 죽인다 해도 물린 상처는 낫지 않는 법이야."

뉴저지 페어필드의 이코노미스트 출판사에서 발행하는 잡지 〈비츠 앤드 피시즈Bits and Pieces〉에는 의견이 일치하지 않을 때 논쟁으로 번지는 걸 막는 법이 실려 있다.

의견이 서로 다르다는 걸 기쁘게 받아들여라. '두 사람의 의견이 항상 일치하면, 한 명은 필요 없는 사람이다'라는 말을 기억하라. 상대방의 의견에 내가 생각지 못했던 내용이 있으면 알게 된 걸 감사히 여겨라. 상대방과 의견이 다르다는 건 심각한 실수를 저지르기 전에 나를 바로잡을 기회이다.

맨 처음 본능적으로 느껴지는 인상을 믿지 말라. 의견이 일치하지 않는 상황 속에서 처음 우리는 자연스레 방어적인 반응을 보인다. 이에 주의하라. 차분함을 유지하면서 자신의 첫 반응을 주시하라. 최선이 아닌 최악의 반응을 보이는 건 우리 자신일 수 있다.

감정을 조절하라. 무엇 때문에 화내는지를 보면 누군가가 지닌 그릇의 크기를 알 수 있음을 명심하라.

우선 들어라. 상대방에게 말할 기회를 주고, 말을 마칠 때까지 기다려라. 이에 저항하거나 방어하거나 논쟁하지 말라. 그래봤자 벽만 쌓을 뿐이다. 오해의 벽을 높이려 하지 말고 이해의 가교를 놓으려 애써라.

의견이 일치하는 부분을 찾아라. 상대방의 의견을 듣고 자신이 동의하는 부분이나 영역이 어디인지 먼저 잘 생각해보라.

솔직하게 대하라, 잘못된 부분을 찾아 인정하고 그렇다고 말하라. 자신의 실수에 대해서는 사과하라. 상대방의 마음을 누그러뜨리고 방어적인 자세를 낮추는 데 도움이 될 것이다.

상대방의 주장에 관해 깊이 생각하고 자세히 확인할 것을 약속하라. 그리고 진짜 그렇게 해보라. 상대방의 주장이 맞는 말일 수도 있다. 서둘러 논쟁을 이어가다가 상대방이 '우리가 말해주려 애썼는데 당신이 듣질 않았어요'라고 하는 소리를 듣는 처지가 되는 것보다 이 단계에서 상대 의견의 요지를 생각해보겠다고 말하는 편이 훨씬 쉽다.

상대방이 관심을 가지는 데 진심으로 감사하라. 누군가 시간을 들여 나와 다른 의견을 낸다는 건 나와 같은 데 관심이 있다는 뜻이다. 상대를 정말 나를 도우려는 사람으로 생각하라. 그러면 적을 친구로 바꿀 수 있다.

양쪽이 문제를 충분히 생각할 시간을 가질 수 있도록 행동은 미뤄라. 모든 사실을 참고할 수 있도록 그날 늦게 아니면 다음 날 다시 만나자고 하라. 다음 만남을 준비하면서 다음과 같은 어려운 질문을 스스로 던져라.

상대방 말이 맞을까? 부분적으로 맞는 이야기일까? 상대의 처지나 주장에 진실이나 장점이 있을까? 내가 보이는 반응은 문제 해결에 도움이 되는 걸까 아니면 그냥 불만을 해소하려는 것일까? 내가 보이는 반응은 상대를 멀어지게 만드는 것일까 아니면 이쪽으로 끌어당기는 것일까? 내가 보이는 반응은 나에 대한 사람들의 평가를 좋아지게 하는 것일까? 내가 이길까 질까? 여기서 이긴다면 어떤 대가를 치러야 할까? 내가 입을 다물면 의견이 일치하지 않는 상황이 지나갈까? 이 어려운 상황이 내게 기회가 될까?

언젠가 오페라 테너 가수인 얀 피어스가 50년 결혼 생활 끝에 이렇게 말했다.

"아내와 나는 오래전 한 가지 약속을 했습니다. 그리고 서로 아무리 화가 나도 그 약속은 지켜왔어요. 한 사람이 소리를 지르면 다른 한 사람은 들어야 한다는 약속입니다. 두 사람이 같이 소리치면 의사소통은 이루어지지 않고 그냥 시끄러운 소리와 부정적인 기운만 남으니까요."

원칙 1: 논쟁을 통해 최선의 결과를 얻을 유일한 방법은
논쟁을 피하는 것이다.

제2장
적을 만드는 확실한 방법
그리고 그러한 상황을 피하는 방법

시어도어 루스벨트가 대통령으로 백악관에 있었을 때, 자기 생각이 75%의 확률로 맞는다면 그것이 기대할 수 있는 최고치라고 고백했다.

20세기의 가장 뛰어난 인물이 달성하기를 바라며 매긴 최고의 점수이다. 우리 같은 사람은 어떨까?

55% 정도의 생각이 맞는다는 게 확실하면 월스트리트로 가서 매일 100만 달러씩 벌 수 있다. 55%의 생각조차 맞는다는 확신이 없다면 상대가 틀렸다는 이야기를 어떻게 할 수 있단 말인가?

말로 전하는 것과 똑같이 눈길로도, 목소리의 억양으로도, 몸짓으로도 상대에게 틀렸다고 할 수 있다. 만일 상대에게 틀렸다고 하면 상대는 내 생각에 동의할까? 절대 그렇지 않다! 우리가 상대의 지성, 판단력, 자존심, 자존감에 직접적인 타격을 입혔기 때문이다. 상대는 반격하고 싶어 하지, 생각을 바꾸려고는 들지 않는다. 그러면 우리는 플라톤이나 칸트의 논리를 전부 쏟아부어도 상대의 생각을 바꿀 수 없다. 그들의 마음을 상하게 했기 때문이다.

절대 "당신에게 이러이러한 것을 증명하겠소"라는 말로 대화를 시작하지 말라. 그건 좋지 못하다. 그건 마치 "난 너보다 똑똑해, 그러니 네게 한두 가지 가르침을 줘서 네 생각을 바꿀 거야"라고 말하는 것과 같다. 그건 상대에게 도전하는 짓이다. 말을 꺼내기도 전에 상대의 반발심을 키워 싸우고 싶어지게 만든다.

사람의 생각을 바꾸는 건 가장 좋은 조건 아래에서도 어려운 일이다. 그런데 왜 일을 더 어렵게 만드는가? 무엇 때문에 상황을 불리하게 만드는가?

무언가 증명할 거라면 누구도 눈치채지 못하게 하라. 교묘하게, 영리하게 처리해서 우리가 그렇게 했다는 걸 아무도 느끼지 못하게 하라. 이는 알렉산더 포프의 시에 간단명료하게 잘 표현되어 있다.

사람을 가르칠 때는
상대가 눈치채지 못하게 가르치고
새로운 사실을 제안할 때는
마치 잊어버렸던 것이 생각난 듯 말하라.

약 300여 년 전에 갈릴레오는 이렇게 말했다.

"우리는 남에게 아무것도 가르칠 수 없다. 상대가 스스로 찾기를 도와줄 수 있을 뿐이다."

체스터필드 경은 아들에게 이렇게 말했다.

"다른 사람보다 현명해져라. 하지만 사람들에게 그렇다고 말해서는 안 된다."

소크라테스는 아테네에서 제자들에게 반복해서 말했다.

"내가 아는 단 한 가지는 내가 아무것도 모른다는 사실이다."

음, 나는 소크라테스보다 똑똑해지기를 바랄 수 없으므로 사람들에게 틀렸다고 말하는 걸 그만두었다. 그랬더니 내게 도움이 되었다.

만일 누군가가 여러분의 생각이 틀렸다고 한다면 (그렇다, 심지어 그 말이 틀렸다는 걸 안다 해도) 이렇게 말하는 게 더 낫지 않을까?

"음, 제 생각은 다르지만 제가 틀렸을 수 있습니다. 종종 그렇거든요. 만일 제 생각이 틀렸다면 바로잡고 싶습니다. 다시 검토해봅시다."

'제가 틀렸을 수 있어요. 종종 그렇거든요. 다시 검토해봅시다.'

이런 표현 속에는 마법, 좋은 일을 불러오는 마법이 들어 있다.

'제가 틀렸을 수 있어요. 다시 검토해봅시다.'

이렇게 말하는데 하늘에서나 땅에서나 물속에서조차 이 말에 반대할 사람은 없다.

우리 수업을 들었던 수강생 중에 몬태나주 빌링스에서 닷지 자동차 영업을 하는 해럴드 렌키는 이 방법으로 고객을 대하곤 했다. 렌키의 말에 따르면, 자동차 판매 사업의 실적 압박 때문에 전에는 고객들의 불만 사항을 처리할 때 사무적이고 차갑게 대했다고 한다. 그랬더니 고객들이 격노했고, 사업상 손실이 있었으며, 전체적인 분위기가 불편해졌다.

렌키가 수업 중에 말했다.

이래서는 발전이 없겠다는 사실을 깨닫고 새로운 방침을 시도했습니다. 이런 식으로 말하기로 했죠.

"저희 대리점에서 실수가 아주 잦아서 저도 종종 부끄럽습니다. 고객님께도 뭔가 실수를 저질렀는지 모르겠군요. 내용을 말씀해주시겠습니까?"

이런 식으로 접근했더니 고객의 화를 상당히 누그러뜨릴 수 있었습니다. 고객들은 화가 가라앉고 나면 해결책을 얘기할 때는 훨씬 합리적으로 응했습니다. 사실 이렇게 이해해주어서 고맙다고 하는 고객도 많았습니다. 고객 두 분은 새 차를 사라며 친구를 데려오기까지 했습니다. 자동차 판매처럼 경쟁이 치열한 시장에서 우리에게는 이런 고객이 더 많아야 합니다. 그리고 저는 모든 고객의 의견을 존중하고, 능숙하고 예의 바르게 처신하면 경쟁에서 이길 수 있다고 믿습니다.

틀렸다고 인정하면 절대 문제에 휘말릴 일이 없다. 그러면 모든 논쟁을 멈출 수 있고, 우리처럼 상대방도 똑같이 공정해지려

하고, 마음을 열고, 너그러워진다. 상대방도 자신이 틀렸을 수 있다는 점을 인정하고 싶게 만드는 것이다.

만일 상대가 틀렸다는 게 확실할 때, 당신이 틀렸다고 직설적으로 말하면 어떻게 될까? 예를 보자. S는 뉴욕의 젊은 변호사인데, 한 번은 미국 대법원에서 다소 중요한 사건(러스트가르텐 대 플리트 280 U.S. 320)을 두고 논쟁을 벌이게 되었다. 이 사건에는 상당한 금액의 돈과 중요한 법적 문제가 걸려 있었다. 변론하는 동안 대법원 판사가 S에게 말했다.

"해상법의 공소시효는 육 년입니다. 그렇지요?"

S는 말을 멈추고 잠시 판사를 응시하다 퉁명스레 말했다.

"존경하는 재판장님, 해상법에는 공소시효가 없습니다."

우리 수업에 나와 자신의 경험을 발표하던 S는 이렇게 말했다.

"법정에는 침묵이 흘렀습니다. 분위기는 차가워 얼어붙는 것 같았죠. 제 말은 맞는 말이었습니다. 판사님 말씀은 틀렸고요. 그래서 그렇다고 말한 것이었지만 그래서 판사님이 저를 우호적으로 대하셨을까요? 아닙니다. 저는 지금도 그 법에 대한 제 생각이 맞다고 믿습니다. 그리고 그 어느 때보다 변론도 잘했다고 생각합니다. 하지만 저는 판사님을 설득하지 못했어요. 매우 학식이 높고 저명한 분에게 당신은 틀렸다고 말하는 엄청난 실수를 저지른 겁니다."

논리적인 사람은 드물다. 사람은 대부분 편견을 가졌고, 생각이 편향되어 있다. 그리고 선입견, 질투, 의심, 두려움, 부러움, 자존심 때문에 일을 망친다. 그리고 사람은 대부분 종교에 관한 생각을 바꾸고 싶어 하지 않으며, 머리 모양이나 공산주의, 혹은 좋아하는 영화배우에 관한 생각도 바꾸고 싶어 하지 않는다. 그러니 누군가에게 당신이 틀렸다는 말이 하고 싶어지면 매일 아침 식사를 하기 전에 다음 글을 읽어라. 제임스 하비 로빈슨 교수의 명저 《정신의 발달 과정 The Mind in the Making》에 나오는 글이다.

우리는 때로 아무런 저항이나 큰 감정의 변화 없이 생각을 바꿀 때가 있다. 하지만 누군가가 당신이 틀렸다고 하면 우리는 비난에 분개하고 고집을 부린다. 우리는 믿을 수 없을 정도로 별다른 생각 없이 믿음을 형성하지만, 누군가 그 믿음을 뺏으려 들면 쓸데없는 열정으로 믿음을 지킨다. 여기에서 우리에게 중요한 건 믿음 그 자체가 아니라 우리의 자존심이 위협받는다는 생각임이 분명하다!

인간사에서 가장 중요한 건 '나'라는 짧은 단어이다. 따라서 '나'에 관해 잘 생각해보는 일이 지혜를 얻는 첫걸음이다. '나'는 '나의' 저녁, '나의' 강아지, '나의' 집, '나의' 아빠, '나의' 나라, '나의' 신에서 똑같은 힘을 가진다. 우리는 네 시계가 별로라거나 네 차가 낡았다는 비난에 분개할 뿐 아니라 화성의 운하, '에픽테토스 Epictetus'의 발음, 살리신 salicin이라는 물질의 의학적 가치, 메소포타미아 왕조 사르곤 1세의 재위 기간에 관한 생각을 바꾸라고 할 때도 마찬가지로 분개한다. 사람은 지금까지 사실로 받아들여 익숙해진 내용을 계속 믿고 싶어 하고, 그게 무엇이든 우리가 추정하는 바에 의심을 비추면 분노하며, 어떻게든 내 생각을 바꾸지 않을 방법을 찾는다. 결국 추론이라 부르는 과정은 대부분 우리가 이미 믿고 있는 내용을 계속해서 믿을 논거를 찾는 일이다.

저명한 심리학자인 칼 로저스는 《진정한 사람 되기On Becoming a Person》라는 책에서 이렇게 썼다.

다른 사람을 이해하라고 스스로 허락하면, 즉 내가 상대방을 이해할 때 그것이 엄청난 가치가 있음을 발견했다. 이런 식으로 말하는 게 이상하게 들릴 수도 있겠다. 다른 사람을 이해하는 일을 스스로 허락할 필요라니? 내 생각에는 그렇다. 다른 사람에게서 듣는 대부분의 말에 대한 우리의 첫 번째 반응은 그 말을 이해하려는 게 아니라 평가를 하거나 판단하려 드는 것이다. 누군가가 자신의 기분이나 태도, 믿음을 표현할 때 우리는 대개 듣자마자 '맞아'라거나 '어리석은 소리로군', '비정상적이야', '비합리적인데?', '옳지 않아', '좋지 않아'라고 느끼는 경향이 있다. 상대방에게 그 말이 어떤 의미를 지니는지 정확하게 이해하자고 스스로 생각하는 사람은 매우 드물다.

한 번은 우리 집에 커튼을 달려고 실내장식 업자를 고용한 적이 있었다. 청구서가 왔을 때 나는 경악을 금치 못했다.
며칠 뒤 친구가 우리 집에 와서 커튼을 보았다. 가격을 얘기했더니 친구는 의기양양하게 소리쳤다.

"뭐라고? 말도 안되는 가격이네. 바가지 쓴 것 같아."

사실일까? 그럴 것이다. 친구는 내게 사실을 말했다. 하지만 상대방의 판단이 반영된 사실을 듣고 싶어 하는 사람은 거의 없다. 그래서 나도 사람이기에 자신을 스스로 변호하려 애썼다. 싼 물건은 결국 비지떡이고 할인 가격으로 산 물건에서 품질과 예술적 취향은 기대할 수 없다는 둥 그런 소리를 늘어놓았다.

다음 날 또 다른 친구가 집에 왔다. 이 친구는 커튼을 보고 감탄하며 흥분하더니 자기도 집에 이렇게 아름다운 커튼을 달 여유가 있었으면 좋겠다고 말했다. 내 반응은 어제와 완전히 달랐다.

"음, 사실을 말하자면 내게도 부담스러운 금액이었어. 너무 비쌌거든. 주문한 걸 후회했어."

잘못된 생각을 했다면 스스로는 그걸 인정한다. 다른 사람이 부드럽고 요령 있게 접근하면 그에게도 인정할 수 있고, 그러면서 심지어 나는 솔직하고 너그러운 사람이라는 자부심까지 느낀다. 하지만 누군가가 받아들이기 어려운 사실을 나에게 쑤셔넣으려 들면 절대 내 생각이 잘못되었다는 걸 인정하지 않는다.

남북전쟁 당시 미국에서 가장 유명한 언론인이었던 호레이스 그릴리는 링컨의 정책을 격렬하게 반대했다. 그는 링컨의 정책에 반하는 논쟁을 벌이고, 조롱하고, 욕하면 링컨이 생각을 바꿀 것으로 믿었다. 그래서 매달, 매년 계속해서 혹독한 비난을 퍼부었다. 사실 링컨 대통령이 저격당한 밤에도 야만적이고 혹독한 인신공격을 퍼붓는 글을 썼다.

그런데 이런 신랄한 비판으로 링컨이 생각을 바꿔 그릴리의 의견에 동의하였을까? 전혀 그렇지 않았다. 아무리 조롱하고 욕해도 절대 그렇게 되지 않았다. 대인관계 맺는 법과 자기 관리하는 법, 인격을 수양하는 법에 관한 훌륭한 조언이 필요하다면 벤저민 프랭클린의 전기를 읽기 바란다. 벤저민 프랭클린의 전기는 미국 문학의 고전이자 지금까지 출판된 전기 가운데 가장 흥미로운 인생 이야기를 담고 있다. 벤저민 프랭클린은 이 책에서 어떻게 논쟁을 거듭하는 잘못된 습관을 바로잡았는지, 그리고 어떻게 미국 역사상 가장 유능하고, 온화하며, 처세에 능한 사람이 될 수 있었는지를 이야기한다.

벤저민 프랭클린이 아직 처세에 서툴렀던 어린 시절, 어느 날 퀘이커교도인 옛친구가 그를 불러 몇 가지 뼈아픈 사실을 이야기하며 몰아세웠다. 대충 이런 얘기였다.

"벤저민, 너는 정말 안되겠다. 네 의견 속에는 생각이 다른 사람을 전부 후려치는 내용이 들어 있어. 네 의견은 너무 불쾌해서 아무도 좋아하지 않아. 네 친구들도 네가 없을 때 더 즐겁대. 네가 너무 많이 아는 척하니까 네게 뭔가 이야기해주는 사람은 아무도 없어. 사실 아무도 너와 말하려고 하지 않아. 그런 노력을 해봤자 불편해지고 힘들어질 뿐이니까 말이야. 그러니 넌 지금 아는 것보다 더 많이 알게 될 일은 거의 없을 거야, 그럴 가능성은 아주 희박하지."

내가 아는 벤저민 프랭클린의 가장 좋은 점은 그런 따끔한 질책을 받아들이는 방식이다. 벤저민 프랭클린은 그 말이 사실이라는 것과 자신이 실패를 향하고 있으며 이렇게 가다가는 사회적 관계가 엉망이 될 것임을 깨달을 만큼 그릇이 크고 현명했다. 그래서 벤저민 프랭클린은 180도 방향을 바꿨고, 무례하고 독선적인 태도를 즉시 달리했다.

벤저민 프랭클린은 이렇게 말했다.

저는 어떤 식으로든 다른 사람의 기분에 반하는 이야기, 그리고 나 자신에 관한 좋은 이야기는 전부 참기로 했습니다. 심지어 '분명', '의심할 바 없이'처럼 단정적인 의견을 나타내는 단어나 표현도 전혀 쓰지 않기로 했습니다. 대신 '~라고 생각합니다'라든지 '~로 여겨집니다' 혹은 이렇게 저렇게 '될 것 같습니다', '지금으로서는 그렇게 보입니다'와 같은 표현을 쓰기로 했지요. 누군가가 잘못된 주장을 한다는 생각이 들어도 퉁명스럽게 반박하려 들지 않았고, 그 사람의 주장이 엉터리라는 것을 즉시 밝히지 않았습니다. 대답할 때는 '문제 혹은 조건에 따라 상대의 이야기가 맞을 수 있다고 생각하지만, 당면한 문제에 적용하면 내 생각은 다소 다르다'는 식으로 이야기했고요. 이렇게 태도를 바꾸고 나니 금세 좋은 점이 생겼습니다. 대화에 참여하는 게 더 즐거워졌어요. 겸손한 방식으로 의견을 제시하니 상대방도 더 잘 받아들이고 반박도 줄었습니다. 내가 틀렸다는 걸 알아도 전보다 덜 억울했고, 내 의견이 옳은 경우에는 다른 사람들이 전보다 흔쾌히 틀렸음을 인정하고 제 의견에 동의해주었습니다.

이런 태도를 갖추기까지 처음에는 자연스러운 반응을 강제로 억

눌러야 하기도 했지만, 마침내 아주 쉬워졌고, 습관이 되었습니다. 그래서 아마 지난 50년 동안 제가 독단적인 이야기를 하는 걸 들은 사람은 없을 겁니다. 저의 진실한 성격에 이어 이런 습관이 생기면서 새로운 제도를 만들거나 과거의 제도를 바꾸려 할 때 많은 시민이 제 의견을 지지해주었지요. 그리고 의회에 진출해서도 큰 영향력을 행사할 수 있었어요. 저는 말을 잘하는 사람이 아니라서 유창하게 말하지 못할 뿐 아니라 단어 선택도 망설이고 언어 사용도 정확하지 않지만 이런 습관 덕분에 대체로 제 뜻을 전할 수 있었습니다.

벤저민 프랭클린이 사용한 방법을 직장에서는 어떻게 적용할 수 있을까? 두 가지 예를 살펴보자.

노스캐롤라이나주 킹스 마운틴에 사는 캐서린 올레드는 방사 공장의 산업공학 담당 관리자이다. 올레드는 우리 수업을 듣기 전과 후에 회사에서 민감한 문제를 어떻게 다루는지 이야기해주었다.

제가 맡은 업무 중에는 생산 담당자들을 위한 인센티브 제도를 만들고 유지하는 일이 있습니다. 더 많은 수입을 얻을 수 있도록 생산 담당 직원들이 실을 더 많이 생산해야 하는 거죠. 전에 사용하던 인센티브 제도는 우리가 두세 종류의 실만 생산할 때는 문제가 없었습니다. 그런데 최근 우리 회사에서 재고와 생산 능력을 늘려 12종 이상의 실을 생산하게 되었습니다. 그러니 기존의 인센티브 제도로는 이제 직원들이 하는 일에 맞춰 공정하게 인센티브를 지급할 수도 없고, 생산량을 증가시키기 위해 인센티브를 주기에도 적절하지 않았지요. 그래서 저는 생산 직원이 특정 시간에 생산한 생사의 품질에 따라 인센티브를 지급하는 새로운 제도를 만들었습니다. 새로 만든 인센티브 시스템을 들고 회의에 참석했습니다. 경영진에게 제가 만든 시스템이 올바른 방식이라는 걸 증명하겠다고 굳게 마음을 먹었지요. 저는 경영진의 방식이 어떻게 잘못되었으며, 어느 부분이 공정하지 못한지, 그리고 경영진에게 필요한 해결책을 제가 어떻게 다 마련하게 되었는지 자세히 설명했어요. 하지만 그건 처참하다고밖에 할 수 없는 실패로 끝났습니다! 새로운 인센티브 시스템에 관한 제 입장을 옹호하기 바빠 경영진이 기존 제도가 지닌 문제점을 기꺼이 인정할 틈을 주지 않았던 거죠. 결국, 인센티브 제도 변경의 건은 없던 일이 되었습니다.

이 수업을 몇 번 듣고 나서 제가 어디서 잘못했는지 잘 알게 되었습니다. 저는 다시 회의를 열었고 이번에는 경영진에게 제도의 어떤 점이 문제라고 생각하는지 물어보았습니다. 그리고 각 항목을 논의하면서 어떤 방식이 가장 좋을지 경영진의 의견을 구했지요.

자세를 낮춘 채 몇 가지 사항을 적절한 간격을 두고 제안하면서 제가 만든 시스템의 내용을 경영진이 생각해낸 것처럼 회의를 이끌어 나갔습니다. 회의의 마지막에는 사실상 제가 만들었던 시스템의 내용을 발표했는데 경영진에서 적극적으로 받아들여주었고요.

이제 저는 상대가 틀렸다고 직선적으로 이야기하면 좋은 일은 하나도 없고 어려움만 많이 생긴다는 걸 확실히 알게 되었습니다. 그렇게 해봤자 상대방의 자존심을 상하게 하고 토론할 때 환영받지 못하는 존재가 될 뿐입니다.

또 다른 예를 살펴보자. 그리고 여기에 나오는 예는 수천 명의 다른 사람도 흔히 경험하는 일이라는 걸 명심하라. 크롤리는 뉴욕에 있는 목재 회사의 영업 담당자이다. 크롤리는 사무적인 태도로 일관하는 목재 검사관들에게 그들의 생각이 잘못되었다고 수년간 얘기해왔다고 한다. 그리고 물론 논쟁에도 휘말렸다. 하지만 논쟁을 해봐도 좋은 일은 아무것도 없었다. 크롤리는 이렇게 말했다.

"목재 검사관들은 마치 야구 심판 같습니다. 일단 결정하면 절대 바꾸지 않죠."

크롤리는 목재 검사관들과 논쟁하는 사이 회사가 수천 달러의 손해를 보고 있음을 알았다. 그래서 우리 수업을 들으면서 논쟁은 그만두기로 전술을 바꿨다. 결과가 어땠을까? 다음은 크롤리가 수업 시간에 발표했던 이야기이다.

어느 날 아침 사무실의 전화가 울렸습니다. 전화를 건 사람은 화가 나서 씩씩대며 우리 회사에서 출하한 목재 한 트럭이 그쪽 공장에 도착했는데 목재의 품질이 엉망이라고 했습니다. 그 회사에서는 제품 하차를 멈추었고 우리에게 자신의 공장으로 와서 목재를 즉시 치워달라고 얘기했어요. 트럭의 4분의 1가량의 목재가 내려진 상태였는데 그 회사의 목재 검사관은 수량의 55퍼센트가 불량이라고 했습니다. 사정이 이러하니 그 회사에서는 목재를 받지 않겠다고 거절한 것입니다.

저는 즉시 그 공장으로 출발했고 가는 길에 이 상황을 해결할 최고의 방법이 무엇일까 마음속으로 생각했습니다. 보통 그런 상황에서 저는 목재 검사관으로 일했던 제 경험과 지식을 바탕으로 목재 품질 기준 규칙을 대며, 목재는 실제로 입고 기준 이상의 품질이라고 상대 회사의 목재 검사관을 설득하려 들었을 겁니다. 그 사람이 검사 기준을 잘못 해석했다고 말했을 거예요. 하지만 저는 수업에서 배운 원칙을 적용해야겠다고 생각했습니다. 공장에 도착해보니 구매 담당자와 목재 검사관은 굉장히 기분이 좋지 않은 상태였고, 저와 논쟁하며 싸울 태세를 갖추고 있었습니다. 저는 목재를 내리고 있던 트럭으로 가서 상태가 어떤지 볼 수 있도록 계속 목재를 내려달라고 부탁했어요. 그리고 목재 검사관에게 검수를 계속해 불량품을 따로 빼고 합격한 제품을 별도로 쌓아달라고 말했지요.

한동안 제품 검수하는 모습을 보니 그 검사관이 실제로 검수를 지나치게 엄격히 하고 있으며, 검수 규칙을 잘못 이해하고 있다는 게 분명해졌습니다. 그 목재는 스트로브잣나무라는 품종이었는데, 그 검사관은 견목재에는 정통했지만, 스트로브잣나무에 관해서 잘 알거나 많이 다뤄보지는 않은 듯했습니다. 어쩌다 보니 저는 스트로브잣나무에 관해 특히 잘 알고 있었지만, 그 사람에게 품질 검수 기준이 잘못되었다고 반박했을까요? 절대 그렇게 하지 않았습니다. 목재 검수 과정을 계속 보다가 합격하지 못하는 목재가 나오면 왜 그런지 꾸준히 질문을 했을 뿐입니다. 물론 검사관이 검수를 잘못하고 있다는 말은 전혀 하지 않았어요. 다만 질문을 하는 이유는 앞으로 이 회사로 제품을 출하할 때 그들이 원하는 수준에 정확히 맞는 제품을 출하하고 싶기 때문이라는 점을 강조했지요.

매우 친근하고, 협조적인 분위기로 질문하고, 그 회사의 목재 사용 목적에는 불량인 게 맞다고 계속 인정하니 검사관의 기분이 나아졌고, 어색한 분위기가 녹아내리기 시작했습니다. 그러다 한 번씩 조심스럽게 제 의견을 이야기했더니 검사관의 마음속에 불량으로 처리한 목재 중에 일부는 사실 합격품일 수도 있겠다고, 그리고 자신들이 요구하는 품질은 더 비싼 가격대의 제품일 수 있겠다는 생각이 싹텄습니다. 그렇지만 저는 매우 조심스럽게 접근했습니다. 제가 그런 점을 문제 삼으려 한다고 검사관이 생각하지 못하도록 말이죠.

차츰 검사관의 전반적인 태도가 달라졌습니다. 그리고 마침내 제게 자신은 스트로브잣나무를 다뤄본 경험이 많지 않다고 인정하며, 트럭에서 목재를 내릴 때마다 제게 물어보았습니다. 그래서 저는 이 나무는 왜 합격 등급에 속하는지 이유를 설명했지만, 그쪽 회사의 사용 목적에 맞지 않는다면 입고시키지 않아도 된다고 계속 이야기했습니다. 그러다 어느새 불량으로 분류한 더미에 목재를 쌓을 때마다 그가 죄책감을 느끼는 순간이 왔습니다. 마침내 그는 자신의 회사에서 필요한 수준의 목재 품질을 명시하지 않은 게 잘못이었음을 알게 되었지요.

결국, 그 회사의 목재 검사관은 제가 떠난 뒤 전체 입고분의 검수를 다시 했고 전부 합격시키기로 했습니다. 그리고 대금을 전부 지불했습니다.

이 한 가지 일만 보더라도 알 수 있지요. 상대방이 틀렸다고 절대 말하지 않고, 약간 요령 있게 이야기함으로써 상당한 금액의 회삿돈을 아낄 수 있다는 것을요. 게다가 고객사와 관계가 좋아진 건 금전적인 가치로 따지기도 어렵습니다.

마틴 루서 킹 목사는 평화주의자이면서 어떻게 당시 흑인 출신 미국 최고위 군인인 공군 장성 대니얼 '채피Chappie' 제임스를 존경할 수 있냐는 질문을 받았다. 킹 목사가 대답했다.

"나는 내 기준이 아니라 상대방의 기준으로 사람을 판단합니다."

비슷한 예로, 한 번은 로버트 리 장군이 제퍼슨 데이비스 남부 연합 대통령에게 휘하의 어느 장교를 극찬했다. 옆에서 칭찬을 듣고 있던 다른 장교는 깜짝 놀라 말했다.

"장군님, 지금 칭찬하시는 장교가 틈만 나면 장군님을 비방하는 원수 같은 자라는 걸 모르십니까?"

리 장군이 대답했다.

"알고 있네. 하지만 대통령께서는 그에 대한 내 의견을 물으셨네. 나에 대한 그의 의견을 물으신 게 아니잖나."

사실, 이번 장에서 내가 특별히 새로운 얘기를 한 건 아니다. 2,000년 전 예수가 말했다.

"너의 적과 속히 합의하라."

예수가 태어나기 2,200년 전 이집트의 악토이 왕은 아들에게 지혜로운 조언을 했는데, 이 조언은 오늘날에도 매우 필요한 내용을 담고 있다.

"다른 사람의 기분을 상하게 하지 않는 외교적 수완을 갖추어야 얻을 게 있다."

다시 말하자면 고객이나 배우자나 적과 논쟁하지 말라는 것이다. 그들의 생각이 잘못되었다고 말하지 말고 화를 돋우지 말라. 외교적인 수완을 약간 발휘하라.

원칙 2: 상대방의 의견을 존중하라.
당신이 틀렸다는 말은 절대 하지 말라.

제3장
잘못을 했다면 인정하라

우리 집에서 걸어서 1분 거리에 야생 천연림이 펼쳐져 있다. 그곳에서는 봄이면 블랙베리 덤불에 하얀 꽃이 피고, 다람쥐들이 집을 지어 새끼를 기르고, 망초가 말의 키만큼 자란다. 자연 그대로인 이 삼림지대를 '숲 공원'이라 불렀다. 그곳은 숲이고, 콜럼버스가 아메리카 대륙을 발견했을 때와 크게 달라지지 않은 모습이다.

나는 우리 보스턴 불도그 강아지 렉스를 데리고 이 공원을 자주 산책한다. 렉스는 사람을 잘 따르고, 해를 끼치지 않는 작은 강아지였다. 공원에서 다른 사람을 만나는 경우는 아주 드물었기에 나는 렉스에게 목줄이나 입마개를 씌우지 않고 산책했다.

하지만 어느 날 우리는 공원에서 말을 탄 경찰관과 맞닥뜨렸다. 그는 권위를 내세우고 싶어 좀이 쑤시는 사람이었다.

"도대체 왜 개가 입마개도 목줄도 없이 공원을 돌아다니게 두는 겁니까?"

경찰이 나를 질책했다.

"그게 법에 위반되는 행위라는 걸 모르십니까?"

"아닙니다, 알고 있습니다. 하지만 여기서 개가 사람들에게 해를 끼치지 않을 거라 생각했습니다."

내가 부드럽게 대답했다.

"해를 끼치지 않을 거라 생각했다니! 그런 생각을 했다니! 법은 당신이 뭐라고 생각하든 전혀 상관하지 않습니다. 저 개가 다람쥐를 죽일 수도 있고 아이를 물 수도 있습니다. 이번에는 봐드리지요. 하지만 한 번만 더 저 개가 입마개나 목줄 없이 그냥 돌아다니는 걸 보면 법정으로 가셔야 할 겁니다."

나는 순순히 그러겠다고 약속했다.

그리고 나는 지시에 따랐다. 몇 번은 말이다. 하지만 렉스는 입마개를 싫어했고, 나도 입마개를 씌우고 싶지 않았다. 그래서 한 번 기회를 보기로 했다. 한동안은 다 잘 지나갔다. 하지만 그러다 문제가 생겼다. 어느 날 오후 렉스와 내가 언덕배기로 달려 올라가고 있었는데 놀랍게도 거기에서 갑자기 말을 탄 경찰관을 만났다. 렉스는 나보다 앞에서 경찰관을 향해 곧장 달려가고 있었다.

나는 꼼짝할 수 없는 상황이었다. 이미 알고 있었다, 그래서 경찰관이 말을 꺼낼 때까지 기다리지 않고 선수를 쳤다.

"경찰관님, 현장에서 저를 발견하셨네요. 제가 법을 어겼습니다. 알리바이도, 변명거리도 없습니다. 지난주에 제게 여기서 다시 입마개를 하지 않은 개를 풀어놓으면 벌금을 물리겠다고 경고하셨어요."

경찰관이 부드러운 목소리로 대답했다.

"음, 저렇게 작은 개를 아무도 없을 때 밖에서 달리게 하고 싶은 마음도 이해합니다."

"네. 그런 마음이 들었습니다. 하지만 법에 어긋나는 행동이긴 하죠."

내가 대답했다.

"음, 저렇게 작은 개는 누구도 해치지는 않을 겁니다."

경찰관이 반박했다.

"하지만 다람쥐를 죽일지 모릅니다."

나도 대답했다.

"음, 너무 심각하게 받아들이시는 것 같군요. 어떻게 하면 되는지 말씀드리겠습니다. 제가 저 강아지를 볼 수 없는 저기 언덕 너머까지 강아지를 달리게 하십시오. 그리고 우리 둘 다 이 일은 잊읍시다."

경찰관이 말했다.

그도 사람이었기에 존재의 중요성을 느끼고 싶어 했다. 그래서 내가 스스로 죄를 인정하자 그가 자존심을 세울 유일한 방법은 자비를 베풀며 너그러운 모습을 보이는 것뿐이었다.

하지만 내가 방어적으로 나갔다면 어떻게 되었을지 생각해보라. 음, 경찰관과 논쟁을 벌여본 적이 있는가?

나는 경찰관과 논쟁을 벌이는 대신 그의 말이 전적으로 옳고 내가 전적으로 틀렸다는 걸 인정했다. 그것도 빨리, 솔직하게, 성의를 다해 인정했다. 나는 경찰관의 편을 들고, 경찰관은 내 편을 들면서 이 사건은 원만하게 마무리되었다. 불과 일주일 전만 해도 내게 위법을 운운했던 이 경찰관이 이제는 체스터필드 경이 온다 해도 그보다 더 너그럽기 어려울 정도였다.

아무리 해도 질책받을 수밖에 없는 일이 있다면 다른 사람보다 먼저 내가 스스로 질책하는 편이 훨씬 낫지 않을까? 타인의 입으로 비판의 소리를 듣는 것보다 자기 비판을 하는 소리가 훨씬 듣기에 낫지 않을까?

다른 사람이 나를 비판하려 하는 모든 내용을 자신에게 스스로 말해보라. 그리고 상대가 내게 그런 말을 할 일이 생기면 그 사람 앞에서 먼저 말하라. 말을 탄 경찰관이 나와 렉스에게 그랬던 것처럼 높은 확률로 분명 상대는 너그럽게 용서하는 태도를 보이며 잘못을 별것 아니라고 여길 것이다.

상업 미술가인 페르디난드 워렌은 이 방법으로 심통 사납고, 잔소리가 심한 고객의 호의를 얻었다.

"광고와 출판이 목적인 그림을 그릴 때는 정밀하고 아주 정확하게 그리는 게 중요합니다."

워렌이 이야기를 이어나갔다.

일부 미술 편집자들은 주문한 작품을 바로 그려달라고 요구합니다. 이런 경우에는 사소한 실수가 발생하곤 합니다. 제가 아는 어느 미술 감독은 특히 항상 사소한 실수를 지적하면서 좋아하곤 했습니다. 그를 만나고 사무실을 나설 때는 넌더리가 나곤 했는데 비판을 받아서가 아니라 그가 공격하는 방식 때문이었습니다. 최근에도 그에게 급하게 완성한 작품을 보냈었는데, 전화를 걸어서는 당장 자기 사무실로 오라고 하더군요. 뭔가 잘못됐다고 하면서요. 사무실에 도착하니 그는 제가 예상했던 바로 그 실수를 지적했고, 저는 두려웠습니다. 그는 제 실수를 신랄하게 지적했고, 비판할 기회를 잡아 고소해하는 듯했습니다. 그러면서 저에게 왜 이렇게 했냐는 등의 이야기를 하며 열을 냈습니다. 수업 시간에 배운 자기비판의 원칙을 적용할 기회가 왔습니다. 그래서 제가 말했지요.

"감독님, 감독님 말씀이 사실이라면 제 잘못이니 실수에 대한 변명의 여지가 없습니다. 감독님이 생각하시는 바를 더 잘 알 만큼 오랫동안 그림을 그렸는데 스스로 참 부끄럽습니다."

그랬더니 그가 즉각 나를 변호하기 시작했습니다.

"그렇기는 하지만 큰 실수는 아니니까요. 그저……."

제가 끼어들었습니다.

"어떤 실수건 대가가 따르고, 전부 짜증이 나게 하니까요."

감독이 끼어들려 했지만, 저는 멈추지 않았지요. 저는 즐거웠습니다. 살면서 처음으로 자기비판을 했는데 기분이 좋았습니다.

"제가 좀 더 주의를 기울였어야 해요."

제가 계속 말했습니다.

"저한테 많은 일을 주시는걸요. 그러니 최고의 결과물을 받으셔야 해요. 이 그림은 전부 새로 그려오겠습니다."

"아닙니다! 아니에요!"

그가 반대했다.

"작가님을 그렇게 번거롭게 만들 생각은 아닙니다."

그러더니 그는 내 작품을 칭찬하고, 자신은 그림을 살짝 수정하기만 원하며, 이런 사소한 실수로는 비용 같은 게 전혀 발생하지 않는다고 확인해주었습니다. 결국, 그림 속 실수는 세세한 부분에 불과해 걱정할 필요가 없는 것이었습니다.

제가 열심히 자신을 비판하니 상대는 싸울 마음이 전부 사라졌습니다. 결국, 그는 저를 점심 식사에 초대했습니다. 헤어지기 전에 그는 저에게 그림 대금을 지급했고, 또 다른 그림도 주문했습니다.

자신의 실수를 인정하는 용기를 발휘하면 어느 수준만큼의 만족감이 생긴다. 죄의식과 자신을 방어하는 분위기를 없애줄 뿐 아니라 실수로 인해 일어난 문제를 해결하는 데도 도움이 된다.

뉴멕시코주 앨버커키에 사는 브루스 하비는 병가를 낸 직원에게 월급을 전액 지급한다고 결재를 잘못 내렸다. 실수를 발견했을 때 하비는 해당 직원에게 사실을 알리고 실수를 바로잡기 위해 다음 급여 때 이번에 추가 지급된 금액만큼 제하겠다고 알렸다. 그러자 그 직원은 그러면 재정적으로 심각한 문제가 생긴다며 일정 기간에 걸쳐 나누어 제해줄 것을 요청했다. 그것은 상사의 승인이 필요한 일이었다. 하비는 수업 시간에 이렇게 말했다.

그리고 그렇게 하면 상사가 매우 화낼 것임을 저는 알고 있었습니다. 이 상황을 어떻게 하면 더 잘 처리할 수 있을까 생각하다가 모든 문제가 제 잘못임을 깨달았습니다. 상사에게 가서 제 잘못을 인정해야 했죠.

상사의 사무실로 가서 제가 실수를 했다고 말하고 자초지종을 설명했습니다. 상사는 화를 내며 그건 인사팀의 잘못이라고 했습니다. 하지만 저는 계속 그건 제 실수였다고 말했지요. 상사는 또 회계팀의 부주의함에 화를 냈습니다. 저도 다시 한번 그건 제 잘못이었다고 말했어요. 상사는 사무실의 다른 직원 두 명을 상대로 화를 냈습니다. 이렇게 상사가 다른 누군가를 탓할 때마다 저는 그건 제 실수였다고 다시 말했습니다. 마침내 상사가 저를 바라보며 말했어요.

"좋아, 이건 자네 잘못이로군. 그럼 이제 다시 바로잡게."

잘못 지급된 급여는 다시 정리되었고 누구도 문제에 휘말리지 않았습니다. 어려운 상황을 잘 해결했고, 변명하려 들지 않고 용기를 냈기에 기분이 정말 좋았습니다. 상사도 예전보다 저를 더 존중해주십니다.

어떤 바보라도 자신이 저지른 실수를 변호하려 들 수 있다. 그리고 바보들은 대부분의 실수에 그렇게 대처한다. 하지만 실수를 인정하는 사람만이 남들보다 뛰어나고, 고결함과 기쁨을 맛볼 수 있다. 예를 들어 로버트 리 장군에 관한 역사적 기록 중에서 가장 아름다운 이야기를 살펴보자면 그건 리 장군이 스스로 책망하는 모습과 게티즈버그에서 조지 피켓 장군이 돌격작전에 실패했을 때 그 실패를 온전히 자신의 책임으로 돌리는 모습이었다.

피켓 장군의 돌격은 의심할 여지 없이 서구 세계에서 가장 멋지고 그림 같은 공격이었다. 피켓 장군 자신이 그림 같은 사람이었다. 피켓 장군은 적갈색의 긴 머리가 거의 어깨에 닿을 정도였다. 그리고 나폴레옹이 이탈리아 전쟁에서 그랬듯 피켓 장군도 전장에서 열렬한 연애편지를 거의 매일 썼다. 비극이 일어났던 7월의 오후 피켓 장군이 오른쪽 귀 위로 비스듬히 모자를 쓰고 북군 전선을 향해 달려갈 때 그의 헌신적인 부대원들은 환호성을 질렀다. 그리고 장군의 뒤를 따랐다. 서로 나란히 서서 계급대로 정렬하여 나아가는 피켓 장군의 부대에서 군기가 펄럭였고 햇빛을 받은 총검이 반짝였다. 정말 용맹하고 대담하고 멋진 모습이었다. 피켓 장군 부대의 돌격을 바라보는 북군 전선에서도 경탄의 소리가 흘러나왔다.

피켓 장군의 부대는 과수원과 옥수수밭을 지나 목초지를 가로지르고 협곡을 넘어 빠르게 전진했다. 적의 대포가 끔찍하게 대열을 흐트러뜨렸지만, 압박을 받는 피켓의 부대는 완강하게 진격했고 그들을 억누를 수는 없었다.

그런데 세메터리 릿지의 돌벽 뒤에서 갑자기 북군이 나타났다. 잠복해 있던 북군 부대는 진격하는 피켓 장군의 부대에 집중 사격을 가했다. 언덕 위는 불길에 휩싸인 채 아비규환이 되었고, 화산처럼 타올랐다. 잠시 후 피켓 장군 부대의 지휘관들은 한 사람을 제외하고 전부 쓰러졌고, 5,000명의 부대원 가운데 5분의 4가 목숨을 잃었다.

루이스 아미스테드 장군은 남은 병사들을 이끌고 마지막 돌격을 감행했다. 돌벽을 뛰어넘어 진격하며 검 끝에 씌운 모자를 흔들며 소리쳤다.

"제군들, 공격하라!"

남은 병사들은 공격을 감행했다. 돌벽을 뛰어넘어 적에게 총검을 휘둘렀다. 총을 휘둘러 북군 병사들의 머리를 내리쳤고, 세메터리 릿지에 남군의 깃발을 꽂았다. 하지만 그 깃발이 그곳에서 휘날린 건 잠시뿐이었다. 그리고 짧았지만, 그 순간은 남부 동맹에 절정의 순간으로 기록되었다.

피켓 장군의 돌격은 빛나는 영웅적인 공격이었지만 끝을 알리는 시작이었다. 리 장군은 졌다. 리 장군은 북군을 무찌를 수 없었다. 리 장군도 그 사실을 알고 있었다. 남군은 끝났다.

리 장군은 너무 슬펐고, 큰 충격을 받아 남부 동맹 대통령이었던 제퍼슨 데이비스에게 사의를 표하고 자신보다 '젊고 능력 있는 사람'을 후임으로 임명해달라 청했다. 만일 리 장군이 피켓 장군의 돌격이 처참하게 실패한 원인으로 다른 누군가를 탓하고자 했다면 수십 개의 변명거리를 찾을 수 있었을 것이다. 남군의 실패는 리 장군 휘하의 몇몇 부대 지휘관 때문이었다. 보병대를 지원할 기병대도 적시에 도착하지 않았다. 이것도 잘못되고 저것도 틀어졌다.

하지만 리 장군은 몹시 고결한 성품이었기에 다른 사람을 탓하지 않았다. 돌격에 실패한 피켓 장군의 부대가 피 흘리며 남군 전선으로 힘들게 돌아오자 리 장군은 몸소 나가 이들을 맞이하며 숭고한 마음으로 자기를 탓했다.

"모두 내 책임이다. 내가, 나 혼자 이 전투에서 패배했다."

전 역사를 통틀어 이처럼 전투에서의 패배를 자기 탓으로 인정하는 용기와 기개를 가진 장군은 거의 없었다.

홍콩에서 우리 수업을 가르치는 마이클 청은 중국 문화가 지닌 특수한 문제를 이야기하며, 때로는 과거의 전통을 유지하는 것보다 새로운 원칙을 적용할 때의 이점이 더 크다는 것을 깨달을 필요가 있다고 지적했다.

마이클의 반에는 오랫동안 아들과 사이가 소원한 상태인 중년 남성이 있었다. 남성은 전에 아편 중독자였지만 지금은 완전히 끊은 상태였다. 중국 문화에서는 나이 든 사람은 먼저 나서지 않는 법이었다. 그래서 남성은 부자 관계의 회복이 아들에게 달렸다고 생각했다. 강좌 초반에 남성은 손주들을 한 번도 보지 못했다며, 얼마나 아들을 다시 만나고 싶은지를 말했다. 남성과 수업을 함께 듣는 수강생들은 전부 중국인이었고, 그들은 남성이 자신의 바람과 오랫동안 확립된 전통 사이에서 갈등하는 상황을 이해했다. 아버지인 남성은 젊은이가 노인을 공경해야 하며,

그래서 자신이 먼저 손을 내밀 게 아니라 아들이 먼저 다가오기를 기다리는 게 맞다고 여겼다.

강좌가 끝을 향할 무렵 남성이 다시 한번 수업 시간에 발표했다.

"저는 이 문제를 곰곰이 생각해보았습니다. 데일 카네기는 '잘못을 저질렀다면 빨리, 확실하게 인정하라'고 했지요. 저는 이미 늦어서 빨리 인정할 수는 없었지만, 확실하게 인정할 수는 있었습니다. 제가 아들에게 잘못을 저질렀어요. 아들이 저를 보고 싶어 하지 않고 자기 인생에서 밀어낸 것도 당연해요. 젊은 사람에게 먼저 용서를 구한다면 체면을 잃을지 모르지만, 잘못을 저지른 사람은 저이고, 잘못을 인정하는 것도 제 책임입니다."

같은 반 사람들은 박수를 보냈고, 전적으로 응원해주었다. 다음 수업 시간에 남성은 어떻게 아들의 집으로 갔는지, 가서 어떻게 용서를 구하고 용서받았는지를 이야기했다. 또한 이제는 아들과 새로운 관계를 맺고 있으며 마침내 며느리와 손주들도 만났다고 말했다.

엘버트 허버드는 미국 전역을 뒤흔든 창의적인 작가이며 그의 신랄한 문장은 종종 격렬한 분노를 불러일으켰다. 하지만 허버드는 남다른 대인관계 기술이 있었고 자주 적을 친구로 바꾸어놓았다.

예를 들면 화가 난 독자가 편지를 보내 허버드의 글 가운데 이러이러한 점에 동의할 수 없으며 허버드는 이러저러한 사람이라고 욕을 하면 이렇게 답장을 보냈다.

생각해보니 저도 저 자신에게 완전히 동의하지는 못하겠습니다. 어제 쓴 글을 오늘 읽어보면 저도 내용이 전부 마음에 들지는 않습니다. 이 주제에 관한 독자님의 생각을 알 수 있어서 기쁩니다. 다음번에 근처에 오실 때 방문해주세요. 이 주제에 관해 철저히 검토하면 좋을 것 같습니다. 멀리 떨어진 곳에 있지만 여기 악수를 보냅니다.

감사합니다.

이렇게 대처하는 사람한테 무슨 말을 할 수 있을까?

내 생각이 옳을 때는 부드럽고 요령 있게 남을 설득하고, 틀렸을 때는(자신을 솔직히 바라보면 자기 생각이 옳지 않은 경우가 놀라우리만치 자주 있음을 알게 된다) 빠르고 확실하게 잘못을 인정하자. 그러면 놀라운 결과를 얻을 수 있을 뿐 아니라 믿기 어렵겠지만 같은 상황에서 자기를 변호하려 애쓰는 것보다 훨씬 재미있다.

옛 속담을 기억하라.

'싸워서는 원하는 바를 충분히 얻을 수 없다. 그러나 양보하면 기대 이상을 얻게 된다.'

원칙 3: 잘못했으면 빨리, 확실하게 인정하라.

제4장
꿀 한 방울

화가 났을 때 상대에게 한두 마디 퍼붓고 나면 기분이 나아진다. 하지만 상대방은 어떨까? 상대방도 우리처럼 속이 시원할까? 공격적인 목소리나 적대적인 태도를 보인 우리에게 상대방이 쉽게 동의할까?

미국의 28대 대통령 우드로 윌슨은 다음과 같이 말했다.

"당신이 두 주먹을 불끈 쥐고 나를 찾는다면 내 주먹은 그보다 더 빨리 나갈 것이다. 하지만 당신이 내게 와서 '우리 함께 앉아서 이야기 좀 나눕시다. 우리 의견이 서로 다르다면 왜 다른지, 무엇이 문제가 되는지 이야기해봅시다'라고 말한다면 결국 우리 의견 차이가 그리 크지는 않다는 걸 곧 알게 될 것이다. 우리가 의견을 달리하는 부분은 드물고 같은 생각을 하는 부분은 많다. 인내심과 솔직함, 그리고 함께하겠다는 마음만 있으면 우리는 함께 잘 할 수 있다."

존 록펠러만큼 우드로 윌슨이 한 말의 참뜻을 깊이 이해한 사람도 없다. 1915년 록펠러는 콜로라도주에서 누구보다 심한 비난을 받고 있었다. 미국 산업 역사상 가장 피비린내 나는 파업이 2년간 끔찍하게 이어지며 콜로라도주를 충격에 빠뜨렸다. 파업에 참여한 광부들은 격분하여 콜로라도 석탄 철광 회사에 임금 인상을 요구했다. 이 회사는 록펠러 산하에 있었다. 회사의 기물이 파손되고, 군인들이 출동했다. 파업 현장에는 유혈이 낭자했다. 파업에 참여한 노동자들은 빗발치는 총알 속에 쓰러졌다.

자신을 향한 증오가 들끓는 그런 시기에도 록펠러는 파업을 벌이는 노동자들을 설득하고 싶어 했다. 그리고 설득에 성공했다. 어떻게 그럴 수 있었을까? 다음의 이야기를 살펴보자.

우군을 만드는 데 몇 주를 보낸 뒤 록펠러는 파업 노동자 대표 앞에서 연설을 했다. 당시 연설은 전체가 걸작이었고, 놀라운 결과를 낳았다. 그를 집어삼킬 듯 위협하던 거센 증오의 물결을 잠재웠고, 그를 찬양하는 사람도 다수 생겨났다. 록펠러는 연설을 통해 아주 우호적인 태도로 사실을 일깨웠고, 그토록 폭력적으로 임금 인상을 위해 싸웠던 노동자들은 아무 말 없이 일터로 돌아갔다.

록펠러의 놀라운 연설은 다음과 같이 시작한다. 얼마나 친절함으로 빛나는 말인지 살펴보기 바란다. 그리고 기억할 점은 록펠러가 말하는 상대는 며칠 전까지 그의 목을 사과나무에 매달고 싶어 했던 사람들이었다는 것이다. 그런데도 록펠러는 마치

의료 선교사들 앞에서 연설하는 것처럼 그보다 더 자애롭고, 친절할 수 없었다. 그의 연설문에는 이 자리에 있는 것이 자랑스럽다, 여러분의 가정을 방문해서 여러분의 아내와 아이들을 많이 만나보았다, 우리는 이방인이 아닌 친구로 이 자리에서 만났다…… 상호 간 우호의 정신, 공동의 이익, 내가 이 자리에 설 수 있는 건 오직 여러분 덕택이라는 등의 표현이 빛나고 있었다.

"오늘은 제 인생의 기념일입니다."

록펠러가 연설을 시작했다.

"이 훌륭한 회사의 직원 대표와 관리자, 임원을 함께 만나는 행운을 얻은 건 오늘이 처음입니다. 저는 이 자리에 선 것이 자랑스럽습니다. 그리고 오늘의 만남을 영원히 기억할 것입니다. 우리가 2주 전에 만났더라면 여러분 대부분에게 저는 이방인이었을 것입니다. 저를 알아보는 사람은 몇 되지 않았을 겁니다. 하지만 지난주 남부 탄전에 있는 근무지에 전부 들러 자리를 비운 사람을 제외한 나머지 직원 대표 모두와 개인적으로 실질적인 이야기를 나눌 기회를 얻었습니다. 그리고 여러분의 가정에도 방문하여, 여러분의 아내와 자녀들을 많이 만났습니다. 그래서 오늘 이 자리에서 우리는 이방인이 아닌 친구로 만날 수 있었습니다. 제가 여러분과 공동의 이익을 논의할 기회를 얻어 기쁜 이유는 바로 그런 상호 간 우호의 정신 때문입니다. 이 만남은 회사의 임원과 직원 대표의 모임이기 때문에 제가 여기 있을 수 있는 건 전부 여러분 덕분입니다. 저는 불행히도 임원과 직원, 어느 쪽에도 속하지 못하지만, 어떤 의미에서 여러분과 친밀

한 관계라고 느낍니다. 제가 주주와 이사회를 대표하는 사람이기 때문입니다."

록펠러의 연설문은 그야말로 적을 친구로 만드는 예술을 정말 잘 보여주는 좋은 예다!

록펠러가 다른 방식으로 접근했다고 해보자. 파업을 벌인 광부들과 논쟁을 벌이고 면전에 가차 없이 사실 증거를 들이댔다고 해보자. 아니면 말하는 어조를 통해 넌지시 광부들의 잘못을 암시했다고 하자. 아니면 온갖 논리를 동원해 광부들의 잘못을 입증했다고 하자. 그랬다면 어떻게 되었을까? 광부들의 분노와 증오가 한층 커져 저항이 더 심해졌을 것이다.

누군가가 우리를 향한 불만과 나쁜 감정으로 가득한 마음을 지니고 있다면 세상 그 어떤 논리를 가져와도 그 사람을 설득할 수 없다. 아이를 꾸짖는 부모, 위세를 부리는 상사와 남편, 잔소리하는 아내 들은 누군가가 자기 마음을 바꾸는 걸 좋아하지 않는다. 그들에게 억지로 강요해서 우리 생각대로 움직이게 할 수 없다. 하지만 우리가 친절하고 다정하게, 그 어느 때보다 친절하고 그 어느 때보다 다정하게 대하면 아마 우리 생각대로 따라줄 것이다.

사실 링컨이 100여 년 전에 그런 말을 했다. 다음은 링컨의 말이다.

" '쓴 쓸개즙 한 바가지보다 달콤한 꿀 한 방울로 더 많은 파리를 잡을 수 있다'는 옛말은 참다운 격언이다. 그러므로 사람을 대할 때 그 사람이 내 뜻을 따르기를 원한다면 먼저 내가 그의 진실한 친구임을 확신시켜라. 그것이 상대의 마음을 사로잡는 한 방울의 꿀이며, 상대의 이성에 닿을 수 있는 최선의 방법이다."

　기업의 임원들은 파업을 벌이는 직원들에게 친절히 대하는 게 도움 된다는 걸 알고 있다. 예를 들어 화이트 모터 컴퍼니의 공장 직원 2,500명이 임금 인상과 노조 조직 강제조항 도입을 요구하며 파업을 벌였을 때, 당시 사장이었던 로버트 블랙은 직원들에게 화내거나 비난하거나 협박하지 않았고 독재 같다거나 공산주의자라고 말하지도 않았다. 실제로는 파업 노동자들을 칭찬했다. 클리블랜드 신문에 광고를 실어 '평화 시위'를 하는 노동자들을 칭찬했다. 파업 노동자들이 쉬고 있자 블랙은 20여 개의 야구 방망이와 글러브를 사주었고, 회사 공터에서 야구를 하게 해주었다. 볼링을 좋아하는 직원들을 위해서는 볼링장을 빌려주었다.

　블랙 사장이 친절을 베풀자 항상 그렇듯 친절은 친절을 불러왔다. 파업 노동자들은 빗자루와 삽, 쓰레기 운반 수레를 빌려 공장 주위에 떨어진 성냥, 종이, 담배꽁초를 주웠다. 상상해보라! 임금 인상과 노조 인정을 요구하며 투쟁 중인 노동자들이 공장 주위를 정리하는 모습을 말이다. 미국 노동 쟁의의 길고 격렬한 역사 속에서 유례를 찾을 수 없는 일이었다. 화이트 모터 컴퍼니의 파업은 별다른 나쁜 감정이나 원한을 남기지 않고 일주일 안에 타협을 짓고 마무리되었다.

　신과 같은 외모에 여호와처럼 말하는 대니얼 웹스터는 성공한 변호사이다. 그는 강력한 논쟁을 펼칠 때면 다음과 같은 친절한 말들로 변론을 시작한다.

"배심원님들께서 고려하실 사항입니다."

"이 부분은 생각해볼 가치가 있을 것입니다."

"이는 배심원님들께서 놓치지 않으시리라 믿는 몇 가지 사실입니다."

"여러분께서 인간 본성을 생각하시면 이 사실의 중요성을 쉽게 아실 수 있을 겁니다."

밀어붙이거나 강한 압박을 주는 표현은 사용하지 않는다. 다른 사람에게 자기 의견을 강요하려는 시도도 하지 않는다. 웹스터는 부드럽고 조용하면서도 친근하게 말하는 방식으로 접근했고, 덕분에 유명한 변호사가 되었다.

살면서 파업을 수습하거나 배심원단 앞에서 연설할 일은 절대 없을지 모른다. 하지만 월세를 낮춰달라고 부탁할 일이 생길 수는 있다. 그럴 때도 부드럽게 이야기하며 접근하는 방식이 도움이 될까? 한번 살펴보자.

엔지니어로 일하는 스트라우브는 월세를 줄이고 싶었다. 하지만 그는 집주인이 냉정한 사람임을 알고 있었다. 스트라우브는 수업 시간에 이렇게 이야기했다.

저는 집주인에게 편지를 썼습니다. 월세 계약이 끝나자마자 아파트를 비우겠다고요. 사실 저는 이사하고 싶지 않았습니다. 월세를 깎을 수 있으면 계속 머물고 싶었죠. 하지만 상황은 희망이 없어 보였습니다. 다른 세입자들도 시도해보았지만 실패했으니까요. 다들 저에게 집주인은 정말 대하기 어려운 사람이라고 입을 모아 말했습니다. 하지만 저는 생각했습니다.

'나는 사람을 대하는 법을 배우고 있어. 그러니 한 번 시도해볼 거야. 어떻게 되나 봐야지.'

집주인과 비서가 편지를 받자마자 저를 만나러 왔습니다. 저는 문 앞에서 친절하게 인사하며 맞이했지요. 제 마음은 정말 선의와 열정으로 가득했습니다. 월세가 높다는 이야기로 대화를 시작하지 않았어요. 그 대신 제가 이 아파트를 얼마나 좋아하는지부터 이야기했습니다. 정말 '진심으로 인정하고 칭찬을 아끼지 않았지요.' 집주인이 아파트 건물을 관리하는 방식을 칭찬하며 이 아파트가 정말 좋아서 1년 더 살고 싶지만 그럴 형편이 안 된다고 말했습니다.

집주인은 세입자로부터 그런 이야기는 들어본 적이 없는 게 분명했습니다. 어찌할 바를 모르더군요.

그러더니 집주인은 자기 문제를 제게 이야기하기 시작했습니다. 세입자들에 대한 불만이었죠. 어느 세입자는 편지를 14통이나 보냈는데, 그중에는 상당히 모욕적인 내용도 있었다고 합니다. 또 어느 세입자는 위층에 사는 남자가 코를 골지 못하게 하지 않으면 임대 계약을 파기하겠다고 으름장을 놓았다고 합니다. 집주인은 "스트라우브 씨처럼 아파트에 만족스러워하는 세입자가 있다니 다행입니다"라고 말하더니 제가 부탁하지도 않았는데 월세를 조금 깎아주겠다고 제안했습니다. 저는 그보다 더 낮은 가격을 원했으므로 제가 감당할 수 있는 수준의 금액을 말했습니다. 그랬더니 두말하지 않고 받아주었습니다.

우리 집을 나서면서 집주인은 저를 돌아보며 물었습니다.

"실내장식은 어떻게 할까요?"

다른 세입자들이 했던 식으로 월세를 깎으려 했다면 저도 분명 실패했을 겁니다. 따뜻한 마음으로 공감을 나누면서 칭찬하는 방식으로 접근해 성공할 수 있었던 거죠.

펜실베이니아주 피츠버그에 사는 딘 우드콕은 지역 전기 회사에서 부서 관리자로 일하고 있다. 우드콕의 부서에 전봇대 꼭대기의 장비를 수리해달라는 요청이 들어왔다. 전에는 다른 부서에서 맡았던 일인데 최근 우드콕의 부서로 넘어오게 되었다. 그래서 팀원들이 교육을 받기는 했지만, 실제로 현장에 나가는 건 이번이 처음이었다. 이 일을 어떻게 처리할지 부서원 모두가 관심을 가지고 지켜보고 있었다. 우드콕과 간부 직원 몇몇과 설비 부서 직원들이 작업 현장을 확인하러 갔다. 그곳에는 승용차며 트럭이 여러 대 세워져 있었고, 사람들이 전봇대 위로 올라간 두 명의 작업자를 쳐다보고 있었다.

우드콕이 주변을 살펴보니 길 위쪽에서 한 남자가 차에서 내리더니 손에 카메라를 들고 현장 사진을 찍기 시작했다. 공공 설비 회사에서는 홍보 문제를 몹시 의식하는데, 사진을 찍는 남성의 모습을 보자 우드콕은 갑자기 이 작업 현장이 어떻게 비치는지를 깨달았다. 두 사람이 하면 충분한 일에 십여 명이 몰려와

과한 대응을 한다고 비칠 판국이었다. 그래서 우드콕은 길 위쪽에서 사진을 찍는 남성에게 다가갔다.

"저희의 작업 현장에 관심이 있으신가 보군요."

"네, 저희 어머니께서는 관심 이상이실 겁니다. 어머니께서 이 회사의 주주시거든요. 지금 현장 모습을 보시면 눈을 번쩍 뜨실 거예요. 현명하지 못한 투자였다고까지 생각하실지 모릅니다. 저는 이런 회사에 투자하는 건 돈 낭비라고 수년 동안 말씀드려왔어요. 지금 이 현장이 제 말을 증명하고 있어요. 신문사에서도 제 사진을 아마 좋아할 겁니다."

"정말 그렇게 보이네요, 그렇지 않습니까? 제가 아드님의 입장이라도 똑같이 생각할 것 같습니다. 하지만 여기에는 특별한 사정이 있답니다……."

우드콕은 이 현장의 일이 자기 부서에서 처음 맡은 일이라는 것과 그래서 임원부터 현장 담당자까지 모두 얼마나 관심을 기울이고 있는지를 설명했다. 그리고 일반적인 상황에서는 두 사람이면 충분한 일이라는 점을 확실히 전했다. 그랬더니 남성은 카메라를 내려놓고 우드콕과 악수를 한 뒤 상황을 설명해주셔서 감사하다고 말했다.

우드콕이 남성에게 친절하게 접근한 덕분에 회사에 당황스러울 일도 없었고, 나쁜 평판을 들을 뻔한 상황도 면할 수 있었다.

우리 수업에 나오는 또 다른 학생으로 뉴햄프셔주 리틀턴에 사는 제럴드 윈이 있는데, 그도 상대를 친절하게 대하는 접근법을 이용해 손해 배상 청구 건을 매우 만족스럽게 해결할 수 있었다.

초봄 무렵 겨울에 언 땅이 아직 다 녹기 전에 평소와 달리 엄청난 비가 내렸습니다. 그래서 보통 근처 도랑이나 길을 따라 나 있는 빗물 배수관으로 흘러 들어갔을 물이 물길을 틀어 제가 새로 지은 집 쪽으로 흘러왔습니다.

더 흘러들 데가 없어지자 집 토대 주위에서 수압이 높아졌습니다. 콘크리트로 작업한 지하실 밑에서도 수압이 가해졌고 바닥이 터지면서 지하실이 물로 가득 찼습니다. 이로 인해 보일러와 온수기가 망가졌어요. 수리비가 2,000달러가 넘게 나왔습니다. 이런 손해를 대비한 보험도 들어놓지 않았어요.

하지만 저는 곧 이 구역을 관리하는 업자가 이런 문제를 방지할 수 있었을 빗물 배수관을 우리 집 근처에 설치하는 작업을 게을리했다는 걸 알았고, 그 사람을 만날 약속을 잡았습니다. 관리업자의 사무실까지 40킬로미터 정도 운전해 가는 동안 현 상황을 주의 깊게 들여다보고, 수업 시간에 배웠던 원칙들도 떠올렸습니다. 그리고 화를 내는 건 이 사람을 만나려는 목적에 전혀 부합하지 않는 일이라고 생각했습니다. 그래서 사무실에 도착했을 때 아주 차분하게 최근 이 관리업자가 서인도 제도로 다녀온 휴가에 관한 이야기부터 꺼냈습니다. 그러고 나서 적당한 때를 보아 수해로 인한 '작은' 문제가 있다고 이야기했습니다. 그랬더니 관리업자는 문제를 해결하기 위해 자신의 몫을 다하겠다고 바로 동의했습니다.

며칠 뒤 관리업자가 전화를 걸어 손해에 관한 비용을 지불할 것이며, 앞으로 이런 일이 다시 발생하지 않도록 빗물 배수관도 설치하겠다고 알려왔습니다.

비록 관리업자의 잘못으로 일어난 일이라 해도 제가 우호적으로 다가가지 않았다면 관리업자에게 전적인 책임을 물리기는 아주 어려웠을 것입니다.

수년 전, 내가 맨발로 숲을 지나 미주리주 북서쪽 밖에 있는 시골 학교를 다니는 소년이었을 때, 해와 바람에 관한 우화를 읽었다. 해와 바람은 누가 더 강한가를 두고 싸움을 벌였고, 바람은 이렇게 말했다.

"내가 더 강하다는 걸 증명해 보이지. 저 아래 외투를 입은 나이 든 남자가 보이지? 너보다 내가 더 빨리 저 남자의 외투를 벗길 수 있다고 장담하지."

그래서 해는 구름 뒤로 숨었고 바람은 회오리를 일으킬 기세로 입김을 불어댔다. 하지만 바람이 세게 불면 불수록 남자는 옷깃을 더욱 단단히 여몄다.

마침내 힘이 빠진 바람이 외투 벗기기를 포기하자 해가 구름 뒤에서 나와 나이 든 남자를 향해 친절한 미소를 지었다. 남자는 곧 이마의 땀을 훔치더니 외투를 벗었다. 그러자 해는 바람에게 부드러움과 다정함은 언제나 분노와 강압보다 더 강하다고 말했다.

쓴 쓸개즙 한 바가지보다 달콤한 꿀 한 방울로 더 많은 파리를 잡을 수 있다는 교훈을 배운 사람들이 매일같이 부드럽고 다정하게 상황에 접근할 때 얻는 효과를 증명하고 있다. 메릴랜드주 루터빌에 사는 게일 코너도 새로 산 지 4개월밖에 되지 않은 차를 세 번째로 수리를 맡겨야 했을 때 부드럽고 다정하게 대처하여 그 효과를 보았다. 코너는 수업 시간에 이렇게 말했다.

서비스 담당 매니저에게 따져 묻든 소리를 치든 만족할 만한 해결책으로 이어지지 않을 거라는 게 분명했습니다. 그래서 저는 자동차 전시장으로 가서 대리점 사장님인 화이트 씨를 만나게 해달라고 부탁했습니다. 잠시 기다리니 화이트 씨의 사무실로 안내받을 수 있었지요. 우선 제 소개를 하고 전에 그에게서 차를 샀던 친구의 권유가 있어서 이 대리점에서 차를 샀다고 설명했습니다. 가격도 아주 저렴하고 서비스도 뛰어나다고 들었다면서요. 얘기를 듣던 화이트 씨는 만족스러운 미소를 지었습니다. 그러고 나서 저는 서비스 팀에서 겪고 있는 문제를 설명했습니다. 그리고 이런 말을 덧붙였지요.
"화이트 씨의 뛰어난 평판에 금이 갈지 모르는 상황에 관해서 알고 싶어 하실 거라고 생각했습니다."
화이트 씨는 제게 알려줘서 고맙다고 말하고 제 문제도 해결해주겠다고 약속했습니다. 화이트 씨는 문제 해결에 직접 도움을 주었을 뿐 아니라 제 차가 수리될 때까지 쓰라며 자신의 차도 빌려주었습니다.

이솝은 크로이소스 왕의 궁전에 살던 그리스인 노예로, 그리스도가 태어나기 600년 전에 영원히 남을 우화를 지었다. 이솝의 이야기에서 가르쳐주는 인간의 본성은 2,600년 전의 아테네에서나 현재의 보스턴과 버밍엄에서나 동일하다. 바람보다는 해가 더 빨리 우리의 외투를 벗긴다. 마찬가지로 세상 사람들처럼 소리치고 화내는 것보다는 친절하고 다정한 눈으로 상황을 바라보고 상대를 칭찬하는 편이 사람의 마음을 돌리기 쉽다.

이 말을 기억하라.

'쓴 쓸개즙 한 바가지보다 달콤한 꿀 한 방울로 더 많은 파리를 잡을 수 있다.'

원칙 4: 상냥하게 다가가며 이야기를 시작하라.

제5장
소크라테스의 비결

사람들과 이야기할 때 그들과 의견이 다른 문제부터 논의하지 말라. 상대의 의견에 동의하는 내용을 강조하면서 대화를 시작하고, 말하는 중에도 그 점을 계속 부각시켜라. 가능하면 서로가 같은 목표를 향해 노력하고 있다는 점, 서로 다른 점이 있다면 그건 목표가 아니라 방법일 뿐이라는 점을 계속 강조하라.

대화의 도입부에 상대방이 '예', '예'라고 대답하게 하고, 가능하면 '아니오'라고 말하지 못하게 하라. 오버스트리트 교수에 따르면 '아니오'라는 반응은 가장 극복하기 어려운 장애 요인이다. '아니오'라고 말하고 나면 자존심 때문에 그 의견을 굽히지 않으려 애쓴다. 나중에 '아니오'라는 대답이 경솔했다고 느낄지라도 소중한 자존심을 지키려 드는 게 사람 마음이라, 일단 한 마디 뱉고 나면 그 말을 꼭 지켜야 할 것 같다는 생각이 드는 것이다. 그래서 긍정적인 말로 대화를 시작하는 것이 매우 중요하다.

말솜씨가 좋은 사람은 대화 초반에 '예'라는 대답을 많이 이끌어낸다. 그러면 듣는 사람의 심리가 긍정적인 방향으로 움직인다. 그건 마치 당구공의 움직임과 같다. 당구공을 한 방향으로 쳐보라. 한 방향으로 굴러가는 당구공의 방향을 바꾸려면 힘이 들고, 반대 방향으로 완전히 돌리려면 훨씬 더 큰 힘이 필요하다.

여기에 작동하는 심리적 패턴은 아주 분명하다. 누군가 진심으로 '아니오'라고 말했다면 그 말속에는 한 마디 말보다 훨씬 많은 행위가 담겨 있다. 분비선, 신경계, 근육을 포함한 신체 기관 전체가 함께 거부 태세에 돌입한다. 대개 경미하지만 때로는 관찰 가능한 수준으로 신체적 거부 반응을 보이거나 그럴 조짐이 보인다. 즉, 전체 신경근 체제가 받아들이는 걸 거부하는 상태가 된다. 반대로 누군가 '예'라고 말하면 이러한 거부 반응은 전혀 나타나지 않는다. 우리 몸은 전향적·수용적·개방적인 상태가 된다. 그러므로 초반에 '예'라는 대답을 더 많이 받을수록 궁극적으로 제안하려는 사항이 상대방의 관심을 얻을 가능성이 커진다.

'예'라는 반응을 얻는 대화 기법은 매우 간단하다. 그럼에도 사람들이 얼마나 이를 놓치는지! 사람들은 마치 대화 초반에 상대의 적대감을 불러일으킴으로써 자기 존재의 중요성을 얻으려는 것처럼 보인다. 학생이나 고객, 아이, 남편, 아내와 대화 초반에 '아니오'라고 말하게 한 경우, 그런 강력한 부정을 긍정으로 바꾸려면 천사의 지혜와 인내심이 필요하다.

뉴욕시 그리니치 세이빙즈 은행 창구에서 일했던 제임스 에 버슨은 이러한 '예, 예' 기법을 사용한 덕분에 하마터면 잃을 뻔 했던 잠재 고객 한 명을 확보할 수 있었다.

에버슨은 다음과 같이 말했다.

한 남성분이 계좌를 개설하러 왔습니다. 그래서 저는 계좌 개설 에 필요한 일반적인 양식을 건네며 기입해달라고 요청했습니다. 그분은 어떤 질문에는 기꺼이 대답했지만, 어떤 항목에는 단호 하게 대답을 거부했어요.

인간관계 수업을 듣기 전에는, 은행에 개인정보 제공을 거절하 는 고객에게는 개인정보를 제출하지 않으면 계좌를 개설할 수 없다고 잘라 말했습니다. 과거에 그런 식으로 말했던 게 부끄럽 습니다. 그렇게 말하고 나면 물론 기분은 좋았습니다. 이 상황에 서 누가 위에 있는 사람인지 보여줄 수 있고, 은행의 규칙과 규정 은 무시할 수 없다는 걸 알려주는 셈이니까요. 하지만 그래서는 고객이 되려고 우리 은행을 찾아준 손님께 환영받는다는 기분이 나 중요하게 받아들여지는 사람이라는 느낌은 줄 수 없었지요.

그래서 그날 아침 저는 상식을 조금 발휘해보기로 했습니다. 은 행이 무엇을 원하는지 말하지 않고 고객이 원하는 바에 관해 말 하기로 했습니다. 그리고 무엇보다 대화를 시작할 때부터 손님 이 '예, 예'라고 말하게 하기로 단단히 마음먹었습니다. 그래서 그분의 생각에 동의하며 그분이 제공을 거부한 개인정보가 꼭 필요한 건 아니라고 말했지요.

"그렇기는 하지만, 만일 고객님이 사망하셨을 때 이 은행에 잔고가 있다면 은행에서 법에 따라 그 돈을 받아야 할 고객님의 가까운 친척분께 돈을 이체하길 바라시나요?"

"네, 당연히 그러면 좋겠지요."

그분이 대답했습니다. 그래서 계속 이야기했습니다.

"그렇다면 저희에게 가까운 친척분의 성함을 알려주시는 게 좋지 않을까요? 고객님이 사망할 경우 저희가 실수나 지체 없이 고객님의 지급 요청을 들어드릴 수 있도록 말이죠."

그분이 다시 대답했습니다.

"네, 그렇게 하겠습니다."

은행에서 개인정보를 요구하는 이유가 은행을 위해서가 아니라 자신을 위해서라는 걸 알고 나자 젊은 남성 고객의 태도가 부드럽게 바뀌었습니다. 은행을 떠나기 전 그분은 제게 자신에 관한 개인정보를 전부 제공했을 뿐 아니라 제가 권유한 바에 따라 신탁 계좌도 개설했고 수혜자로 어머니를 지정했습니다. 그리고 어머니와 관련된 모든 질문에도 기꺼이 답해주었습니다.

대화를 시작할 때부터 그분에게 '예, 예'라고 답하게 했더니 문제가 되었던 부분을 잊고 제가 권유하는 내용을 전부 기꺼이 따라준 것입니다.

웨스팅하우스일렉트릭에서 영업담당자로 일하는 조셉 앨리슨도 다음과 같은 이야기를 들려주었다.

제 영업 담당 구역에 우리 회사에서 거래를 트고 싶어서 안달인 회사가 있었습니다. 제 전임자는 10년 동안 그 회사를 방문했지만 아무것도 팔지 못했습니다. 담당 구역을 이어받고 나서 저도 3년을 다녔지만 아무런 주문을 받을 수 없었지요. 13년 동안 만나러 다니고 구매를 권유한 끝에 드디어 그 회사에 모터 몇 대를 팔았습니다. 이 모터에 문제가 없으면 수백 대의 주문이 추가로 들어오리라 저는 기대했지요.

그렇겠죠? 저는 모터에 문제가 없으리란 것을 확신했습니다. 그래서 3주 뒤 저는 의기양양하게 다시 그 고객사를 방문했어요. 하지만 수석 엔지니어는 다음과 같은 충격적인 선언으로 저를 맞았지요.

"앨리슨 씨, 나머지 모터는 구매할 수 없겠습니다."

저는 깜짝 놀라 물었습니다.

"왜죠? 도대체 왜 그러시는 거죠?"

"모터가 너무 뜨거워지기 때문입니다. 모터에 손을 댈 수 없을 정도예요."

이런 상황에서는 논쟁해봐야 좋을 게 하나도 없을 것임을 알고 있었습니다. 오랫동안 그런 경험이 있었거든요. 그래서 이번에는 '예, 예' 대답을 얻는 방법을 사용하기로 했습니다.

"음, 스미스 씨, 그렇군요. 스미스 씨의 말에 백 퍼센트 동의합니다. 저희 모터가 너무 뜨거워지면 더 구매해서는 안되겠지요. 미국 전기공업협회에서 정한 기준보다 더 뜨거워지지 않는 모터를 구매하셔야 합니다. 그렇지요?"

스미스 씨가 제 말에 그렇다고 동의했습니다. 처음으로 "예"라는 반응을 얻은 것이죠.

"미국 전기공업협회의 규정에 따르면 올바르게 설계된 모터는 실내 온도보다 화씨 72도까지 높아질 수 있습니다. 그렇지요?"

"네."

스미스 씨가 제 말에 동의했습니다.

"그건 맞는 말씀입니다. 그런데 앨리슨 씨 회사의 모터는 그보다 훨씬 뜨거워집니다."

저는 그 말에 논쟁하지 않고 다만 이렇게 물었습니다.

"공장 안은 어느 정도로 뜨겁습니까?"

"아, 공장 안은 약 화씨 75도 정도 됩니다."

스미스 씨가 대답했습니다.

"음, 공장 안의 온도가 75도이고, 그 온도에 72도를 더하면 합계 화씨 147도가 되는군요. 화씨 147도의 뜨거운 물이 나오는 수도 꼭지 아래 손을 대면 손이 데겠지요?"

스미스 씨는 다시 "네, 그렇겠지요"라고 대답해야 했습니다.

"음, 그렇다면 모터에는 손대지 않는 게 좋지 않을까요?"라고 제가 권유했습니다.

"음, 앨리슨 씨 말씀이 맞는 것 같습니다."

스미스 씨가 인정했습니다. 그리고 우리는 한동안 이야기를 나누었습니다. 그러고 나서 스미스 씨는 비서를 불러 다음 달에 약 35,000달러에 해당하는 제품을 구매할 준비를 하라고 일렀습니다.

논쟁해봐야 소용이 없고, 상대의 관점에서 상황을 바라보고 상대가 '예, 예'라고 말하게 하는 편이 훨씬 이득이 되고 재밌는 일이라는 걸 마침내 깨닫기까지 수년이 걸렸습니다. 그동안 우리는 셀 수 없을 정도의 금액이 걸린 사업 기회를 잃어왔던 것입니다.

캘리포니아주 오클랜드에서 우리 수업을 후원하는 에디 스노우는 어느 가게의 주인에게 '예, 예'라고 답하다 어떻게 그 가게의 단골이 되었는지 이야기했다.

스노우는 활사냥에 재미를 붙여 지역의 활 가게에서 활사냥 장비와 물품을 구매하는 데 상당한 돈을 썼다. 동생이 스노우를 만나러 왔을 때 그는 이 가게에서 동생이 쓸 활을 빌리고 싶었다. 하지만 가게의 판매 직원이 활을 대여하지는 않는다고 이야기하는 바람에 스노우는 다른 가게에 전화를 걸었다. 그리고 무슨 일이 있었는지 스노우가 이야기했다.

매우 상냥한 남자분이 전화를 받았습니다. 활을 빌릴 수 있느냐는 제 질문에 앞선 가게와 완전히 다른 태도로 대답했습니다. 활을 대여할 상황이 되지 않아 더는 대여하지 않는다며 미안하다고 말했습니다. 그러면서 제게 전에 활을 빌려본 적이 있는지 물어보았습니다. 그래서 대답했지요.

"네, 몇 년 전에 빌려본 적이 있습니다."

그랬더니 그는 그때 아마 대여비가 25달러에서 30달러 정도 되었을 거라고 말했습니다. 그래서 저는 "네, 그랬어요"라고 또 대답했습니다. 그러자 이번에는 제게 비용을 아끼고 싶지 않은지 물었습니다. 저는 당연히 "예"라고 대답했습니다. 그랬더니 자기 가게에서는 활사냥에 필요한 모든 장비를 넣은 세트를 34.95달러에 팔고 있다고 설명했습니다. 활을 빌리는 가격에서 4.95달러만 더 내면 전체 장비 세트를 살 수 있었습니다. 그는 이래서 더는 활을 대여하지 않는 거라고 설명했습니다. 제가 일리 있는 이야기라고 생각했을까요? 물론 그랬습니다. 그렇게 '예'라는 대답을 하다 장비 세트를 구매했고, 물건을 가지러 간 김에 몇 가지 제품을 더 사고 이후 그 가게의 단골이 되었습니다.

'아테네의 천덕꾸러기'인 소크라테스는 세상에서 가장 위대한 철학자였다. 소크라테스는 역사를 통틀어 손에 꼽을 정도의 사람만이 할 수 있었던 일을 해냈다. 인간의 사고방식 자체를 크게 바꾸어놓은 것이다. 그리고 소크라테스가 죽은 지 24세기가 지난 지금 그는 논쟁으로 가득한 이 세상에 영향을 끼친 가장 현명한 설득가로 존경받고 있다.

소크라테스는 어떤 방법을 썼을까? 사람들에게 당신은 잘못된 생각을 하고 있다고 말했을까? 오, 그건 아니다. 소크라테스는 그런 방법을 쓰지 않았다. 그러기에 소크라테스는 너무 노련한 사람이었다. 오늘날 '소크라테스식 문답법'이라고 불리는 그의 설득 기법은 '예, 예'라는 대답을 유도하는 것을 바탕으로 삼는다. 소크라테스는 자신과 의견이 다른 상대방도 동의할 수밖에 없는 질문을 던졌다. 그러고는 하나씩, 하나씩 상대방이 내용을 인정하도록 만들었다. 그러다 상대방이 마침내, 미처 깨닫지도 못한 사이에 불과 몇 분 전까지 격렬하게 부정하던 결론을 인정하게 될 때까지 계속 질문을 던졌다.

다음번에 누군가의 생각이 틀렸다고 말하고 싶어지면 소크라테스가 썼던 옛 방법을 기억하고 부드럽게 질문을 던지자. 상대방이 '예, 예'라고 대답할 질문을 해야 한다.

중국에는 동양의 옛 지혜가 담긴 속담이 있다.

'천천히 걷는 사람이 멀리 간다.'

중국인들은 5,000년 동안 인간의 본성을 공부했다. 이를 바탕으로 중국 문화가 세워졌고, 중국인들은 많은 통찰력을 얻었다.

천천히 걷는 사람이 멀리 간다.

원칙 5: 상대방이 즉시 '예, 예'라고 대답하게 하라.

제6장
불만을 다스리는 안전밸브

상대방을 설득하려 하면서 말을 너무 많이 하는 사람이 많다. 하지만 설득하려는 상대가 말을 해야 한다. 그들이 우리보다 자기가 하는 일이나 마주한 문제에 관해 더 많이 안다. 그러니 상대에게 질문을 던지고, 몇 마디라도 그들이 말하게 하라.

만일 그들과 의견이 다르다면 이야기 중간에 끼어들고 싶다는 생각이 들 것이다. 하지만 그래서는 안 된다. 위험한 짓이다. 여전히 할 말이 많은 그들은 우리가 하는 말에는 주의를 기울이지 않을 것이다. 그러니 마음을 열고 끈기 있게 상대의 이야기를 들어라. 진심으로 귀를 기울여라. 상대가 충분히 이야기할 수 있는 분위기를 만들어주라.

그런데 이렇게 하면 업무에 정말 도움이 될까? 한 번 살펴보자. 다음은 이런 방법을 쓸 수밖에 없었던 영업 담당자의 이야기이다.

미국 최대의 자동차 제조업체가 1년 치 시트용 천을 주문하기 위해 협상을 벌이고 있었다. 주요 협상 대상자인 세 곳의 직물 회사에서 샘플을 준비했다. 자동차 회사의 임원이 세 곳의 샘플을 전부 확인했고, 각 직물 회사에 정해진 날짜에 판매 담당자를 보내면 마지막으로 설명하고 계약을 요청할 기회를 주겠다고 안내했다.

R 씨는 그중 한 업체의 대표였는데 심한 후두염을 앓는 상태로 도착했다. R 씨가 우리 수업 중에 이 이야기를 들려주었다.

제가 자동차 회사의 임원을 만날 차례가 되었습니다. 그런데 저는 목소리가 나오지 않는 상태였어요. 속삭일 수조차 없을 지경이었지요. 안내를 받아 회의실로 들어가니 거기에는 직물 담당 엔지니어, 구매 담당자, 영업부장, 회사 사장님께서 앉아 계셨습니다. 앞에 서서 이야기를 해보려고 애썼지만 끽끽거리는 소리 밖에 나오지 않았습니다.

그들은 테이블 주위에 앉아 있었기에 저는 테이블 위 종이에 이렇게 썼습니다.

"여러분, 목소리가 제대로 나오지 않아 말을 할 수 없습니다."

그랬더니 사장님이 "제가 대신 이야기해드리지요"라고 했고, 그렇게 해주었습니다. 제가 마련한 샘플을 보여주고 장점을 칭찬했지요. 상품의 장점을 두고 활발한 토론이 이루어졌습니다. 사장님이 제 대신 이야기하고 있었기 때문에 토론에서 제가 맡았을 역할을 했습니다. 제가 한 일이라고는 미소를 짓거나 고개를 끄덕이고, 제스처를 취하는 것뿐이었습니다.

이런 특이한 회의를 한 결과 제가 계약을 맺게 되었습니다. 50만 야드 이상의 시트용 천을 공급하는 계약이었고, 금액으로는 도합 160만 달러에 이르렀습니다. 제가 맺은 계약 가운데 가장 큰 계약이었습니다.

목소리가 제대로 나왔다면 저는 계약을 맺지 못했을 거라는 걸 압니다. 저는 전체 내용을 잘못 이해하고 있었기 때문입니다. 우연히 이루어진 일이었지만 저는 때로 상대방이 말하는 편이 큰 도움이 된다는 사실을 깨닫게 되었습니다.

업무상의 일뿐 아니라 가정에서도 상대방이 말하는 편이 도움이 된다. 바버라 윌슨은 딸 로리와의 관계가 점점 나빠지고 있었다. 로리는 조용하지만 상냥한 딸이었는데 점점 비협조적이고 때로는 도전적인 10대로 자라났다. 엄마 윌슨은 딸을 가르쳐도 보고, 혼내도 보고, 벌을 주기도 했지만 아무 소용이 없었다.

윌슨이 우리 수업시간에 그 이야기를 들려주었다.

어느 날 저는 그냥 포기하고 말았습니다. 로리는 제게 반항하고 해야 할 집안일을 마치지 않은 채 친구 집으로 가버렸지요. 딸이 돌아왔을 때 저는 수천 번째 소리를 지르려던 참이었는데 그럴 힘이 없었습니다. 그래서 그냥 딸을 보고 슬프게 말했습니다. "로리야, 왜, 도대체 왜 그러니?"

로리가 제 상태를 눈치채고 조용한 목소리로 물었습니다.

"정말 알고 싶으세요?"

저는 고개를 끄덕였고 로리가 입을 열었습니다. 처음에는 망설이는 듯하더니 이내 술술 털어놓았어요. 저는 한 번도 로리의 이야기에 귀를 기울인 적이 없었습니다. 항상 이것 해라, 저것 해라 시킬 뿐이었죠. 로리가 자신의 생각, 감정, 느낌을 말하려 할 때면 저는 더 많은 일을 시키며 가로막았어요. 저는 로리가 저를 필요로 했다는 걸 깨달았습니다. 로리에게는 자신을 쥐고 흔드는 엄마가 아니라 마음속 이야기를 털어놓을 수 있는 절친한 친구 같은 엄마, 성장 과정에서 느끼는 혼란을 모두 나눌 수 있는 그런 엄마가 필요했던 것입니다. 하지만 로리의 이야기에 귀를 기울여야 했을 때 저는 제 이야기만 하고 있었어요. 결코 로리의 이야기를 들어주지 않았지요.

그때 이후로 저는 로리가 원하는 대로 전부 이야기할 수 있게 해주었습니다. 로리는 제게 마음속 이야기를 들려주었고, 저희 모녀의 관계는 정말 좋아졌지요. 로리는 다시 제게 협조적인 딸이 되었어요.

뉴욕 신문의 경제면에 남다른 능력과 경험을 가진 사람을 모집한다는 커다란 광고가 실렸다. 찰스 큐벨리스는 광고를 보고 지원하기 위해 답장을 보냈다. 며칠 뒤 면접을 보러 오라는 답장이 왔다. 면접을 보러 가기 전에 큐벨리스는 월스트리트에 가서 이 회사를 세운 사람에 관해 가능한 모든 정보를 알아내기 위해 몇 시간이나 돌아다녔다. 그리고 면접 때 이렇게 말했다.

"귀사와 같은 역사를 가진 회사를 알게 되어 영광입니다. 28년 전 책상 하나와 속기사 한 명을 두고 사업을 시작하셨다고 들었습니다. 정말이세요?"

성공한 사람이라면 누구나 초창기에 고생했던 이야기를 돌이켜보길 좋아한다. 그 사장도 예외는 아니었다. 그래서 자신이 현금 450달러와 독창적인 아이디어 하나만 가지고 어떻게 사업을 시작했는지 오랫동안 이야기했다. 좌절했을 때는 어떻게 이겨냈는지, 세상의 조롱과 어떻게 싸웠는지 등의 이야기였다. 그는 주말도 휴일도 없이 하루에 12시간에서 16시간 정도 일해 마침내 모든 어려움을 딛고 성장했고, 이제는 월스트리에서 가장 중요한 인물들이 정보와 자문을 얻기 위해 자기를 찾아온다고 말했다. 그는 그런 자신의 경력을 자랑스러워했다. 그는 자신을 자랑스러워할 권리가 있었고, 과거 이야기를 하는 동안 즐거운 시간을 보냈다. 그러다 마침내 큐벨리스의 경력에 관해 간단히 물었고, 부사장 한 명을 불러 이렇게 말했다.

"이 친구가 우리가 찾던 사람인 것 같네."

큐벨리스는 장차 자신을 고용해줄 사람이 이룬 업적을 알아보는 수고를 들였던 것이다. 내가 아닌 다른 사람과 그의 문제에 관심을 기울였다. 그리고 상대가 대부분의 이야기를 이끌어나가는 분위기를 만들었다. 그렇게 해서 그는 좋은 인상을 남길수 있었다.

캘리포니아주 새크라멘토에 사는 로이 브래들리는 이와 정반대의 일을 겪었다. 자기 회사의 영업 담당자로 일하고 싶어 하는 사람의 이야기를 들어준 것이다. 브래들리는 그 일에 대해 이렇게 말했다.

작은 중개 회사이다 보니 우리 회사에는 입원비나 의료 보험, 연금 지원 등의 복지 혜택이 없었습니다. 각 담당자는 독립적인 에이전트로 일합니다. 계약 가능성이 있는 거래처를 소개해주지도 못합니다. 규모가 큰 경쟁회사에서 하는 것처럼 광고를 낼 수도 없으니까요.

리처드 프라이어는 우리 회사에서 원하는 경력을 가지고 있었습니다. 저희 직원이 먼저 그를 만났고 이 일에 따르는 안 좋은 점을 전부 이야기해주었습니다. 제 사무실에 들어올 때 보니 그는 다소 의욕이 꺾인 듯 보였어요. 저는 우리 회사에서 일하면 좋은 점한 가지를 이야기해주었지요. 독립계약자로 일하기 때문에 사실상 자기 사업을 하는 것과 같다는 점이었죠.

이런 이야기를 하는 동안 프라이어는 면접을 보러 들어오면서 가졌던 부정적인 생각을 하나씩 되뇌고 있었습니다. 그런 생각을 하나씩 나열하면서 마치 반쯤은 혼잣말을 하듯 몇 번이나 이야기하는 모습이었습니다. 때로 저는 그의 생각에 덧붙이고 싶은 이야기도 있었지만, 면접이 끝날 즈음에 그는 스스로 우리 회사에서 일하고 싶다고 확신을 가지는 것 같았습니다.

저는 이야기를 잘 들어주었고 이야기는 대부분 프라이어가 했기때문에 그는 마음속으로 이 일의 장점과 단점을 비교할 수 있었습니다. 그리고 프라이어는 이 일을 하겠다는 결론을 내렸죠. 프라이어는 스스로 이 일에 도전하기로 한 것이었습니다. 우리는 프라이어를 채용했고, 그는 우리 회사에서 뛰어난 성과를 내는 직원이 되었습니다.

심지어 친구조차 우리가 해낸 일을 자랑하는 걸 들어주기보다 자기가 해낸 일을 이야기하곤 한다. 프랑스의 철학자 라 로슈푸코는 이렇게 말했다.

"적을 만들기 원하면 친구를 넘어서라. 하지만 친구를 원한다면 그가 나를 넘어서게 하라."

왜 이 말이 맞는 말일까? 친구가 우리를 넘어설 때 그들은 자기 존재의 중요성을 느끼기 때문이다. 하지만 우리가 친구를 넘어서면 그들은(아니 적어도 일부 사람들은) 열등감을 느끼고 질투한다.

뉴욕시 미드타운의 직업 소개소에서 사람들이 가장 좋아하는 일자리 알선 담당자는 헨리에타였다. 하지만 늘 그런 건 아니었다. 직업 소개소에 와서 처음 몇 달 동안 헨리에타는 친하게 지내는 동료가 아무도 없었다. 왜 그랬을까? 그는 매일 자기가 어떤 일을 알선했는지, 어떤 고객을 새로 유치했는지 등 자신이 이룬 건 그게 무엇이든 자랑을 해댔기 때문이다,

우리 수업에 참여한 헨리에타가 말했다.

"저는 일을 잘했고, 그게 자랑스러웠어요. 하지만 동료들은 제가 이룬 성과를 함께 기뻐해주는 게 아니라 분해하는 것 같았

지요. 저는 이런 사람들과 잘 지내고 싶었습니다. 정말 친구가 되고 싶었어요. 이 수업에서 몇 가지 내용을 배운 후 저는 말을 줄이고 동료들의 이야기에 귀를 기울였습니다. 동료들에게도 뽐낼 일들이 있었고, 제가 이룬 성과에 관한 이야기를 듣는 것보다 자신이 이룬 성과를 이야기할 때 더 신나 했어요. 이제 이야기할 시간이 나면 저는 동료들에게 좋은 일이 없는지 물어봅니다. 그리고 상대가 먼저 물어볼 때만 제가 이룬 성과를 이야기합니다."

원칙 6: 상대방이 많은 이야기를 하게 하라.

제7장
협조를 구하는 방법

우리는 남들로부터 전해 들은 생각보다 스스로 떠올린 생각을 훨씬 신뢰하지 않는가? 그렇다면 내 의견을 남에게 억지로 강요하려는 건 잘못된 판단이지 않을까? 내 생각을 강요하기보다는 제안을 하는 편이, 그래서 결론은 상대방이 내리도록 하는 것이 더 현명한 방법 아닐까?

필라델피아주에 사는 아돌프 셀츠는 자동차 판매 전시장 영업관리자였다. 그는 우리 수업을 듣던 중, 의욕을 잃고 지리멸렬하게 일하는 자동차 영업사원들에게 열정을 불어넣어야 할 필요성을 느꼈다. 그래서 영업 회의를 소집한 뒤 영업사원들에게 자기에게 원하는 게 정확히 무엇인지 말해보라고 하고, 그 내용을 칠판에 적었다. 그러고 나서 이렇게 말했다.

"여러분이 제게 원하는 걸 전부 해드리겠습니다. 자, 이제 제가 여러분에게 바랄 만한 게 무엇인지 말씀해주시기 바랍니다.”

그러자 직원들이 빠르게 답했다. 충성심, 정직, 솔선수범, 긍정적인 마음가짐, 팀워크, 하루에 8시간 열정적으로 일하는 것 등이었다. 회의가 끝나자 직원들에게 새로운 용기와 영감이 떠올랐다. 어느 직원은 자진해서 하루 14시간 일하기도 했다. 셸츠는 판매 실적도 현저히 늘었다고 말했다.

“직원들은 저와 도의적인 거래를 한 셈이었습니다. 제가 제 몫을 다하면 직원들도 그들의 몫을 다하려 한 거죠. 직원들의 희망과 바람을 이야기하게 한 건 단지 그들에게 필요한 일이었을 뿐입니다.”

다른 사람으로부터 무언가를 사라든지 무슨 일을 하라는 소리를 듣는 걸 좋아하는 사람은 없다. 사람들은 자신의 의지에 따라 물건을 사거나 혹은 스스로의 생각으로 움직인다는 느낌을 훨씬 더 좋아한다. 그리고 자신의 바람, 욕구, 생각에 대해 누군가 물어봐주는 걸 좋아한다.

유진 웨슨의 예를 보자. 웨슨은 이 사실을 배우기 전까지 수천 달러의 주문을 놓쳤다. 그는 스타일리스트와 직물 제조업자를 위한 디자인을 만드는 스튜디오에 스케치를 팔았다. 웨슨은 3년 동안 매주 한 번씩 뉴욕의 어느 유명 스타일리스트를 찾아갔다.

“그분은 제가 만나자고 하면 거절하는 법이 없었어요. 하지만 절대 스케치를 사주시지도 않았죠. 언제나 제 스케치를 아주 유심히 살피고는 이렇게 말했습니다. ‘웨슨 씨, 오늘 스케치는 살 수 없겠어요.’”

150번의 실패 끝에 웨슨은 자신의 발상이 틀에 박혀 있다는 걸 깨달았다. 그는 새로운 아이디어와 열정이 샘솟을 수 있도록 일주일에 하루는 저녁 시간을 이용해 사람의 행동에 영향을 미치는 요인에 관해 공부하기로 했다. 웨슨은 새로운 접근법을 시도해보기로 하고 미완성 스케치 몇 점을 들고 서둘러 고객의 사무실로 가서 말했다.

"괜찮으시면 저를 좀 도와주세요. 여기 아직 완성하지 못한 스케치가 좀 있어요. 제가 어떻게 마무리하면 이 스케치를 사용하실지 알려주시겠습니까?"

고객은 잠시 아무 말도 하지 않고 스케치를 살펴본 뒤 이윽고 입을 열었다.

"웨슨 씨, 이 스케치를 며칠 동안 제게 맡겨주세요. 그리고 다시 저를 보러 오시죠."

사흘 뒤 웨슨은 다시 고객을 찾아가 조언을 들었고 스튜디오로 돌아와 고객의 의견을 반영해 스케치를 마무리했다. 결과는 어땠을까? 스케치는 전부 팔렸다.

그때 이후로 그 고객은 웨슨에게서 다른 스케치도 많이 구매했다. 전부 고객의 의견을 반영해서 그린 작품이었다.

"저는 몇 년 동안이나 그 고객에게 스케치를 팔 수 없었던 이유를 깨달았습니다. 저는 그 고객이 사야 한다고 제 스스로 규정했던 스케치를 팔려고 했던 것입니다. 그러다 접근법을 완전히 바꾸었죠. 고객에게 의견을 들려달라고 부탁했어요. 그랬더니 고객은 자신이 디자인을 만든다는 느낌을 받았습니다. 사실 그런 거였죠. 그래서 저는 스케치를 팔려고 노력할 필요가 없었어요. 그가 샀으니까요."

상대가 스스로 아이디어를 냈다고 느끼게 만드는 방법은 경제나 정치 활동에서만 효과가 있는 게 아니라 가정생활에도 도움이 된다. 오클라호마주 털사에 사는 폴 데이비스는 수업 시간에 자신이 이 방법을 적용한 이야기를 들려주었다.

우리 가족은 지금까지 보낸 휴가 중에 가장 재미있는 관광여행을 했습니다. 저는 게티즈버그의 남북전쟁 격전지, 필라델피아의 독립기념관, 미국 수도 같은 역사적 장소를 방문하는 걸 오랫동안 꿈꿔왔습니다. 포지 계곡과 제임스 타운, 윌리엄스버그에 복원된 식민지 마을 같은 사적지를 몹시 가보고 싶었지요.

그런데 3월에 아내인 낸시가 여름 휴가 동안 뉴멕시코주, 애리조나주, 캘리포니아주, 네바다주 등 서부지역의 관광지를 들르는 게 어떻겠냐는 이야기를 꺼냈습니다. 아내도 몇 년 동안이나 원했던 여행이었습니다. 하지만 당연히 양쪽을 다 가볼 수는 없는 노릇이었고요.

그때 우리 딸 앤이 중학교에서 이제 막 미국사 수업을 마친 상태였습니다. 그래서 앤은 미국의 발전에 영향을 끼친 사건에 매우 관심이 많았어요. 저는 딸에게 다음 휴가 때 학교에서 배운 곳에 가보는 건 어떨지 물었습니다. 앤은 정말 좋은 생각이라고 했습니다.

이틀 뒤 저녁 식사 자리에서 아내가 다들 좋다면 여름 휴가는 동부에서 보내자고 이야기했습니다. 앤에게 좋은 경험이 되고 가족 모두 즐거울 것이라면서요. 우리 모두 동의했습니다.

어느 엑스레이 장비 제조 업체가 브루클린에 있는 대형 병원에 장비를 판매했을 때도 같은 심리를 적용했다. 이 병원은 엑스레이 장비를 확충하여 미국 최고의 영상의학과를 운영하려 했다. 영상의학과를 담당하는 L 박사는 저마다 자기 회사 제품이 최고라 부르짖는 영업사원들에게 질려 있었다. 그런데 어느 영업사원은 다른 사람보다 아주 판매 솜씨가 좋았다. 그는 다른 사람보다 인간본성을 훨씬 더 잘 파악하고 있었고, 다음과 같은 편지를 보냈다.

우리 회사에서는 최근 신규 엑스레이 장비의 생산을 마쳤습니다. 그리고 첫 출하분이 막 우리 사무실에 도착했습니다. 완벽한 제품은 아닙니다. 그 점은 우리도 알고 있고, 그래서 제품을 개선하려 합니다. 그러니 시간 내셔서 우리 제품을 보시고 어떻게 하면 고객님의 업무에 더 도움이 되게 만들 수 있을지 의견을 내주시면 정말 감사하겠습니다. 고객님께서 얼마나 바쁘신지 우리도 잘 알고 있으므로 언제든 가능한 시간만 알려주시면 우리가 차량을 보내드리겠습니다.

L 박사는 우리 수업 시간에 이렇게 말했다.
"그 편지를 받고 저는 정말 놀랐습니다. 놀라우면서도 칭찬받는 기분이었죠. 엑스레이 장비 제조 업체가 제게 조언을 구한 적이 없었거든요. 그래서 마치 제가 중요한 사람이 된 기분이 들었지요. 그 주에는 매일 저녁 약속이 있었지만, 그 장비를 살펴보기 위해 저녁 식사 약속을 취소했습니다. 그 장비에 관해 알면 알수록 점점 더 마음에 들었지요. 누구도 제게 그 장비를 팔려 하지 않았습니다. 병원 시설을 위해 그 장비를 사야겠다는 건 온전히 제 생각이라고 느꼈어요. 제품의 뛰어난 품질을 보고 제가 사서 설치한 것입니다."

랠프 왈도 에머슨은 에세이집《자기신뢰 Self-Reliance》에서 이렇게 썼다.

'천재의 모든 작품에서 우리는 스스로 거부했던 자신의 생각을 인식한다. 그것들은 소외당했던 위엄을 갖추고 우리에게 돌아온다.'

에드워드 하우스 대령은 우드로 윌슨 대통령의 재직 당시 미국 국내 및 국제 문제에 엄청난 영향력을 발휘했다. 윌슨 대통령은 다른 각료들보다 하우스 대령에게 기밀 상담을 더 많이 했고, 조언을 구했다.

하우스 대령은 어떤 방법으로 대통령에게 영향을 주었을까? 다행히 우리는 그 답을 알 수 있다. 하우스 대령 자신이 아서 하우든 스미스에게 그 이야기를 털어놓았고, 스미스가 〈새터데이 이브닝 포스트〉의 기사에 그 이야기를 인용했기 때문이다.

하우스 대령이 말했다.

"대통령을 알게 된 후 그의 생각을 바꾸는 최고의 방법은 어떤 생각을 그의 마음속에 가볍게, 하지만 관심을 기울이도록 심어 두는 것임을 깨달았습니다. 스스로 그 부분에 관해 생각해보실 수 있도록 말이죠. 처음에는 우연히 그런 일이 있었습니다. 저는 백악관에 가서 대통령께서 탐탁지 않아 하시는 정책을 권했습니다. 그런데 며칠 후 저녁 식사 자리에서 대통령께서 제가 말씀드렸던 정책 제안을 본인의 생각인 듯 이야기를 꺼내서서 깜짝 놀랐지요."

하우스 대령이 대통령의 이야기에 끼어들어 "그건 대통령님의 생각이 아니시잖아요. 제가 제안한 내용이에요"라고 말했을까? 절대 그럴 리 없다. 하우스 대령은 그렇게 대응하지 않았다. 하우스 대령은 아주 노련한 사람이었다. 하우스 대령은 정책이 누구의 공이 되든 신경 쓰지 않았다. 다만 결과를 원했을 뿐이다. 그래서 윌슨 대통령이 그 의견이 자기 것이라고 계속 생각하게 두었다. 그리고 거기서 한발 더 나아갔다. 정책에 대한 대중의 칭찬도 전부 윌슨 대통령에게 돌린 것이다.

우리가 만나는 사람은 누구나 윌슨 대통령처럼 인간적이라는 점을 기억하자. 그리고 하우스 대령이 썼던 방법을 활용하자.

아름다운 캐나다 뉴브런즈윅주에 사는 어느 남성이 내게 이 방법을 써서 나와 거래하게 되었다. 당시 나는 뉴브런즈윅주에서 낚시를 하고 카누를 탈 생각이었다. 그래서 관광청에 여행 정보를 요청하는 편지를 보냈다. 그랬더니 내 이름과 주소가 우편물 요청 목록에 오른 게 분명했다. 금세 각종 캠프장과 여행 안내소에서 보낸 편지와 여행 책자, 추천의 글을 수십 통 받았기 때문이다. 나는 혼란스러웠고 어느 곳을 선택해야 할지 몰랐다. 그런데 어느 캠프장의 주인이 내게 영리하게 접근했다. 자신의 캠프장에 묵었던 뉴욕 사람들 몇 명의 이름과 전화번호를 보내면서 자신이 어떤 편의를 제공하면 될지 내가 스스로 알아보도록 해준 것이다. 놀랍게도 그 명단에는 내가 아는 사람이 한 명 있었다. 그래서 그에게 전화를 걸어 캠프장이 어땠는지 알아본 뒤 캠프장 주인에게 내가 도착할 날짜를 알리는 전보를 쳤다.

다른 사람들은 내게 자신의 서비스를 팔려고 했지만, 이 캠프장의 주인은 내가 스스로 서비스를 구매하게 만들었다. 그 방식이 통했다. 중국의 현인 노자는 2,500년 전에 이 책의 독자들이 지금도 명심해야 할 내용을 이야기했다.

'강과 바다가 모든 골짜기의 왕이 될 수 있는 까닭은 스스로를 낮추기 때문이다. 그리하여 백곡百谷의 왕이 될 수 있다. 그러니 백성의 위에 서려는 자는 반드시 말로써 스스로를 낮추어야 하고, 백성을 앞서려는 자는 반드시 몸으로써 뒤에 서야 한다. 그래야 백성 위에 서 있어도 사람들이 무게를 느끼지 아니하고, 백성 앞에 있어도 사람들이 해롭다 여기지 않는다.'

원칙 7: 상대방이 그 의견을 자신의 것으로 여기게 하라.

제8장
경이로운 효과가 나타나는 방법

다른 사람의 생각이 완전히 틀릴 수 있다는 걸 기억하자. 하지만 그들은 그렇게 생각하지 않는다. 그렇다고 그들을 비난하지 말라. 비난은 바보라도 할 수 있다. 대신 그들을 이해하려 노력하라. 현명하고, 참을성이 있으며, 남다른 사람만이 그런 노력을 기울일 수 있다.

상대방이 그렇게 생각하고 행동하는 데는 이유가 있다. 그 이유를 찾아내라. 그러면 상대의 행동, 어쩌면 성격까지 이해할 열쇠를 얻을 수 있다.

상대의 입장에서 정직하게 생각해보라. '내가 저 사람의 입장이라면 어떻게 느끼고, 어떻게 반응했을까?'라고 스스로 생각해보면 시간을 아낄 수 있고 짜증도 나지 않는다. '원인에 관심을 가지게 되면 결과도 싫어지지 않는 법'이기 때문이다. 게다가 인간관계의 기술도 크게 좋아진다.

케네스 구드는 그의 책 《황금처럼 귀한 사람 만드는 법How to Turn People Into Gold》에서 이렇게 말했다.

'잠깐 멈추고 자기 일을 향한 열렬한 관심과 그 외의 일을 향한 그저 그런 반응을 비교해보라. 그러고 나서 세상 모든 사람이 똑같이 그런 방식으로 느낀다는 점을 떠올려보라! 그러면 링컨과 루스벨트처럼 인간관계의 탄탄한 기반을 쌓게 될 것이다. 다시 말하면 대인관계의 성공은 다른 사람의 관점에 공감할 수 있느냐에 달렸다.'

뉴욕주 햄스테드에 사는 샘 더글러스는 아내에게 잡초를 뽑고 비료를 주고 일주일에 두 번씩 잔디를 깎는 등 마당 잔디밭에 시간을 너무 많이 들인다고 이야기했다. 그래봤자 4년 전 이사 왔을 때보다 잔디밭이 그다지 더 나아 보이지도 않는다고 하면서 말이다. 당연히 더글러스의 말에 아내는 괴로워했고, 남편이 그런 말을 할 때마다 저녁 시간은 엉망이 되었다.

우리 수업을 들은 후 더글러스는 그동안 자신이 얼마나 바보 같은 짓을 해왔는지 깨달았다. 아내가 잔디밭 가꾸는 일을 좋아했고 부지런히 잔디밭을 가꾸는 모습에 칭찬 한마디만 했다면 아내가 정말 고마워했을 거라는 생각을 한 번도 하지 못했던 것이다.

어느 날 저녁 식사 후에 아내가 잔디밭의 잡초를 뽑고 싶다면서 더글러스에게 함께 가달라고 부탁했다. 처음에는 부탁을 거절했지만, 생각해보니 함께 가는 게 좋을 것 같아 아내를 따라 나가서 잡초를 뽑았다. 아내는 눈에 보일 정도로 기뻐했고, 부부는 1시간 정도 함께 잡초를 뽑으며 즐거운 대화를 나누었다.

그날 이후 더글러스는 종종 아내가 정원 가꿀 때 일을 도와주었다. 그리고 잔디밭이 얼마나 좋은지, 콘크리트 같았던 정원을 얼마나 멋지게 꾸몄는지를 말하며 아내를 칭찬했다. 그 결과 두 사람 모두 전보다 더 행복해졌다. 더글러스가 아내의 관점에서 상황을 바라보는 법을 배웠기 때문이다. 그 대상이 겨우 잡초라 해도 말이다.

제럴드 니렌버그협상전문가는 자신의 책《사람 사귀는 법Getting Through to People》에서 이렇게 말했다.

'대화를 나눌 때 상대방의 생각과 감정을 내 것처럼 중요하게 여기는 모습을 보여야 사람들의 협력을 얻을 수 있다. 대화의 목적이나 방향을 알려주면서 대화를 시작하고, 내가 듣는 사람이라면 듣고 싶은 말이 무엇일지를 생각하며 말하고, 상대방의 관점을 받아들이면서 말하면 듣는 사람도 우리가 하는 말에 마음을 연다.'

나는 집 근처 공원에서 산책하거나 말 타는 걸 좋아한다. 고대 갈리아 지방의 드루이드교 신도처럼 나는 떡갈나무를 숭배하고 있는데 해를 거듭하는 동안 난데없이 화재가 발생해 묘목이나 관목이 죽는 걸 보면 몹시 괴로웠다. 흡연자들의 부주의로 불이 나는 게 아니었다. 공원에 불이 나는 건 자연을 느낀다며 공원으로 나온 젊은이들이 나무 아래서 소시지나 계란 요리를 해 먹다가 일으키는 경우가 대부분이었다. 때로 이렇게 시작된 불이 몹시 커져 진화를 위해 소방관이 출동해야 했다.

공원 한구석에는 공원에 불을 내는 사람은 벌금과 징역형에 처한다는 표시판이 있었지만, 그곳은 사람들의 발길이 잘 닿지 않는 곳이었고, 불을 낸 사람 중에 표시판을 본 사람은 거의 없었다. 경찰관이 말을 타고 다니며 공원을 둘러보기로 되어 있었지만 순찰은 제대로 이루어지지 않았고, 철마다 화재가 계속되었다. 한번은 내가 경찰관에게 달려가 공원에 불이 빠르게 번지고 있으니 소방서에 신고해달라고 말했는데, 그 경찰관은 관할 구역이 아니라는 이유로 자기는 상관없다는 냉담한 반응을 보였다! 나는 실망해서 그다음부터 공원에서 말을 탈 때는 스스로 공원 보호단의 단원이 된 것처럼 행동했다. 처음에는 나도 다른 사람의 관점에서 상황을 보지 못하면 어쩌나 두려웠다. 하지만 나무 아래에서 불이 난 걸 보면 그게 너무 싫어서 옳은 일을 하려고 애쓰다 잘못된 일을 했다. 공원에 있는 소년들에게 다가가 불을 내면 감옥에 갈 수 있다고 경고하면서 불을 끄라고 권위적인 말투로 명령한 것이다. 게다가 소년들이 거절하면 체포하겠다고 위협했다. 상대의 관점은 생각도 하지 않은 채 내 감정만 쏟아낸 것이다.

결과가 어땠을까? 소년들은 내 말에 따랐다. 하지만 뚱한 표정으로 따랐고 나를 원망했다. 내가 언덕 너머로 사라지고 나면 아마 다시 불을 지필 것이고 이번에는 공원 전체를 태우려 할지도 몰랐다. 세월이 흐르면서 나는 인간관계에 관한 지식을 약간 얻었고, 요령도 조금은 생겨서 다른 사람의 관점으로 상황을 바라볼 수 있게 되었다. 그래서 다른 사람에게 명령하는 대신 소년들이 불을 지피고 있는 곳으로 가서 이렇게 말을 꺼냈다.

"얘들아, 즐거운 시간 보내고 있니? 저녁으로 뭘 만들 거니? ……어릴 때 나도 불피우는 걸 좋아했단다. 지금도 좋아해. 그런데 공원에서 불 피우는 건 정말 위험한 일이라는 걸 알 거야. 너희한테 나쁜 뜻이 없다는 건 나도 안단다. 그런데 다른 아이들은 그렇게 조심성이 많지 않아. 그런 애들이 너희가 불을 피우는 걸 보고 따라서 불을 피웠다가 집에 갈 때 끄지 않고 갈까 봐 걱정이야. 불꽃이 마른 나뭇잎으로 번져 나무를 죽이겠지. 우리가 좀 더 조심하지 않으면 여기엔 나무가 하나도 남지 않게 될 거야. 그래서 공원에서 불을 피우면 감옥에 갈 수도 있단다. 하지만 나는 너희에게 위세를 부리고 싶지도 않고 너희의 즐거운 시간을 방해하고 싶지도 않단다. 너희가 즐겁게 노는 모습을 보고 싶구나. 그런데 모닥불 근처의 마른 잎은 지금 전부 치워줄 수 있겠니? 그리고 집에 가기 전에 모닥불에다 흙을 많이 덮어주기 바란단다. 그래줄 거지? 그리고 다음번에 재밌게 놀고 싶을 때는 언덕 너머 모래밭에서 불을 피우는 건 어떻겠니? 거기서는 아무 문제가 없단다…… 얘들아, 정말 고맙구나, 즐겁게 놀렴."

이렇게 이야기하면 아이들이 얼마나 달라질까! 이렇게 이야기하면 아이들은 협조하고 싶어진다. 뚱한 표정도 짓지 않고, 원망하지도 않는다. 억지로 명령에 따르는 것도 아니다. 아이들은 체면을 살렸다. 아이들 기분도 좋고 아이들의 관점을 고려해서 상황에 대처했기 때문에 나도 기분이 좋다.

개인적인 문제가 너무 힘들다면 다른 사람의 눈으로 상황을 살피는 것도 스트레스를 완화하는 방법이다. 오스트레일리아 뉴사우스웨일스주에 사는 엘리자베스 노박은 자동차 할부금을 6주나 밀렸다. 노박이 말했다.

"금요일에, 저를 담당하는 직원에게서 월요일 아침까지 백이십이 달러를 내지 않으면 회사에서 추가 조치를 취하겠다고 알리는 난처한 전화가 걸려왔어요. 주말 동안 돈을 마련할 방도가 없었기 때문에 전화를 받고 나서 월요일 아침을 생각하니 최악의 일부터 먼저 떠올랐습니다. 속상해하기 전에 저는 전화를 건 상대의 관점에서 상황을 바라보았습니다. 그리고 엄청난 불편을 끼쳐드려 정말 죄송하다고 진심으로 사과하고, 할부금 납부가 늦어진 게 이번이 처음이 아니므로 내가 골칫거리 고객임에 틀림없겠다고 말했습니다. 그랬더니 상대의 목소리가 즉시 바뀌었어요. 그리고 제가 자신의 진짜 골칫거리 고객과는 거리가 멀다며 안심시켜주었지요. 그러면서 때로 얼마나 무례한 고객이 있는지, 그리고 자기한테 거짓말을 하거나 자기와 대화를 완전히 피하려 하는 고객도 있다며 몇 가지 예를 들려주었습니다. 저는 아무 말도 하지 않았어요. 그 사람의 이야기를 들으며 그가 자신의 문제를 제게 쏟아내도록 두었어요. 그러고 나니 제가 아무런 부탁도 하지 않았는데 저한테 당장 할부금을 내지 않아도 문제될 건 없다고 이야기해주었습니다. 월말까지 20달러만 내면 되고 나머지 금액은 제가 낼 수 있을 때 내면 된다고 말이지요."

내일 누군가에게 불을 끄라거나 제품을 사달라거나 좋아하는 자선단체에 기부해달라고 부탁하기 전에 잠시 멈춰 눈을 감고 상대의 관점에서 전체 상황을 바라보면 어떨까? 스스로 이렇게 물어보라.

'그 사람은 왜 이 일을 하기를 원할까?'

그렇다, 이렇게 하려면 시간이 걸린다. 하지만 적이 생기는 걸 피할 수 있고 마찰을 줄이고 노력을 아끼면서도 더 나은 결과를 얻게 된다.

하버드 경영대학원의 돈햄 학장은 이렇게 이야기했다.

"만나서 내가 무슨 말을 할지, 그리고 상대의 관심사와 동기에 관해 알고 있는 내용을 바탕으로 볼 때 상대가 어떤 대답을 할지 완벽하고 분명한 생각을 갖고 있지 않다면 사무실로 들어가는 것보다 차라리 약속 시각 두 시간 전에 사무실 앞 보도를 걸어 다니는 편이 낫다."

정말 중요한 말이므로 강조하기 위해 다시 한번 반복한다.

만나서 내가 무슨 말을 할지, 그리고 상대의 관심사와 동기에 관해 알고 있는 내용을 바탕으로 볼 때 상대가 어떤 대답을 할지 완벽하고 분명한 생각을 갖고 있지 않다면 사무실로 들어가는 것보다 차라리 약속 시각 두 시간 전에 사무실 앞 보도를 걸어 다니는 편이 낫다.

이 책을 읽은 뒤 딱 한 가지 사실 즉, 항상 다른 사람의 관점에서 생각하고, 내 입장뿐 아니라 다른 사람의 입장에서도 상황을 확인해야 한다는 것, 이 책에서 이 사실 한 가지만 얻었다면 이 내용이 경력의 디딤돌이 된다는 것을 쉽게 알 수 있을 것이다.

원칙 8: 다른 사람의 관점에서 상황을 살필 수 있도록
정말 노력하라.

제9장
모든 사람이 원하는 공감

말싸움을 멈추게 하고, 나쁜 감정을 없애고, 선의를 만들며, 상대방이 주의 깊게 이야기에 귀 기울이게 하는 마법의 말이 있었으면, 하고 바라지 않는가?

그렇다고? 좋다, 다음이 바로 그런 마법의 말이다.

"그렇게 생각하시는 걸 조금도 탓하지 않습니다. 저였더라도 의심할 바 없이 그렇게 생각했을 테니까요."

이렇게 대답하면 세상에서 가장 성미 고약한 사람이라도 누그러들 수밖에 없다. 우리가 다른 사람의 입장이 되면 당연히 그 사람과 똑같이 느낄 것이므로 이 말은 100퍼센트 진심을 담아 건넬 수 있다. 예를 들어 알 카포네를 보자. 여러분이 알 카포네와 같은 몸과 기질, 마음을 가지고 있다고 해보자. 그리고 알 카포네와 같은 환경과 경험을 지녔다고 하자. 그러면 여러분은 알 카포네와 정확히 똑같은 사람이 되어 똑같은 장소에 있을 것이다. 그런 요인들이 알 카포네를 만들었기 때문이다. 우리가 방울뱀이 아닌 유일한 이유는 우리의 부모님이 방울뱀이 아니었기 때문인 것과 마찬가지다.

지금의 모습을 갖추는 데 여러분 스스로 한 일은 거의 없다. 그리고 우리를 짜증 나게 하고, 편견을 가지고, 터무니없이 구는 사람들이 그렇게 된 데는 그럴 이유가 있었다는 걸 기억하라. 불쌍한 영혼을 가엾게 여겨라. 동정하고 공감하라. 스스로 이렇게 말하라.

'그들에게 주라, 그러면 그들이 너를 사랑할 것이다.'

한 번은 방송에서 《작은 아씨들Little Women》을 쓴 작가 루이자 메이 올콧의 이야기를 소개한 적이 있다. 당연히 나는 올콧이 매사추세츠주 콩코드에 살면서 불멸의 명작을 썼다는 걸 알고 있었다. 하지만 내가 무슨 말을 하는 건지 미처 깨닫기도 전에 나는 콩코드에 있는 작가의 옛집을 방문했다고 말하고 말았다. 뉴햄프셔주에 있다면서 말이다.

뉴햄프셔주에 있다는 이야기를 한 번만 했다면 괜찮았을지 모른다. 하지만 아! 나는 두 번이나 이야기해버렸고, 신랄하게 나를 비난하는 편지와 전보, 메시지가 마치 무방비 상태인 내 머리 주위를 맴도는 말벌 떼처럼 쇄도했다. 화를 내는 내용이 담긴 경우가 많았지만, 몇몇은 모욕적인 표현도 서슴지 않았다.

매사추세츠주 콩코드에서 자라 당시 필라델피아에 살고 있던 미국 식민지 여성 협회 소속의 어느 부인은 내게 노여움과 분통을 터뜨렸다. 내가 올콧 작가를 뉴기니아 출신의 식인종이라 불렀어도 그 부인이 그만큼 내게 화를 내지는 못했을 것이다. 편지를 읽으면서 나는 생각했다.

'신이시여, 감사합니다. 제가 그 여자랑 결혼한 게 아니라서 다행이에요.'

그 부인에게 편지를 써서 정말 그렇게 말해주고 싶었다. 내가 지명을 잘못 말하는 실수를 저지르기는 했지만, 부인은 상식적인 예의에 어긋나는 훨씬 더한 실수를 저질렀기 때문이다. 당신과 결혼하지 않아서 다행이라는 건 첫 문장에 불과했다. 그리고 소매를 걷어붙이고 내가 정말 어떻게 생각하는지 쓸 참이었다. 하지만 나는 그렇게 하지 않고, 마음을 통제했다. 머리가 좋은 바보라면 누구나 그렇게 할 수 있다. 대부분의 바보도 그렇게 할 것이었다.

하지만 나는 바보가 되고 싶지는 않았다. 그래서 부인의 적개심을 호의로 바꾸자고 마음먹었다. 하나의 도전이자 일종의 게임이었다. 나는 생각했다.

'나도 그 입장이었다면 아마 부인과 똑같이 느꼈을 거야.'

그래서 부인의 관점에 공감해보기로 했다.

다음번에 일이 있어 필라델피아에 갔을 때 나는 부인에게 전화를 걸었다. 그리고 다음과 같은 대화가 이어졌다.

나: 아무개 님, 몇 주 전에 제게 편지를 보내셨지요. 편지를 보내

주셔서 감사하다는 말씀을 드리고 싶습니다.

부인: (예리하면서도 세련되고 교육을 잘 받은 목소리로) 실례지만 전화를 주신 분은 누구실까요?

나: 부인을 뵌 적은 없습니다만 저는 데일 카네기라고 합니다. 몇 주 전 일요일에 제가 루이자 메이 올콧 작가에 관해 방송한 내용을 들으셨을 겁니다. 그 방송에서 저는 올콧 작가가 뉴햄프셔주 콩코드에 산다고 말하는 용서받지 못할 실수를 저질렀습니다. 어리석은 실수였어요. 부인께 사과드리고 싶습니다. 시간을 내 편지를 써주셔서 정말 감사했습니다.

부인: 카네기 씨, 그런 편지를 보내서 죄송합니다. 제가 화를 내고 말았어요. 사과해야 할 사람은 저입니다.

나: 아닙니다. 그렇지 않습니다! 사과해야 할 사람은 부인이 아니라 저입니다. 학교에 다니는 애들도 저보다는 잘 알았을 내용이었지요. 관련 내용은 그다음 주 일요일 방송을 통해 사과했었지만 지금 부인께 개인적으로도 사과드리고 싶습니다.

부인: 저는 매사추세츠주 콩코드에서 태어났어요. 저희 가족은 몇백 년 동안 그곳에 살았고, 저는 제 고향인 매사추세츠주를 몹시 자랑스럽게 생각한답니다. 그래서 카네기 씨가 올콧 작가님의 댁이 뉴햄프셔주에 있다고 하신 말씀을 듣고 몹시 기분이 상했습니다. 하지만 카네기 씨에게 보냈던 편지는 정말 부끄럽습니다.

나: 제가 부인보다 분명 열 배는 마음이 아팠을 겁니다. 제 실수로 인해 매사추세츠주가 해를 입은 건 아니지만, 제 마음은 해를

입었습니다. 부인처럼 지위와 교양을 갖추신 분이 시간을 내 라디오에서 방송하는 사람에게 편지를 쓰는 건 매우 드문 일이지요. 그러니 다음에 제가 이야기하다 실수하는 걸 보시거든 또 편지를 보내주셨으면 좋겠습니다.

부인: 아시겠지만 카네기 씨가 제 비판을 받아들이시는 방식이 정말 마음에 듭니다. 카네기 씨는 분명 정말 좋은 분일 거예요. 카네기 씨에 대해 더 많이 알고 싶어요.

이렇게 내가 사과하고 부인의 관점에 공감하려 했기 때문에 부인도 내게 사과하고 내 관점을 공감하려 했다. 그리고 나는 스스로 화를 통제했다는 점, 모욕에 친절로 답했다는 점에서 만족을 느꼈다. 나는 부인에게 밖에 나가 스퀼킬 강에나 뛰어들라고 말하는 것보다 부인이 나를 좋아하게 만드는 데서 한없는 진짜 즐거움을 느꼈다.

백악관에 입성하는 사람은 누구나 인간관계에서 곤란한 문제를 거의 매일 겪는다. 태프트 대통령도 예외는 아니었다. 그리고 태프트 대통령은 경험을 통해 악감정이라는 산성 성분을 중화시킬 수 있는 공감이 지닌 엄청난 화학적 힘에 대해 배웠다. 태프트 대통령은 저서 《공직자의 윤리 Ethics in Service》에서 자신에게 실망한 어느 야심가 어머니의 분노를 어떻게 잠재웠는지 재미있는 예를 들려준다.

남편이 어느 정도 정치적 영향력을 가진 워싱턴의 한 부인이 나를 찾아와 아들을 어느 보직에 임명해달라고 6주 이상 간청했다. 어마어마한 수의 상원의원과 하원의원의 도움까지 얻었고, 의원들이 내게 아들을 강조해서 추천하는 걸 보려고 함께 왔다. 하지만 그 자리를 맡으려면 기술적인 자격이 필요했고, 나는 국장의 추천을 받아 다른 사람을 임명했다. 그 후 그 어머니로부터 편지가 왔다. 편지에는 감사를 모르는 사람이라며 내가 손만 까딱하면 자신을 기쁘게 해줄 수 있었는데 그걸 거절했다는 비난이 담겨 있었다. 그리고 내가 특별히 관심을 가졌던 어느 법안을 통과시키기 위해 자신이 주 의원들을 설득하고 표도 전부 모아주었는데 이게 그 보답이냐며 불만을 표했다.

그런 편지를 받으면 우선 그런 부적절한 혹은 무례한 행동을 한 사람에게 어떻게 엄히 대처할 수 있을까 생각하고, 답장을 쓴다. 하지만 현명한 사람이라면 답장을 서랍에 넣고 잠근다. 이런 식의 연락을 할 때는 항상 이틀 정도 지나 답을 보내곤 하므로 이틀 뒤 답장을 꺼낸다. 하지만 이틀이라는 시간이 흐른 뒤 답장을 꺼내 보면 편지는 부치지 않게 마련이다. 나도 이런 과정을 거쳤다. 그리고 자리에 앉아 가능한 한 가장 예의 바른 답장을 썼다. 지금 상황에서 어머님의 실망하신 마음을 이해하지만, 그 자리는 정말로 내 마음대로 임명할 수 있는 자리가 아니며, 기술적인 자격이 있는 사람이 필요하여 국장의 추천에 따라 임명했노라 설명했다. 그리고 아드님이 당시 맡고 있던 자리에서 부인이 원하는 성과를 내기를 바란다는 마음을 전했다. 부인은 편지를 받고 기분이 누그러져 그런 편지를 보내서 미안했다는 편지를 보내왔다.

하지만 내가 임명한 사람의 임용이 바로 확정되는 게 아니기에 일이 처리되길 기다리는 사이 부인의 남편이라는 사람으로부터 편지가 왔다. 비록 전에 받았던 편지와 글씨체는 전부 같았지만 말이다. 편지에 따르면, 이번 일로 실망한 부인이 신경쇠약을 앓게 되어 몸져누웠고 결국 위암이라는 중병으로 발전하게 되었다고 했다.

처음 임명했던 사람을 철회하고 부인의 아들을 대신 임명하면 부인이 건강을 되찾을 수 있을까? 이번에는 부인의 남편에게 다시 편지를 써야 했다. 편지에는 암이라는 진단이 오진이기를 바라며 아내가 심하게 아파 슬퍼하는 마음을 공감하지만 이미 확정된 임명을 철회하는 건 불가능하다는 내용을 담았다. 나중에 내가 임명했던 사람의 임용이 확정되었고, 임용 확정 안내를 받고 이틀 후 우리는 백악관에서 음악회를 열었다. 우리 부부가 처음으로 맞이한 사람이 바로 그 부인 부부였다. 부인이 최근에 죽음의 고비를 맞이했다고 하는데도 말이다.

오클라호마주 털사에서 엘리베이터/에스컬레이터 유지보수 회사를 운영하는 제이 맨검은 털사의 유명 호텔과 에스컬레이터 유지보수 계약을 체결했다. 호텔 지배인은 고객에게 불편을 끼칠 수 있으므로 한 번에 2시간 이상은 에스컬레이터 작동을 멈추고 싶지 않았다. 하지만 에스컬레이터의 수리에는 최소한 8

시간이 걸렸고, 특수 기술을 갖춘 수리 엔지니어가 호텔의 편의에 맞게 항상 대기하고 있는 건 아니었다.

이번 수리를 위해 일류 엔지니어를 구한 후 맨검은 호텔 지배인에게 전화를 걸었다. 그리고 수리에 필요한 시간을 확보해달라고 말싸움을 벌이는 대신 다음과 같이 말했다.

"릭 씨, 호텔이 매우 붐벼 에스컬레이터 수리 시간을 최소한으로 줄이고 싶어 하시는 건 알고 있습니다. 저도 릭 씨의 염려를 이해하며, 이를 위해 가능한 모든 일을 하려 합니다. 하지만 에스컬레이터의 상태를 파악해본 결과 지금 완전히 수리해두지 않으면 에스컬레이터는 더욱 심한 고장을 일으킬 것이며, 그때는 더 긴 시간 동안 운행을 멈추어야 할 것으로 보입니다. 고객들이 며칠 동안이나 에스컬레이터를 이용하지 못하는 불편을 겪게 하고 싶지는 않으실 거라 생각합니다."

호텔 지배인은 며칠씩 에스컬레이터를 이용하지 못하는 것보다는 8시간 동안 운행을 정지하는 편이 더 낫다는 데 동의하지 않을 수 없었다. 손님의 편의를 생각하는 지배인의 마음에 공감해줌으로써 맨검은 호텔 지배인이 앙심을 품지 않게끔 하면서 쉽게 설득할 수 있었다.

미주리주 세인트루이스에서 피아노를 가르치는 조이스 노리스는 피아노 선생님과 10대 소녀 제자들 사이에서 흔히 일어나는 문제에 대처했던 방법을 이야기해주었다. 바베트는 손톱이 유난히 길었다. 긴 손톱은 올바른 피아노 연주 습관을 기르는 데 심각한 걸림돌이 된다.

노리스가 말했다.

바베트는 피아노를 잘 치고 싶어 했지만 긴 손톱이 방해가 될 거라는 걸 저는 알고 있었어요. 피아노 수업을 시작하기 전에 저는 바베트와 이야기를 나누었지만, 손톱 이야기는 일절 꺼내지 않았습니다. 그 때문에 수업을 받으려는 마음을 꺾고 싶지는 않거든요. 바베트가 긴 손톱을 정말 자랑스러워하고 예쁘게 유지하려고 엄청나게 손질하는 노력을 기울였기 때문에 그걸 깎고 싶어 하지 않을 것도 알고 있었지요.

첫 수업을 마친 후 적절한 기회를 보아 제가 말을 꺼냈습니다. "바베트, 넌 손이 참 예쁘구나. 손톱도 아주 멋져. 그런데 네 능력만큼 그리고 원하는 만큼 피아노를 치고 싶지 않니? 네가 손톱을 좀 짧게 정리하면 피아노를 얼마나 더 빠르고 쉽게 칠 수 있는지 아마 놀라게 될 거야. 그냥 한 번 생각해봐, 알겠지?"

바베트를 보니 부정적인 마음이 분명 얼굴에 드러나 있었습니다. 바베트의 어머니께도 상황을 말씀드렸습니다. 이번에도 바베트의 손톱이 아주 예쁘다고 칭찬하면서 말이죠. 하지만 어머님의 반응도 부정적이었습니다. 아름답게 손질한 손톱이 바베트에게는 아주 중요한 게 분명했습니다.

그다음 주에 바베트가 두 번째 수업을 받으러 왔습니다. 정말 놀랍게도 손톱을 정리했더군요. 저는 바베트를 칭찬하고 피아노를 위한 큰 희생을 높이 사주었습니다. 그리고 바베트가 손톱을 자르도록 영향을 준 어머니께도 감사를 드렸습니다. 그랬더니 어머니께서 이렇게 말했습니다.

"오, 저는 아무것도 한 게 없답니다. 바베트가 스스로 결정한 일이에요. 그런데 바베트가 누군가를 위해 손톱을 자른 건 이번이 처음이랍니다."

노리스 선생님이 바베트를 위협했을까? 손톱이 긴 학생을 가르칠 수 없다며 수업을 거부하는 말을 했을까? 아니다, 그런 일은 없었다. 노리스 선생님은 바베트에게 손톱이 아주 예쁘다고 칭찬했고, 손톱을 자르는 건 피아노를 위한 희생이라고 말해주었다. 그런 말에는 이런 뜻이 담겨 있었다.

'네 마음에 공감해. 쉬운 일이 아니란 걸 알지만 네가 음악적으로 발전하는 데 도움이 될 거야.'

솔 휴록은 미국 최고의 공연기획자로, 거의 50년 동안 공연예술가들을 상대해왔다. 오페라 가수 샬리아핀, 현대무용가 이사도라 덩컨, 발레리나 파블로바처럼 세계적으로 유명한 예술가들이 휴록과 함께 일했다. 휴록이 까다로운 스타들을 대하면서 제일 먼저 터득한 관계의 비법은 그들의 남다른 성격을 이해하고, 공감 또 공감해주어야 한다는 것이었다.

휴록은 3년 동안 표도르 샬리아핀, 뉴욕 메트로폴리탄의 수준 높은 특별석 관객들을 황홀하게 만든 위대한 오페라 베이스 가수의 공연기획자로 일했다. 그런데 샬리아핀은 끊임없이 문제를 일으켰고, 버릇없는 아이처럼 굴었다. 휴록의 독특한 표현을 옮기자면 '그는 모든 면에서 끔찍한 놈'이었다.

예를 들어, 샬리아핀은 공연이 예정된 날 정오쯤 휴록에게 전화를 걸어 이렇게 말하곤 했다.

"휴록, 나 몸이 너무 안 좋아. 목이 마치 굽지 않은 햄버거 패티가 된 느낌이야. 오늘 밤에는 노래를 부를 수가 없어."

휴록이 그와 말싸움을 벌였을까? 오, 절대 아니다. 휴록은 공연 사업을 하는 사람이라면 예술가를 그렇게 대해서는 안 된다는 걸 알고 있었다. 그는 곧장 샬리아핀이 머무는 호텔로 달려가서 그의 상황에 넘치는 공감과 연민을 보여주곤 했다.

"저런, 안됐어."

휴록은 애통해했다.

"정말, 안됐어! 불쌍한 샬리아핀, 당연히 노래 같은 건 부르면 안돼. 내가 바로 공연을 취소할게. 자네가 이천 달러 정도만 부담하면 된다고. 그래도 자네 명성에 비하면 그 정도 돈은 아무것도 아니잖나."

그러고 나면 샬리아핀은 한숨을 쉬며 말하고는 했다.

"그럼 이따가 다시 와줘. 다섯 시쯤 와서 내 상태가 어떤지 확인해보자."

다섯 시가 되면 휴록이 다시 급히 호텔로 가서 샬리아핀의 상황에 공감하고 연민을 보여주었다. 다시 한 번 휴록은 공연을 취소하겠다고 주장하고 샬리아핀은 한숨을 쉬며 말했다.

"나중에 다시 와봐. 그땐 내 상태가 좋아져 있을지 몰라."

그렇게 7시 반이 되면 위대한 베이스 가수는 노래를 부르겠다고 선포한다. 단, 휴록이 메트로폴리탄 무대에 올라 샬리아핀이 감기가 아주 심해 목소리 상태가 좋지 않다는 안내를 해야 한다는 조건이 붙어 있었다. 휴록은 거짓말로 그렇게 하겠다고 말했다. 위대한 베이스 가수를 무대에 세우려면 그 방법밖에 없음을 알고 있었기 때문이다.

아서 게이츠 박사는 그의 훌륭한 저서 《교육 심리학Educational Psychology》에서 이렇게 말했다.

'인간이라는 종족은 누구나 공감과 연민을 갈구한다. 아이는 열심히 다친 곳을 보여준다. 공감과 연민을 많이 받고 싶어서 심지어 상처를 내거나 멍이 들게 한다. 똑같은 목적을 위해 어른은…… 상처를 보여주고, 사고나 질병 이야기를 하고, 특히 수술받았던 이야기는 하나하나 자세히 묘사한다. 진짜 일어난 일이든 상상 속의 일이든, 이에 따르는 불행을 향한 '자기 연민'은 실제로 모두가 느끼는 감정이다.'

그러므로 누군가를 설득하고 싶다면 원칙 9를 실행하라.

원칙 9: 다른 사람의 생각과 욕구에 공감하라.

제10장
모든 사람이 좋아하는 호소 방법

나는 제시 제임스미국 서부의 무법자. 전후에 은행강도를 하면서 두목이 되었다의 활동 무대였던 미주리주 외곽의 농장에서 자랐는데, 커니 지역에 있는 제임스 농장에 간 적이 있다. 당시 그 농장에는 제시 제임스의 아들이 살고 있었다.

그의 아내는 내게 제시가 어떻게 열차를 강탈하고 은행강도 행각을 벌였으며, 그 후 빚을 갚으려고 이웃 농부들에게 어떻게 돈을 나누어주었는지 이야기했다.

제시 제임스는 마음속에서 스스로 아마 자신을 이상주의자로 여겼던 것 같다. 더치 슐츠나 쌍권총 크로울리, 알 카포네를 비롯한 많은 다른 조직 범죄의 '대부들'이 대대로 그랬듯 말이다. 여기서 말하려는 사실은 모든 사람이 자신을 높이 평가하며, 스스로 자신은 훌륭하고 이기적이지 않다고 생각한다는 점이다.

피어폰트 모건금융재벌은 인간의 심리를 분석한 글에서 인간이 어떤 행위를 하는 데는 대개 두 가지 이유가 있다고 했다. 하나는 그럴듯하게 들리는 이유이고 나머지 하나는 진짜 이유이다.

'당사자는 행위의 진짜 이유를 생각한다. 우리가 그걸 강조할 필요는 없다. 하지만 우리 모두는 마음속에서는 이상주의자이므로 행위의 동기를 생각하고 그럴듯해 보이는 이유를 내세우기를 좋아한다. 그러므로 사람을 변화시키기 위해서는 고상한 동기를 내세워야 한다.'

너무 이상적인 이야기라서 업무에는 적용할 수 없는 걸까? 한번 살펴보자. 다음은 펜실베이니아주 글레놀덴에 있는 파렐미첼 회사의 해밀튼 파렐이 겪은 일이다. 파렐에게는 세입자가 있었는데, 이 세입자는 불만으로 가득해서 이사를 나가버리겠다고 파렐에게 으름장을 놓았다. 계약은 아직 4개월이나 남아있었지만, 세입자는 계약과 상관없이 당장 집을 비우겠다고 알려왔다.

"이 세입자 가족은 겨우내 저희 집에 살았습니다. 일 년 중 월세가 가장 비싼 시기이죠."

파렐이 우리 수업 시간에 이야기를 꺼냈다.

그리고 저는 가을이 되기 전에는 세입자를 다시 구하는 게 어려울 것임을 알고 있었습니다. 월세 수입이 사라진다고 생각하니 저는 정말 화가 났지요.

자, 보통 이럴 때 저는 세입자에게 가서 계약서를 다시 읽어보라고 말합니다. 그러면서 지금 이사를 나가면 남은 월세는 전부 즉시 지급해야 한다는 조항을 가리키죠. 그리고 이를 받기 위해 할 수 있는 모든 조치를 취할 거라고 이야기합니다.

하지만 버럭 화를 내고 소란을 떠는 대신 저는 다른 전술을 택하기로 했습니다. 그래서 이렇게 대화를 시작했지요.

"○○ 씨, 이야기는 들었습니다. 하지만 정말로 이사하시리라는 생각은 들지 않는군요. 임대업을 수년간 하다 보니 사람 보는 눈이 생겼거든요. ○○ 씨는 처음부터 약속을 지킬 분이라는 걸 알았습니다. 사실 저는 그 점에 확신하고 있으므로 내기를 해도 좋아요.

자, 제가 제안하고 싶은 내용은 이렇습니다. 이사하시겠다는 결정에 관해 며칠 더 생각해주시겠습니까? 잘 생각해보시고 다음 달 초 월세 날이 되면 제게 여전히 이사 가고 싶으신지 말씀해 주십시오. 그때 최종 결정을 하신 걸로 받아들이겠습니다. 그리고 이사하시도록 처리해드리고 제가 사람을 잘못 봤다는 걸 스스로 인정하겠습니다. 하지만 저는 여전히 ○○ 씨가 약속을 지키실 분 같고 계약을 이행하시리라 믿습니다. 결국 우리는 사람 아니면 원숭이가 되는 것이고, 그 선택은 보통 스스로 하는 거니까요!"

다음 달이 되자 그분이 제게 와서 직접 월세를 내고 갔습니다. 아내와 상의한 뒤 이사하지 않고 남기로 결정했다고 하더군요. 그분은 명예를 지키기 위한 유일한 길은 계약이 만료될 때까지 사는 거라는 결론을 내렸습니다.

고故 노스클리프 경영국의저널리스트은 공개되지 않기를 바랐던 자기 사진이 신문에 실린 걸 보았다. 그래서 편집자에게 편지를 썼다. '그 사진을 더는 싣지 마시오. 마음에 들지 않습니다'라고 썼을까? 아니다, 노스클리프 경은 보다 고결한 동기에 호소했다. 누구나 지닌 어머니를 향한 존경과 사랑에 호소한 것이다. 그는 이렇게 썼다.

'그 사진을 더는 싣지 말아주세요. 어머니께서 싫어하십니다.'

존 록펠러 2세도 신문에 아이들 사진이 실리지 않기를 원했고, 이를 위해 고결한 동기에 호소했다. 록펠러는 '아이들 사진이 실리는 걸 원하지 않습니다'라고 말하지 않았다. 그렇게 하지 않고 누구나 마음 깊은 곳에 가지고 있는 욕구, 아이들을 해치고 싶지 않다는 그런 바람에 호소했다.

'여러분도 아시지 않나요. 아이를 두신 분들도 있을 테고요. 그럼 아이들 얼굴이 지나치게 알려져서 좋을 게 없다는 걸 아실 겁니다.'

사이러스 커티스는 메인주 출신의 가난한 소년이었지만 후에 엄청난 경력을 쌓는다. 〈새터데이 이브닝 포스트〉와 〈레이디스 홈 저널〉을 창간해 수백만 달러를 벌게 된 것이다. 하지만 초창기에는 원고를 기고하는 작가들에게 다른 잡지사만큼의 원고료를 줄 수 없었다. 원고료만 놓고 보면 일류 작가를 섭외할 형편이 되지 못했다. 그는 작가들의 고결한 동기에 호소하기로 했다. 예를 들어 커티스는 영원한 명작《작은 아씨들》을 쓴 루이자 메이 올콧에게 잡지에 글을 써달라고 설득했는데 당시 올콧은 한

창 명성을 날리던 때였다. 커티스는 올콧이 아니라 그녀가 즐겨 찾는 자선단체에 100달러를 기부하겠다고 제안함으로써 올콧에게 원고를 청탁할 수 있었다.

회의적인 사람이라면 이쯤에서 생각할 것이다.

'오, 노스클리프나 록펠러, 감성 소설가에게나 가능한 얘기겠지. 내가 돈을 받아야 하는 골칫덩어리 인간들에게도 효과가 있는 방법인지 알고 싶어.'

그 생각이 맞다. 모든 경우에 통하는 방법은 없다. 그리고 모든 사람에게 통하는 방법도 없다. 지금 얻는 결과에 만족하고 있다면 방법을 바꿀 이유가 무엇일까? 지금의 결과에 만족하지 못한다면 한 번쯤 시험해본들 어떨까?

어쨌든 다음 이야기는 전에 우리 수업을 들었던 제임스 토머스의 실화로, 흥미로운 내용을 담고 있다.

어느 자동차 회사의 고객 여섯 명이 수리 대금 지불을 거절했다. 하나같이 전체 금액을 못 내겠다는 건 아니었지만 일부 금액이 잘못 청구되었다고 주장하고 있었다. 각 고객은 수리 항목에 사인을 했고 회사에서는 문제가 없다고 생각했지만 고객들은 부당청구라고 이야기했다. 이것이 첫 번째 실수였다.

신용팀 직원들은 미수금을 받아 내기 위해 다음과 같은 과정을 거쳤다. 이들은 미수금을 받을 수 있었을까?

1. 각 고객에게 전화를 걸어 납기일이 지난 지 한참 된 금액을 내라고 퉁명스럽게 말했다.

2. 절대적으로, 무조건적으로 회사가 옳다는 걸 분명히 이야기했다. 그러므로 절대적으로, 무조건적으로 틀린 건 고객이다.

3. 회사는 고객이 알고 싶어 하는 수준보다도 더 자동차에 관해 많이 안다고 넌지시 이야기했다. 그러니 무엇을 두고 논쟁을 벌인다는 것일까?

4. 결과: 고객과 논쟁을 벌이게 되었다.

이상의 과정에서 고객이 수긍하고 미수금을 납부할 만한 방법이 어느 하나 있었을까? 답하지 않아도 알 일이다.

일이 여기까지 진행되자 신용팀 팀장은 법적인 조치를 취하려 했다. 하지만 다행스럽게도 임원이 이 문제를 알게 되었다. 임원은 이 고객들을 조사해보고 전에는 대금을 즉각 납부했던 기록을 발견했다. 그는 무언가 일이 잘못되어가고 있음을 알아차렸다. 대금 수금 방식에 무언가 심각한 잘못이 있었다. 임원은 제임스 토머스에게 전화를 걸어 이 '회수불가능'한 금액을 회수하라고 지시했다.

다음은 토머스가 수금을 진행한 과정을 그의 말 그대로 옮긴 것이다.

1. 저도 마찬가지로 장기 미납 대금을 받기 위해 각 고객을 찾아갔습니다. 회사의 청구 내용이 절대적으로 옳다는 건 알고 있었죠. 하지만 그런 말은 한마디도 하지 않았습니다. 다만 회사에서 어떻게 일을 처리했는지, 무엇이 잘못되었는지 확인하려는 거라

고 설명했습니다.

2. 고객의 이야기를 다 들을 때까지 제가 드릴 말씀은 없다고 분명하게 이야기했습니다. 그리고 회사에서 실수했을지 모른다는 말씀도 드렸습니다.

3. 제 관심사는 오직 고객님의 차뿐이며, 세상에서 고객님만큼 본인의 차에 대해 잘 아는 사람은 없으니 이 차에 대한 권위를 가진 건 고객님이라고 말씀드렸고요.

4. 고객이 이야기하게 하고 저는 모든 관심을 집중해 공감하며 그 이야기를 들었습니다. 고객님이 원하고 기대하는 그런 관심과 공감이었죠.

5. 마침내 고객이 차분해졌을 때 그가 공정하다는 생각을 하도록 전체적인 이야기를 이끌어갔습니다. 그리고 고결한 동기에 호소하며 말했지요. "먼저 제가 봐도 이 문제가 아주 잘못 처리되고 있었다는 점을 말씀드리고 싶습니다. 저희 직원이 많은 불편을 드리고 기분 상하게 한 점 사과드립니다. 일어나서는 안되는 일이었습니다. 회사를 대표해서 다시 한 번 사과의 말씀을 드립니다. 여기 앉아서 고객님의 말씀을 들으니 고객님의 공정한 대응과 인내심에 감명받았습니다. 자, 고객님께서는 공정하고 인내심 있는 분이시니 제가 부탁을 좀 드리겠습니다. 다른 누구보다 고객님께서 잘하실 수 있는 일이며, 다른 누구보다 고객님께서 잘 아시는 일입니다. 여기 고객님의 청구서가 있습니다. 고객님께 정정을 부탁드리는 게 안전하다고 생각합니다. 마치 저희 회사의 사장이 되신 것처럼 청구 금액을 정정해주십시오. 전부 고

객님께 맡기겠습니다. 어떻게 고치시든지 상관없습니다."

고객은 청구 금액을 고쳤을까? 분명 청구서를 고쳤고, 거기서
재미있는 일이 있었다. 청구 금액은 150달러에서 400달러였는
데 고객은 가장 작은 금액을 썼을까? 그런 사람은 한 명뿐이었
다! 한 명의 고객은 분쟁을 일으킨 금액은 단돈 십 원도 낼 수 없
다고 거절했지만, 나머지 다섯 명은 금액을 전부 납부했다! 그
리고 무엇보다 최고였던 건 이후 2년간 여섯 명의 고객에게 전
부 새 차를 팔았다는 것이다!

토머스는 이렇게 말했다.

"고객에 관한 정보가 없을 때는 고객이 성실하고, 정직하며,
신뢰할 수 있는 사람이며, 청구 금액이 정확하다는 확신만 있다
면 대금을 지불하고 싶어 한다고 가정하고 행동을 취하는 것이
유일하게 안전한 방법이라는 걸 경험을 통해 배웠습니다. 보다
분명하게 달리 이야기하면, 사람은 정직하고 의무를 다하고 싶
어 합니다. 예외인 사람은 상대적으로 드뭅니다. 상대를 정직하
고, 바르며, 공정한 사람으로 대우하면 나를 속이려 했던 사람
도 대부분의 경우 부정한 짓은 하지 않게 된다고 생각합니다."

원칙 10: 고결한 동기에 호소하라.

제11장
영화에서도 TV에서도 볼 수 있는 방법,
우리도 써볼까?

수년 전 〈필라델피아 이브닝 블레틴〉은 위험한 소문에 시달리고 있었다. 신문을 향한 악의적인 소문이 돌았다. 이 신문에는 광고만 너무 많고 기사는 거의 없어서 더는 독자들이 읽고 싶어 하지 않는다는 이야기가 광고주들의 귀에 들어갔다. 즉각 대응하여 소문을 진압해야 하는 상황이었다.

그런데 어떻게? 다음과 같은 방법으로 소문은 잠잠해졌다.

〈필라델피아 이브닝 블레틴〉에서는 평소 하루치의 신문에서 기사를 전부 모아 분류한 뒤 한 권의 책을 펴냈다. 책 제목은《하루One Day》였고, 총 307페이지였다. 그건 양장본 한 권만큼의 두께였다. 신문사에서는 하루치 신문에 실린 모든 뉴스와 특집기사를 책 한 권에 실어 몇천 원이 아닌 몇백 원에 판매했다.

책을 출간한 덕분에 〈필라델피아 이브닝 블레틴〉에는 엄청난

양의 재미난 기사가 실려 있다는 사실이 극적으로 드러났다. 그저 신문에 숫자나 이야기를 나열하는 것보다 사실을 훨씬 생생하고, 재미있게, 더욱 인상적으로 전할 수 있었다.

요즘은 극적인 효과가 필요한 시대이다. 그저 사실만 이야기하는 걸로는 부족하다. 사실을 생생하고 흥미롭게 극적으로 전해야 한다. 쇼맨십을 발휘해야 하는 시대인 것이다. 영화에서도 TV에서도 그런 모습을 볼 수 있다. 사람들의 관심을 원한다면 여러분도 쇼맨십을 발휘해야 한다.

쇼윈도 장식 전문가는 극적인 효과가 주는 힘을 잘 알고 있다. 예를 들어 새로운 쥐약을 만든 업체에서는 대리점에 보여주기 위해 살아 있는 쥐 두 마리를 넣어 쇼윈도를 꾸몄다. 쥐를 공개한 주에 판매액은 평상시 수준의 다섯 배에 이르렀다.

텔레비전 광고에서도 물건을 팔기 위해 극적인 효과를 사용한다. 저녁 시간에 텔레비전 앞에 앉아 광고에서 무엇을 보여주는지 분석해보자. 제산제 광고에서는 경쟁사 제품에서는 변화가 없지만 자사의 제산제를 쓰면 시험관 속 산성 물질의 색깔이 어떻게 바뀌는지 보여주고, 비누나 세제 광고에서는 다른 경쟁사 제품 사용 시 회색 자국이 남는 셔츠의 기름때가 자사 브랜드의 제품으로는 얼마나 깨끗이 지워지는지 알려준다. 자동차 광고에서는 운전자가 연속으로 커브를 돌며 회전하는 모습을 보여준다. 그냥 말로만 듣는 것보다 훨씬 와닿는다. 다양한 상품을 두고 만족을 표하는 행복한 얼굴이 화면에 나온다. 상품이 무엇이든 광고는 시청자에게 상품의 장점을 전부 극적으로 보여준다. 그래서 광고를 본 사람이 물건을 사게 만드는 것이다.

직장에서든 생활의 어느 영역에서든 극적인 방식으로 생각을 표현할 수 있다. 그건 손쉬운 일이다. 짐 이만스는 버지니아주 리치몬드에 있는 NCR 회사에서 영업을 담당하고 있다. 그는 극적인 행동을 보여서 물건을 판매하는 자신의 방법에 관해 이야기해주었다.

"지난주에 저는 근처 식료품점을 방문했는데, 계산대에 아주 낡은 금전등록기가 있는 걸 보았습니다. 저는 가게 주인에게 다가가 말했습니다. '손님이 다녀갈 때마다 말 그대로 돈을 버리고 계시는군요.' 그러면서 바닥에 한 줌의 동전을 던졌습니다. 식료품점 주인은 즉각 제 얘기에 관심을 기울이더군요. 몇 마디 말로 주인의 관심을 끌 수도 있었겠지만, 동전이 바닥에 떨어지는 소리에 주인은 하던 일을 완전히 멈추고 제게 집중했습니다. 그리고 저는 그 가게의 낡은 금전등록기들을 전부 교체하는 주문을 받을 수 있었죠."

극적인 효과를 주는 방법은 가정생활에서도 쓸 수 있다. 옛날에 사랑하는 남자가 애인에게 프러포즈를 할 때 그냥 사랑한다는 말만 전했을까? 아니다! 남자는 무릎을 꿇는다. 그런 극적인 행동으로 자신의 말이 진심이라는 걸 보여준다. 요즘은 프러포즈할 때 무릎을 꿇지는 않지만 많은 구혼자가 여전히 결혼해달라는 말을 꺼내기 전에 로맨틱한 분위기부터 조성한다.

원하는 바를 극적으로 표현하는 방식은 아이들에게도 쓸 수 있다. 앨라배마주 버밍엄에 사는 조 팬트 2세에게는 다섯 살 아들과 세 살 난 딸이 있었는데, 아이들에게 장난감 정리를 시키는 데 어려움을 겪고 있었다. 그래서 팬트는 '기차놀이'를 시작했다. 아들 조이는 세발자전거에 앉은 엔지니어(케이시 존스 대장님)가 되었고, 딸 자넷의 장난감 수레를 세발자전거 뒤에 연결했다. 저녁이 되면 자넷이 모든 '석탄'을 승무원실(장난감 수레)에 실으면서 올라탔고 오빠가 방 안을 돌며 기차를 운행했다. 이러한 방식으로 장난감을 깨끗이 정리할 수 있었다. 아이들을 훈계하거나 언성을 높이거나 으름장을 놓을 필요가 없었다.

인디애나주 미사와카에 사는 메리 캐서린 울프는 직장에서 어려움을 겪는 일이 있었고, 이 문제를 상사와 상의해야겠다고 마음먹었다. 월요일 아침에 상사에게 면담을 신청했지만 매우 바쁘다면서 비서와 상의해 그 주 후반으로 면담 약속을 잡아보라고만 했다. 비서는 상사의 일정이 매우 빡빡하지만 캐서린과의 면담 일정을 잡아보겠다고 했다.

울프는 그때 있었던 일을 다음과 같이 이야기했다.

한 주가 꼬박 지나도록 비서로부터 답을 받지 못했습니다. 어떻게 되었는지 물어볼 때마다 상사가 저를 만날 수 없는 이유를 대곤 했습니다. 금요일 아침이 되었지만 일정은 전혀 확정되지 않았어요. 저는 주말이 되기 전에 꼭 상사를 만나서 문제점을 상의하고 싶었고, 어떻게 하면 상사를 만날 수 있을지 스스로 생각해보았습니다.

결국 저는 상사에게 공식적인 편지를 썼습니다. 한 주 내내 정말 바쁘셨다는 걸 잘 알고 있지만 매우 중요한 문제로 드릴 말씀이 있다고 썼지요. 봉투 안에는 편지지와 제 주소가 적힌 봉투를 넣고 빈칸을 직접 혹은 비서를 통해 채운 후 답장해달라고 부탁드렸고요. 편지지에는 다음과 같은 양식을 적어두었습니다.

울프 씨에게

●●월 ●●일 ●●시(오전/오후)에 면담 가능합니다. ●●분 동안 이야기합시다.

이렇게 준비한 봉투를 오전 11시에 상사의 우편함에 넣었습니다. 오후 2시가 되어 제 우편함을 확인했더니 제가 상사의 우편함에 넣었던 봉투가 돌아와 있더군요. 상사가 직접 제 편지에 답장을 써서 그날 오후에 10분간 면담이 가능하다고 해주었습니다. 그렇게 상사를 만나 한 시간 넘게 이야기를 나누었고 제 문제를 해결하게 되었습니다.

상사를 정말 만나고 싶다는 제 바람을 극적으로 표현하지 않았더라면 아마 아직도 일정이 정해지기만을 기다리고 있었을 거예요.

제임스 보인톤은 긴 시장보고서를 발표해야 했다. 보인톤의 회사에서는 시장을 선도하는 어느 콜드크림 브랜드에 관한 철저한 연구를 이제 막 끝낸 참이었다. 보인톤은 이 시장의 경쟁 상황에 관한 자료가 즉시 필요했다. 보인톤의 잠재 고객은 광고업계의 거물이면서 만만치 않은 남자였다.

보인톤의 첫 번째 시도는 시작하기도 전에 실패로 끝났다.

보인톤은 이렇게 설명했다.

처음 제가 사무실에 들어갔을 때 대화는 조사에 사용된 방법론에 관한 헛된 논쟁으로 빠졌습니다. 저는 잠재 고객과 옥신각신 논쟁을 벌였습니다. 그는 제가 틀렸다고 했고, 저는 제 말이 맞는다는 걸 증명하려 애썼습니다.

결국 논쟁에서 제가 이기기는 했지만, 그건 제 만족일 뿐이었죠. 제게 주어진 시간은 끝났고, 면담도 거기까지였습니다. 저는 여전히 아무런 결과를 내지 못한 상태였죠.

두 번째로 그를 찾았을 때는 숫자나 자료에 신경 쓰지 않고 제가 아는 사실을 극적으로 표현했습니다.

사무실로 들어가니 그는 전화를 받느라 바빴어요. 전화 통화가 마무리되는 듯하자 저는 서류가방을 열고 그의 책상 위에 콜드크림 32통을 쏟아놓았습니다. 전부 그의 경쟁 회사 제품들로, 그가 알고 있는 제품들이었죠.

저는 각각의 통에 상품 거래 조사 결과를 항목별로 적어서 붙여놓았습니다. 각각의 꼬리표에는 제품 이야기가 짧지만 극적으로 적혀 있었습니다.

그래서 어떻게 되었을까요?

더는 논쟁이 벌어지지 않았습니다. 새롭고 색다른 일이 펼쳐졌으니까요. 그는 첫 번째 통을 보고, 다음 통을 보고, 꼬리표에 붙어 있는 설명을 읽었습니다. 우리 사이에는 친근한 대화가 오갔습니다. 그는 추가적인 질문도 하고, 매우 강한 흥미를 보였지요.

원래 제게 주어진 발표 시간은 10분이었지만, 10분이 지나고, 20분이 지나고, 40분이 지났습니다. 한 시간이 지났을 때도 우리는 여전히 대화를 이어가고 있었습니다.

이번에 이야기한 내용은 앞서 발표했던 내용과 똑같은 사실을 바탕으로 하고 있었습니다. 하지만 이번에는 극적인 효과, 쇼맨십을 이용함으로써 정말 다른 결과를 얻었지요.

원칙 11: 생각을 극적으로 표현하라.

제12장
어떤 방법도 소용이 없을 때,
이 방법을 써보자

찰스 슈와브와 함께 일하는 한 공장장이 있었다. 그가 담당하는 공장에서는 할당량만큼의 생산이 이루어지지 못하고 있었다.

찰스 슈와브가 공장장에게 물었다.

"자네처럼 능력 있는 공장장이 관리하는 공장에서 생산이 제대로 이루어지지 못하는 이유가 무엇이오?"

공장장이 대답했다.

"저도 모르겠습니다. 직원들을 달래도 보고, 독촉도 해보고, 거친 소리도 해보고, 비난을 퍼부으며 해고하겠다고 으름장을 놓아보기도 했습니다. 하지만 아무것도 효과가 없었어요. 직원들은 그냥 일을 하지 않습니다."

두 사람이 이 대화를 나눈 건 해 질 녘으로 야간 근무조가 업무를 시작하기 전이었다. 슈와브는 공장장에게 분필을 가져오라 이르고는 가장 가까이 있는 직원에게 물었다.

"오늘 근무조가 작업을 몇 회전이나 했소?"

"여섯 번입니다."

슈와브는 아무 말 없이 바닥에 숫자 6을 크게 쓰고 밖으로 나갔다. 야간 근무조가 들어와서 숫자 '6'을 보고 무슨 뜻인지 물었다. 사람들이 말했다.

"사장님이 오셔서 오늘 작업을 몇 회전이나 했는지 물으시기에 여섯 번이라고 말씀드렸습니다. 그랬더니 바닥에 6이라고 쓰시더라고요."

다음 날 아침 슈와브는 다시 공장을 찾았다가 야간 근무조가 '6'이라는 숫자를 지우고 '7'이라고 크게 써놓은 것을 보았다.

출근한 주간 근무조도 바닥에 크게 적힌 숫자 '7'을 보았다. 이런! 야간 근무조가 주간 근무조보다 더 낫다는 건가? 자, 그럼 야간 근무조에게 한 수 가르쳐줘야지.

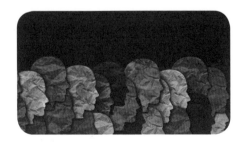

주간 근무조는 생산에 열을 올렸고, 그날 업무를 마쳤을 때 뻐기는 기분으로 숫자 '10'을 엄청나게 크게 써놓았다. 경쟁이 불붙고 있었다.

얼마 지나지 않아 생산량이 뒤처지던 이 공장은 다른 어떤 공장보다 생산이 더 많이 이루어지게 되었다.

어떤 원리로 이런 일이 이루어졌을까? 찰스 슈와브가 했던 말을 그대로 옮겨보자.

"이런 결과를 낼 수 있었던 방법은 경쟁을 부추기는 것입니다. 비도덕적이고, 돈벌이를 위한 경쟁이 아니라 남보다 뛰어나려는 욕구를 자극하는 경쟁이죠."

남보다 뛰어나고 싶은 마음! 도전! 맞서는 마음! 이는 패기 있는 사람에게 통하는 호소 방법임에 틀림없다.

도전하는 마음이 없었다면 시어도어 루스벨트는 결코 미국의 대통령이 되지 못했을 것이다. 의용군 러프 라이더를 이끌고 쿠바에서 막 돌아온 루스벨트는 뉴욕주지사로 임명되었다. 하지만 반대파에서 루스벨트가 더는 법적으로 뉴욕주민이 아니라는 점을 지적했다. 이에 놀란 루스벨트는 뉴욕주지사 자리에서 사퇴하려 했다. 그러자 당시 뉴욕주 상원의원이었던 토머스 콜리어 플랫이 도전을 권했다. 돌연 루스벨트를 향해 쩌렁쩌렁 고함을 친 것이다.

"산 후안 언덕의 영웅이 겁쟁이였더냐?"

루스벨트는 싸움을 계속했고, 그 이후는 역사가 되었다. 도전은 그의 인생을 바꾸어놓았을 뿐 아니라 국가의 미래에도 실제적인 영향을 미쳤다.

'사람은 누구나 두려움을 가지고 있다. 하지만 용기 있는 자는 두려움을 내려놓고 앞으로 나아간다. 때로 죽음을 향하기도 하지만 언제나 승리로 가는 길이다.'

이는 고대 그리스 근위병들의 좌우명이었다. 두려움을 극복할 기회를 얻는 것보다 더 큰 도전이 어디 있겠는가?

뉴욕주지사 시절 앨 스미스는 도전에 직면했다. 데블스 섬의 서쪽에 위치한 당시 가장 악명 높았던 싱싱 교도소에 교도소장이 없었던 것이다. 스캔들과 흉측한 소문이 교도소 안을 휩쓸었다. 스미스에게는 싱싱 교도소를 관리해줄 철인이 필요했다. 하지만 누가 그런 역할을 맡아야 할까? 스미스는 뉴햄프턴에 사는 루이스 로우스를 불렀다.

"싱싱 교도소를 맡아보는 게 어떤가?"

스미스는 로우스 앞에서 쾌활하게 말했다.

"거긴 경험 있는 사람이 필요해."

로우스는 깜짝 놀랐다. 그는 싱싱 교도소가 위험한 곳이라는 걸 알고 있었다. 그리고 싱싱 교도소장 자리는 정치적 입김이 작용하는 데다 변덕스러운 정치 기류의 변화에 따라 교도소장이 임명되었다가 그만두곤 하는 것을 알고 있었다. 한 번은 겨우 3주 만에 그만둔 사람도 있었다. 로우스는 자신의 경력을 생각해야 했다. 위험을 부담할 가치가 있는 일일까?

로우스가 망설이자 스미스는 의자 뒤로 몸을 기대며 미소 지었다.

"여보게, 자네가 겁먹는다고 비난하지는 않을 걸세. 거긴 힘든 자리야. 그 자리에 올라가서 머물려면 당연히 대단한 사람이어야 하지."

스미스는 도전을 권한 셈이다, 그렇지 않은가?

로우스는 '대단한' 사람만이 할 수 있는 일에 도전해본다는 생각이 좋았다. 그래서 싱싱 교도소장이 되었고, 그 자리를 지켰다. 그리고 당대 가장 유명한 교도소장이 되었다. 로우스가 집필한 《싱싱 교도소의 2만 년20,000 Years in Sing Sing》은 수십만 부나 팔렸다. 그는 방송에 출연했고, 그의 간수 인생 이야기는 수십 편의 영화에 영감을 주었다. 범죄자들을 '인간답게' 대하는 그의 방식은 교도소 개혁 방식에 기적을 불러일으켰다.

파이어스톤 타이어 앤드 러버의 창업자 하비 파이어스톤은 말했다.

"돈으로, 돈만으로 좋은 인재를 불러모으거나 보유하는 모습은 본 적이 없다. 중요한 건 일 자체라 생각한다."

훌륭한 행동 과학자인 프레데릭 허츠버그도 이 말에 동의한다. 허츠버그는 공장 노동자에서부터 고위 임원에 이르기까지 수천 명의 근무 태도에 관해 깊이 연구했다. 근무 태도에 가장 동기를 크게 부여하는 요소가 무엇이었을까? 일에서 가장 보람을 느끼게 하는 부분은 무엇이었을까? 돈이었을까? 훌륭한 근무 조건이었을까? 복지 혜택이었을까? 아니다. 그 무엇도 아니었다. 사람들에게 동기를 부여하는 가장 중요한 요소는 일 그 자체였다. 일이 신나고 재미있으면 일하는 사람은 계속 일하고 싶어서 더 잘해내려 한다.

성공한 사람은 누구나 게임하는 걸 좋아한다. 게임은 자기를 표현할 기회이다. 남보다 뛰어나기 위해, 이기기 위해 자신의 가치를 증명할 기회이다. 이것이 바로 도보 경주, 돼지 몰기 대회, 파이 먹기 대회가 열리는 이유이다. 남보다 뛰어나고 싶은 마음, 자기 존재의 중요성을 느끼려는 마음이다.

원칙 12: 도전 의식을 불러일으켜라.

사람을 설득하는 법

원칙 1: 논쟁을 통해 최선의 결과를 얻을 유일한 방법은 논쟁을 피하는 것이다.

원칙 2: 상대방의 의견을 존중하라. '당신이 틀렸다'는 말은 절대 하지 말라.

원칙 3: 잘못했으면 빨리, 확실하게 인정하라.

원칙 4: 상냥하게 다가가며 이야기를 시작하라.

원칙 5: 상대방이 즉시 '예, 예'라고 대답하게 하라.

원칙 6: 상대방이 많은 이야기를 하게 하라.

원칙 7: 상대방이 그 의견을 자신의 것으로 여기게 하라.

원칙 8: 다른 사람의 관점에서 상황을 살필 수 있도록 정말 노력하라.

원칙 9: 다른 사람의 생각과 욕구에 공감하라.

원칙 10: 고결한 동기에 호소하라.

원칙 11: 생각을 극적으로 표현하라.

원칙 12: 도전 의식을 불러일으켜라.

제4부
리더의 소통:
감정을 상하게 하거나
분노를 일으키지 않으면서
사람을 변화시키는 방법

제1장
잘못된 점을 반드시 지적해야 한다면
이렇게 시작하라

　캘빈 쿨리지 행정부 시절 친구 한 명이 일주일 동안 백악관에 손님으로 머문 일이 있었다. 그는 대통령의 개인 사무실로 들어가다 쿨리지 대통령이 비서에게 말하는 소리를 들었다.

　"오늘 옷이 아주 예쁘군. 자네는 아주 매력적인 여성이야."

　이건 아마 과묵하기로 이름난 쿨리지 대통령이 평생 동안 비서에게 한 칭찬 가운데 가장 야단스러운 칭찬이었을 것이다. 그런 칭찬은 아주 드물었고, 매우 예상 밖의 일이었기에 비서는 어쩔 줄 몰라 얼굴이 빨개졌다. 쿨리지 대통령이 말했다.

　"자, 그렇게 굳어 있을 것 없네. 자네 기분 좋으라고 한 소리야. 앞으로는 서류에 구두점을 찍을 때 좀더 주의를 기울여줬으면 좋겠군."

　다소 노골적인 방법이었을지 모르지만, 인간의 심리를 활용하는 훌륭한 모습이었다. 장점에 관한 칭찬부터 듣고 나면 기분 나쁜 소리도 쉽게 받아들일 수 있다.

이발사는 손님을 면도하기 전에 거품부터 바른다. 1896년 매킨리가 대통령 선거에 출마했을 때 썼던 방법이 바로 이것이다. 당시 공화당의 유력 당원이 선거 연설문을 써 왔는데 그 사람은 자신이 쓴 글이 키케로 고대 로마의 문인, 철학자, 변론가, 정치가 와 패트릭 헨리 미국의 변호사, 정치가, 웅변가. '자유가 아니면 죽음을 달라'는 유명한 말을 남겼다, 대니얼 웹스터 미국의 변호사, 정치인. 19세기 미국에서 가장 뛰어났던 변호사로 손꼽히는 인물 의 글을 하나로 합한 것보다 더 낫다고 생각하고 있었다. 그러고는 신이 나서 자신이 쓴 불멸의 연설문을 매킨리에게 소리 내어 읽어주었다. 연설문에는 좋은 부분도 몇 군데 있었지만 썩 뛰어난 글은 아니었다. 게다가 폭풍 같은 비난을 불러일으킬 여지도 있었다. 하지만 매킨리는 글을 써온 사람의 기분을 상하게 하고 싶지 않았다. 그 사람의 당당한 열정을 죽이지 않으면서 연설문을 '거절'해야 했다. 매킨리가 얼마나 영리하게 문제를 해결했는지 살펴보자.

"친구여, 이건 정말 훌륭한 연설문이네, 멋진 글이야."

매킨리가 말했다.

"누구도 이보다 더 잘 쓸 수는 없었을 거야. 여러 경우에 사용할 수 있도록 정확히, 해야 할 옳은 말을 담고 있는 글이기는 한데, 대통령 선거용으로도 적절하려나? 자네의 관점에서 보면 탄탄하고 냉철한 글이지만, 나는 당의 관점도 고려해야만 한다네. 이제 돌아가서 내가 이야기한 부분에 맞추어 연설문을 써주게나. 완성되면 사본을 보내주게."

매킨리는 그렇게 상황을 수습했다. 그가 두 번째 연설문을 쓸 때는 매킨리도 원고를 교정하며 작성을 도왔다. 그리고 매킨리는 선거 운동 기간 동안 가장 효과적으로 연설을 잘 전달하는 후보가 되었다.

다음은 에이브러햄 링컨이 쓴 편지 가운데 두 번째로 유명한 편지이다(가장 유명한 편지는 전쟁터에서 다섯 아들을 잃은 빅스비 부인에게 조의를 표하기 위해 썼던 편지이다). 링컨이 이 편지를 쓰는 데는 아마 5분밖에 걸리지 않았을 것이다. 하지만 이 편지는 1926년 공매에서 12,000달러에 팔렸다. 링컨이 50년 동안 일하며 모았던 돈보다 더 큰 금액이었다. 이 편지는 남북전쟁에서 가장 어려웠던 시기인 1863년 4월 26일 조셉 후커 장군 앞으로 보낸 것이다. 링컨 휘하의 장군들은 18개월 동안 북군을 이끌며 전투에 임했지만 비극적인 패배만 이어질 뿐이었다. 그건 무익하고 어리석은 인간 도살의 현장이었다. 국민들은 경악했다. 수천 명의 군인이 군대를 이탈했고, 상원의 공화당 의원들까지 들고일어나 링컨을 퇴진시키고 싶어 했다. 링컨은 말했다.

"우리는 지금 파멸 직전에 놓여 있네. 신도 우리에게서 등을 돌리신 듯하네. 한 줄기 희망조차 보이지 않는군."

그렇게 어둡고 슬프고 혼란스러운 분위기 속에서 링컨은 이 편지를 썼다.

여기 이 편지를 싣는 이유는 나라의 운명이 장군 한 사람의 행동에 달린 때에 제어하기 힘든 장군을 변화시키려고 링컨이 어떤 노력을 기울였는지를 보여주기 위함이다.

이 편지는 아마 링컨이 대통령이 된 이후 쓴 편지 가운데 가장 신랄한 어조를 사용한 편지일 것이다. 하지만 링컨이 후커 장군의 중대한 실책을 이야기하기 전에 먼저 칭찬부터 했다는 점을 눈여겨보아야 한다.

그렇다, 후커 장군은 중대한 실수를 저질렀다. 하지만 링컨은 중대한 실수라고 부르지 않았다. 그러기에 링컨은 좀더 보수적이고 외교적인 언변을 구사했다. 링컨은 이렇게 썼다.

'내가 자네에게 그다지 만족하지 못하는 일이 몇 가지 있네.'

얼마나 재치 있게 이야기했는지! 그리고 얼마나 외교적인 표현을 잘 구사하는지!

다음은 링컨이 후커 장군에게 보낸 편지글이다.

나는 자네를 포토맥 군의 사령관으로 임명했네. 물론 그럴 만한 충분한 이유가 있어서였지. 하지만 내가 자네에게 그다지 만족하지 못하는 일이 몇 가지 있다는 걸 자네도 아는 게 좋겠네. 나는 자네가 용감하고 숙련된 군인이라 믿고 있네. 물론 나는 그 점을 좋아하지. 나는 또한 자네가 자네의 직업과 정치를 혼동하지 않으리라 믿고 있네. 그 점에서 자네는 옳네. 자네는 자신감을 가졌지. 그건 없으면 안될 자질은 아니지만 소중한 것이지.

자네는 야망이 있네. 야망은 합리적인 범위 안에서는 해가 되기보다는 득이 되는 것이지. 하지만 번사이드 장군이 군대를 지휘하는 동안 자네는 야망에 사로잡혀 할 수 있는 한 번사이드 장군을 훼방 놓았지. 그건 국가에 대한 큰 실수이고, 가장 칭찬받아 마땅하고 명예로운 형제 군인에 대한 큰 실수이기도 하네.

최근 믿을 만한 소식통을 통해 자네가 군대와 정부에 모두 독재자가 필요하다는 소리를 했다는 걸 들었네. 물론 자네가 그런 소리를 했기 때문이 아니라 그런 소리를 했음에도 불구하고 나는 자네에게 지휘권을 맡겼네.

오직 성공을 거둔 장군만이 독재자가 될 수 있네. 지금 나는 자네에게 군사적 성공을 요청하는 바이며, 독재 정치의 위험을 무릅쓰고 있네.

정부는 최대한 자네를 지원할 것이네. 그건 모든 지휘관에게 똑같이 해왔던 일이고 앞으로도 그렇게 할 일이네. 내가 정말 두려운 건 자네가 상관을 비판하고 사기를 떨어뜨리는 짓을 한 일이 자네 군대에도 영향을 미쳐 이번에는 자네가 그런 문제를 맞이하게 되는 것이야. 그런 일이 생긴다면 사태를 진압하기 위해 나는 가능한 한 자네를 돕겠네.

그런 풍조가 만연한 군대라면 자네가 아니라 나폴레옹이 살아 돌아온다 해도 좋은 결과를 내지는 못할 것이네. 그러니 이제 부디 경솔한 언동에는 주의하게. 경거망동은 삼가되 전심전력으로 앞을 향해 우리에게 승리를 가져다주게.

우리는 쿨리지나 매킨리 혹은 링컨이 아니다. 그러니 이 방법이 우리의 일상 업무에서도 통할지 알고 싶을 것이다. 과연 통할까? 한 번 살펴보자. 다음은 필라델피아 와크 건축회사에서 일하는 가우의 이야기이다.

와크 건축회사는 정해진 날짜까지 필라델피아에 대형 오피스 빌딩을 완공하는 계약을 맺었다. 모든 일이 순조롭게 진행되었다. 그런데 빌딩 건축이 거의 마무리될 무렵 건물 외벽의 청동 장식을 제조하는 하도급 업체에서 일정대로 납품할 수 없다는 연락이 왔다. 뭐라고! 건물 전체 공사가 중단될 일이었다. 막대한 과징금이 나올 것이다! 엄청난 손해는 어떻게 하지! 이 모든 게 한 사람 때문이었다!

시외 전화를 걸었다. 말싸움이 벌어졌고, 열띤 대화가 오갔다! 하지만 전부 소용없는 짓이었다. 가우는 청동 사자에 맞서기 위해 뉴욕에 있는 사자굴로 갔다.

가우는 하도급 업체의 사장을 만나 인사를 나누고 난 뒤 바로 이런 질문을 꺼냈다.

"브루클린에서 사장님과 성함이 같은 사람이 아무도 없다는 거 알고 계셨나요?"

하도급 업체의 사장은 놀라서 답했다.

"아니오, 몰랐습니다."

가우가 말했다.

"음, 오늘 아침 열차에서 내려 사장님의 주소를 찾기 위해 전화번호부를 뒤졌습니다. 브루클린 전화번호부에 그 성함을 쓰는 사람은 사장님뿐이더군요."

"전혀 몰랐습니다."

업체 사장은 그렇게 말하고 흥미롭게 전화번호부를 확인했다. 그리고 자랑스럽게 말했다.

"음, 특이한 이름이긴 하죠. 우리 가족은 네덜란드 출신으로 200년 전에 뉴욕에 정착했습니다."

그러고는 계속해서 자신의 가족과 조상에 관해 몇 분 동안 이야기했다. 사장이 이야기를 마쳤을 때 가우는 업체의 공장이 얼마나 큰지 칭찬하고 자신이 전에 가본 비슷한 공장 여러 곳보다 훨씬 좋다고 말했다.

"제가 본 청동 공장 가운데 가장 깨끗하고 깔끔했어요."

"이 사업을 키우는 데 평생을 쏟았습니다."

업체 사장이 이야기했다.

"그리고 저는 그 점을 자랑스럽게 여깁니다. 공장을 한 번 둘러보시겠습니까?"

공장을 둘러보는 동안 가우는 제조 시스템을 칭찬하며, 경쟁업체보다 어떻게 그리고 왜 뛰어난지 알겠다고 말했다. 가우가 보기 드문 기계에 관해서도 언급하자 업체 사장은 자신이 직접 발명한 기계라고 답했다. 그렇게 사장은 상당한 시간을 들여 가우에게 자신의 공장이 어떻게 운영되고, 얼마나 뛰어난 제품을 만드는지를 보여주었다. 그러고는 가우에게 점심식사를 청했다. 눈여겨봐야 할 부분은 지금까지 가우가 업체 사장을 찾은 진짜 목적에 대해서는 한 마디도 꺼내지 않았다는 점이다.

점심 식사 후에 업체 사장이 말했다.

"자, 이제 일 이야기를 할까요. 여기에 왜 오셨는지는 당연히 알고 있습니다. 우리의 만남이 이렇게 즐거우리라고는 예상하지 못했지만요. 다른 주문을 뒤로 미루더라도 가우 씨 회사의 제품을 제때 만들어 출하하겠다고 약속드립니다."

가우는 말 한마디 꺼내지 않고 원하는 바를 전부 얻었다. 제품은 제때 도착했고, 건물은 건축 계약서상에 명기된 날짜에 완공되었다.

이러한 상황에서 사람들이 흔히 하듯 강압적인 방법을 썼다면 같은 결과를 얻을 수 있었을까?

뉴저지주 포트 몬머스에서 연방 신용조합 지점장으로 일하는 도로시 러블류스키는 우리 수업에 참석해 지점 직원의 생산성을 높인 방법에 관해 이야기해주었다.

최근 창구업무를 담당할 견습 직원으로 젊은 여성을 고용했습니다. 이 직원은 고객과의 관계가 아주 좋았습니다. 거래를 처리할 때도 정확하고 효율적이었습니다. 하지만 문제는 업무가 끝나고 마감을 해야 할 때였습니다.

창구업무팀 주임이 제게 와서 이 직원을 해고해야 한다고 강하게 주장했습니다.

"마감 업무 처리 속도가 너무 늦어 모두를 기다리게 해요. 제가 업무 처리 방법을 몇 번이나 반복해서 알려줬는데도 이해를 못합니다. 이 직원은 해고해야 해요."

다음 날 저는 일상 업무 시간에 그 직원이 빠르고 정확하게 업무를 처리하는 모습을 지켜보았습니다. 그녀는 고객을 응대할 때 몹시 즐거워 보였습니다.

그 직원이 마감 업무를 처리할 때 속도가 느린 이유는 곧 밝혀졌습니다. 은행 업무 시간이 끝난 뒤 저는 그녀에게 다가가 이야기를 나누었습니다. 그녀는 긴장한 채 불안해하는 모습이 역력했지요. 저는 그녀가 매우 친근하고 적극적으로 고객 대응을 하는 점과 정확하고 신속히 업무 처리하는 것을 칭찬해주었습니다. 그러고 나서 업무 마감 절차를 재확인해보자고 말했습니다. 제가 자신을 믿어준다는 걸 알고 나자 직원은 제가 말한 제안에 쉽게 응했고, 업무도 금방 익혔습니다. 그녀는 지금 아무 문제 없이 잘 근무하고 있습니다.

칭찬으로 대화를 시작하는 건 치과의사가 충치 치료 전에 마취제를 쓰는 것과 같다. 충치 치료는 진행되지만 마취제를 썼기에 환자는 고통을 느끼지 못한다. 리더라면 그렇게 상황에 대처해야 한다.

원칙 1: 칭찬과 솔직한 감사의 말로 대화를 시작하라.

제2장
미움받지 않고 비판하는 법

어느 날 정오 찰스 슈와브는 자신이 경영하는 철강 공장을 돌아보고 있다가 담배 피우는 직원들을 만났다. 그들 머리 바로 위에는 '금연'이라는 표어가 붙어 있었다. 슈와브가 표어를 가리키며 "자네들 글씨도 못 읽나?"라고 말했을까? 오, 아니다. 슈와브는 그럴 사람이 아니었다. 슈와브는 그들에게 다가가 담배를 한 개비씩 나누어주면서 말했다.

"자네들, 밖에 나가 담배를 피워주면 고맙겠네."

직원들이 규칙을 어겼다는 걸 알고 있었음에도 그에 관해 아무런 말을 하지 않고 오히려 작은 선물을 주었다. 이로써 그 직원들이 중요한 존재라고 느끼게 했기에 직원들은 슈와브를 존경했다. 이런 사람을 어떻게 좋아하지 않을 수 있을까?

존 워너메이커도 슈와브와 같은 방법을 썼다. 워너메이커는 필라델피아에 있는 자신의 대형 매장을 매일 둘러보곤 했다. 그러다 한 번은 어느 고객이 계산대에 줄을 서 있는 모습을 보았다. 그런데 누구도 그 고객을 전혀 신경 쓰지 않았다. 직원들은 어디 있는 걸까? 흠, 직원들은 계산대의 반대편 끝에 모여 웃고 떠드는 중이었다. 하지만 워너메이커는 아무 소리도 하지 않았다. 그는 조용히 계산대 뒤로 돌아가 직접 계산을 하고는 직원들에게 포장을 부탁하고 그대로 가버렸다.

공직자들은 접근이 어렵다는 이유로 종종 유권자의 비판을 받는다. 공직자는 바쁘고, 때로 방문자가 너무 많으면 상사가 부담스러워질 것을 우려한 비서관들이 과하게 접근을 막아서 문제가 생길 때도 있다.

칼 랭포드는 올랜도 시장이었다. 그는 디즈니 월드가 있는 플로리다의 도시 올랜도에서 오랫동안 시장직을 수행해왔는데 직원들에게 사람들이 자신을 만날 수 있도록 두라고 자주 얘기했다. 하지만 그가 '열린 문' 정책을 펴고 있다고 주장하는데도 지역 주민들이 그를 접촉하려 들면 비서관과 사무관 들이 이를 막아섰다.

랭포드 시장은 마침내 해결책을 찾았다. 집무실의 문을 없애버린 것이다! 보좌관들은 시장의 뜻을 이해했고, 상징적으로 집무실 문을 없애버린 그날부터 진정한 열린 시정을 펼치게 되었다.

그저 세 글자짜리 단어 하나를 바꿈으로써 사람들을 감정 상하거나 화나게 하여 일의 성패가 좌우되기도 한다.

많은 사람이 상대를 비판할 때 진심 어린 칭찬으로 시작했다가 '그런데'라는 단어를 꺼낸 뒤 비판하는 내용으로 말을 맺는다. 예를 들어 공부를 열심히 하지 않는 아이를 변화시키려고 우리는 이렇게 말한다.

"조니, 우리는 이번 학기에 성적이 오른 네가 정말 자랑스럽단다. 그런데 수학을 조금 더 열심히 했다면 결과가 더 좋았을 거야."

'그런데'라는 말을 듣기 전까지 조니는 힘이 났을 것이다. 하지만 이어지는 말을 듣고 나면 앞선 칭찬도 그 진의를 의심하게 된다. 조니에게 칭찬은 그저 잘못했다는 비판을 하기 위해 억지로 짜낸 서문에 불과하다고 느껴진다. 이렇듯 믿음이 깨져버린다면 조니의 학습 태도를 바꾸겠다는 목표는 달성할 수 없을 것이다.

이런 문제는 '그런데'를 '그리고'로 바꾸면 간단히 해결할 수 있다.

"조니, 우리는 이번 학기에 성적이 오른 네가 정말 자랑스럽단다. 그리고 다음 학기에도 똑같이 계속 성실하게 노력하면 수학 성적은 더불어 올라갈 거야."

이제 조니는 칭찬을 받아들일 수 있다. 잘하지 못한다는 이야기가 따라 나오지 않았기 때문이다. 우리는 변화를 주고 싶은 조니의 행동을 조니가 의식하도록 간접적으로 알려주었고 조니는 기대에 맞춰 노력할 가능성이 크다.

직접적인 비판을 받으면 크게 화를 내는 예민한 사람들에게 는 그들의 실수를 간접적으로 의식하게 만들면 큰 효과를 볼 수 있다. 로드아일랜드주 운소컷에 사는 마지 제이콥은 우리 수업 시간에 그녀의 집 근처에서 건설 공사를 하는 인부들에게 그들 이 머물렀던 자리를 깨끗이 치우도록 설득했던 이야기를 들려 주었다.

공사가 시작되고 처음 며칠 동안 제이콥은 퇴근 후 집에 돌 아와 자르고 남은 목재 조각들이 마당에 흩뿌려져 있는 걸 보았 다. 제이콥은 인부들의 미움을 사고 싶지는 않았다. 일솜씨가 아 주 좋은 사람들이었기 때문이다. 그래서 인부들이 돌아간 뒤 아 이들과 함께 목재 조각을 주워 구석에 전부 깔끔하게 모아두었 다. 다음 날 아침 제이콥은 공사 현장 감독관을 한쪽으로 따로 불러 말했다.

"지난밤에 저희 집 앞마당을 정리해주셔서 정말 감사합니다, 보기도 좋고 깔끔해 이웃에 폐가 되지 않겠네요."

그날부터 인부들은 목재 부스러기들을 주워 한쪽에 쌓았고, 감독관은 매일 작업이 끝난 뒤 앞마당의 상태가 괜찮은지 제이 콥에게 확인을 받으러 왔다.

예비군과 현역 교관들 사이에 자주 말다툼이 일어나는 이유 는 두발 규정 때문이다. 예비역들은 자신을 민간인(대부분 시간 에는 민간인이기는 하다)이라 여겨, 머리를 짧게 깎는 데 반감을 가진다.

제542 예비역 교육대의 할리 카이저 상사도 예비역 하사관을 지휘하면서 이런 문제를 마주하게 되었다. 고참 현역 상사이다 보니 다들 카이저 상사가 예비역들에게 소리를 지르거나 으름 장을 놓았을 거라 예상했지만, 그는 간접적으로 자신의 뜻을 전하는 방법을 선택했다.

"제군들은 리더이다. 리더는 모범을 보일 때 가장 효과적으로 통솔할 수 있다. 제군들은 부하들의 모범이 되어야 한다. 군의 두발 규정에 관해서 알고 있을 것이다. 제군들 가운데 몇몇 사람보다 짧기는 하지만 그래도 나는 오늘 내 머리칼부터 자르겠다. 제군들도 거울을 보고 모범이 되기 위해 머리칼을 자르는 게 좋겠다고 생각한다면 부대 내 이발소에 방문할 시간을 마련해주겠다."

결과는 예상대로였다. 카이저 상사의 이야기를 들은 사람 가운데 몇몇이 실제로 거울을 보고 그날 오후 이발소에 가서 '규칙'대로 머리를 잘랐다. 다음 날 아침 카이저 상사는 부대원 가운데 일부 장병들에게서 벌써 리더십이 발전하는 모습이 보인다고 이야기해주었다.

1887년 3월 8일, 뛰어난 설교를 들려주었던 헨리 워드 비처 목사가 사망했다. 그다음 일요일 신학자 라이먼 애보트는 비처 목사가 사망하고 비어버린 연단에서 설교해달라는 부탁을 받았다. 최선을 다해 준비하고 싶은 마음에 애보트는 설교문을 쓰고, 또 쓰고, 프랑스의 소설가 플로베르처럼 꼼꼼하게 다듬었다. 그러고 나서 아내에게 설교문을 읽어주었다. 원고로 적은 연설이 대부분 그렇듯 애보트의 설교문도 형편없었다. 애보트의 아내가 판단력이 부족한 사람이었다면 이렇게 말했을 것이다.

"여보, 설교문이 형편없어요. 그거로는 안 될 것 같아요. 신도들이 잠들 거예요. 백과사전 읽는 것 같거든요. 여러 해 동안 설교를 해왔으니 이것보단 잘해야지요. 제발 좀 사람처럼 이야기할 수 없어요? 자연스럽게 행동할 수 없을까요? 원고를 그렇게 읽어서는 망신만 당할 거예요."

애보트의 아내는 그렇게 말했을까? 그랬다면 어떻게 되었을지 여러분도 짐작할 수 있을 것이다. 그리고 애보트의 아내 역시 그렇게 말하면 어떻게 될지 알고 있었다. 그래서 그냥 남편의 글이 문예지 〈노스 아메리칸 리뷰〉에 실리면 정말 좋을 것 같다고 이야기했다. 다시 말해 애보트의 아내는 남편을 칭찬하면서 동시에 넌지시 설교문으로 어울리는 글은 아니라는 암시를 한 것이다. 애보트도 아내의 뜻을 알아채고 정성들여 준비한 원고를 찢어버린 뒤 메모조차 없이 설교에 임했다.

다른 사람의 실수를 바로잡을 효과적인 방법은 다음과 같다.

원칙 2: 사람들의 잘못은 간접적으로 알려라.

제3장
자신의 실수부터 이야기하라

내 조카 조세핀 카네기가 내 비서로 일하기 위해 뉴욕에 왔다. 조세핀은 열아홉 살이었고 고등학교를 졸업한 지는 3년이 되었다. 그녀는 사회생활 경험이 거의 전무하다시피 했다. 후에 조세핀은 수에즈의 서쪽 지역에서는 최고라 할 수 있는 비서가 되었지만, 시작은 음…… 발전해야 할 부분이 많았다. 어느 날 내가 조세핀을 나무라다 속으로 생각했다.

'데일 카네기, 잠깐, 잠깐만. 넌 조세핀보다 나이가 두 배나 많다고. 사회생활 경험은 만 배나 많을 거고. 어떻게 조세핀에게 너와 같은 관점과 판단, 자주성을 기대하는 거야. 잘해야 평범할까? 아, 그런데 데일 잠깐만, 열아홉 살 때 너는 무엇을 하고 있었지? 그때 네가 저질렀던 터무니없는 실수들 기억나? 이런저런 실수를 했던 때를 기억하니?'

이 문제에 관해 생각하고 나서 내가 솔직하고 공평하게 내린 결론은 같은 열아홉 살을 놓고 보면 조세핀이 나보다 낫다는 사실이었다. 말하기 부끄럽지만 조세핀에게 칭찬 한마디 해주지 않고 있었다. 그래서 이후로는 조세핀의 실수를 지적하고 싶을 때 이렇게 말문을 열었다.

"조세핀, 네가 실수를 저질렀지만 하느님은 아실 거야. 내가 저질렀던 실수보다는 낫단다. 판단력을 가지고 태어나는 사람은 없어. 판단력은 경험을 통해서만 기를 수 있는데, 너는 네 나이 때의 나보다 나아. 나도 정말 바보 같고 어리석은 실수를 많이 저질렀어. 그러니 너나 다른 사람을 나무랄 수가 없단다. 그렇기는 하지만 네가 이러이러하게 하는 편이 더 나았을 거라고 생각하지 않니?"

스스로 완벽과는 정말 거리가 멀다고 겸손하게 인정하면서 비판을 시작하면 그 사람이 하는 비판을 듣는 게 그리 어렵지 않다.

캐나다 매니토바주 브랜든에서 엔지니어로 일하는 딜리스톤은 새로 뽑은 비서 때문에 어려움이 있었다. 그가 작성한 서류를 타이핑시키면 비서가 서명을 받기 위해 타이핑한 서류를 책상 위에 올려놓는데, 살펴보면 한 페이지에 두세 개씩 오타가 있었다. 딜리스톤은 이 문제에 대처한 방법을 우리 수업 시간에 이야기해주었다.

엔지니어들이 많이 그렇듯 제 영어도 훌륭하지 않고 철자에 자신 있는 것도 아닙니다. 수년 동안 저는 조그마한 검은 수첩을 가지고 다녔습니다. 철자를 자주 틀리는 단어는 거기에 적어놓았죠. 비서에게 실수를 지적하는 것만으로는 서류를 교정하거나 사전을 찾게 할 수 없다는 게 분명해지자 저는 다른 접근법을 써보기로 했습니다. 다음에 다시 오타가 든 서류를 받았을 때 저는 타이피스트를 불렀습니다.

"어찌 된 일인지 이 단어가 맞는 것 같지 않군. 내가 항상 헷갈리는 단어란 말이지. 그래서 내가 철자수첩을 만들었어. (철자수첩의 적절한 페이지를 펴고) 그래, 여기 있군. 나는 요즘 철자에 매우 신경을 쓰고 있다네. 글씨와 철자를 보고 우리를 판단하는 사람이라면 이 서류를 보고 프로답지 못하다고 생각할 테니 말이야." 그녀가 내 방식을 따랐는지 아닌지는 알 수 없지만 그날 이야기를 나눈 이후로 서류에서 오타가 현저히 줄었습니다.

1909년 기품 넘치는 독일의 베른하르트 폰 뷜로 후작도 이렇게 말하는 방법이 꼭 필요하다는 걸 배웠다. 당시 뷜로 후작은 독일 제국의 총리였고, 국왕은 거만한 빌헬름 2세였다. 빌헬름 황제는 무척 거만한 사람이었다. 독일 제국의 마지막 황제였던 빌헬름 2세는 그가 자랑스러워하는 독일의 육군과 해군을 육성했고, 독일의 군대는 강력한 상대도 물리칠 수 있었다.

그때 놀라운 일이 일어났다. 빌헬름 2세가 실언을 했는데, 그 믿을 수 없는 말이 유럽대륙을 뒤흔들고 전 세계에 일련의 폭발을 일으킨 것이다. 엎친 데 덮친 격으로 황제는 영국에 국빈으로 방문하는 동안 공개석상에서 어리석고, 자기중심적이며, 바보 같은 말을 내뱉었고, 〈데일리 텔레그래프〉에 자신의 발언을 실어도 좋다고 허락했다. 예를 들어 자신은 영국을 우호적인 나라라고 생각하는 유일한 독일인이라고 선언하거나, 일본의 위협에 대항해 해군을 육성하고 있다거나, 자신이, 오직 자신만이 러시아와 프랑스에 가려 초라해진 영국을 구할 수 있다고 했는가 하면, 영국의 로버트 경이 남아프리카공화국의 보어인을 무찌른 건 자신이 계획한 일이라는 등등의 발언이었다.

평화로운 시기를 보내고 있던 유럽에서 한 나라의 왕이 그런 소리를 한 건 100년 동안 처음이었다. 유럽 전역이 쑤셔놓은 벌집처럼 분노로 들끓었다. 영국은 격분했고 독일 정치인들은 경악했다. 아연실색한 황제는 공황에 빠져 독일 총리였던 폰 뷜로 후작에게 책임을 떠넘겼다. 그렇다, 황제는 폰 뷜로 후작이 이 모든 일은 전부 자신의 책임이며, 군주에게 이런 믿을 수 없는 말을 하라는 조언을 했다고 발표하기를 원한 것이다.

폰 뷜로는 이렇게 항의했다.

"하지만 폐하, 독일이나 영국의 그 누구도 제가 감히 폐하께 그런 말씀을 하시라는 조언을 드릴 수 있으리라 생각지 않을 것입니다."

폰 뷜로의 입에서 그 말이 나오자마자 황제는 자신이 중대한 실수를 저질렀음을 깨달았다. 그리고 황제의 화가 폭발했다.

"나를 자네도 저지르지 않을 실수를 저지르는 바보로 아는가!"

황제가 소리를 질렀다.

폰 뷜로는 황제를 비난하기에 앞서 칭찬부터 했어야 한다는 걸 깨달았다. 하지만 이미 너무 늦었기에, 다음 최선책을 찾았다. 비판을 한 뒤 칭찬을 더한 것이다. 그랬더니 기적처럼 효과가 있었다.

폰 뷜로는 공손하게 대답했다.

"저는 그런 제안을 드릴 주제도 못 됩니다. 폐하는 여러 면에서 저를 능가하십니다. 해군과 군사 지식은 말할 것도 없고, 무엇보다 자연과학 지식이 뛰어나지 않으십니까. 저는 폐하께서 기압계나 무선 전신, 뢴트겐선에 대해 설명하실 때면 경탄을 금할 수 없습니다. 부끄럽게도 저는 자연과학 분야에는 정말 무지합니다. 화학이나 물리학의 개념은 전혀 모르고 정말 간단한 자연현상마저 설명할 능력이 없습니다. 그런데 대신 제가 역사 지식은 좀 있는 편이고 정치, 그중에서도 특히 외교적으로는 쓸만한 자질을 갖추고 있습니다."

황제가 활짝 미소 지었다. 폰 뷜로는 황제를 칭찬하고 높이면서 자신을 낮췄다. 그 이후 황제는 무엇이든 용서할 수 있었다. 그리고 들떠서 외쳤다.

"우리는 서로를 훌륭하게 보완할 수 있다고 내가 항상 말하지 않았는가? 우리는 함께해야 하네. 그리고 그렇게 될 것이야."

그렇게 말한 황제는 한 번이 아니라 여러 번 폰 뷜로와 악수를 나누었다. 그리고 그날 오후 황제는 열의에 차서 두 주먹을 불끈 쥐고 외쳤다.

"누구라도 내게 폰 뷜로 후작에 반하는 말을 하는 사람이 있다면 내가 그의 코에 주먹을 날릴 것이다."

폰 뷜로는 때맞춰 화를 모면했지만, 약삭빠른 외교관인 그도 한 가지 실수를 저질렀다. 대화를 시작할 때 황제가 도움이 필요한 얼빠진 사람이라는 걸 넌지시 암시할 게 아니라 자신의 단점부터 이야기하고 빌헬름 황제의 뛰어난 점을 칭찬했어야 했다.

자신을 낮추고 상대를 칭찬하는 말 몇 마디로 모욕당한 거만한 황제를 확고히 내 편으로 만들 수 있었을 정도이니, 우리가 일상생활에서 겸손과 칭찬의 말을 사용하면 어떤 일이 일어날지 생각해보라. 적절히 사용하기만 하면 겸손과 칭찬의 말은 우리의 인간관계에 진정한 기적을 불러온다.

자신의 실수를 인정하면 비록 아직 고치지 못했다 해도 상대의 행동을 변화시킬 수 있다. 다음과 같은 최근의 예를 보자. 메릴랜드주 티모니엄에 사는 클라렌스 제르허센이 열다섯 살 난 아들의 흡연 시도에 대처한 방법이다.

제르허센은 이렇게 말했다.

당연히 아들인 데이비드가 담배 피우는 걸 원치 않았습니다. 하지만 데이비드의 엄마인 아내와 제가 흡연자인걸요. 아들에게 항상 잘못된 예를 보여주고 있었던 겁니다. 저는 아들에게 제가 그만한 나이였을 때 어떻게 담배를 피우기 시작했는지 그리고 니코틴이 어떻게 제 건강을 해쳤으며, 이제는 거의 끊는 게 불가능해졌는지를 이야기해주었습니다. 그리고 담배를 피웠더니 기침이 나서 얼마나 불편한지, 몇 년 전까지만 해도 네가 나를 쫓아

다니며 담배를 끊으라고 했었다는 이야기도 했습니다.

저는 아들에게 담배를 끊으라고 촉구하거나 으름장을 놓거나 위험성에 관해 경고하지 않았습니다. 그저 제가 어떻게 담배에 중독되었고 그게 어떤 의미인지 알려준 게 전부였지요.

아들은 그에 대해 잠시 생각하더니 고등학교를 졸업할 때까지는 담배를 피지 않겠다고 결심했습니다. 세월이 흐르자 데이비드는 다시는 담배에 손을 대지 않았고, 다시 피겠다는 생각도 없어졌다고 했지요.

아들과 그런 대화를 나눈 결과 저도 스스로 담배를 끊어야겠다고 결심했고, 가족들의 도움을 얻어 금연에 성공했습니다.

좋은 리더는 다음 원칙을 따른다.

원칙 3: 다른 사람을 비판하기 전에
자신의 실수부터 이야기하라.

제4장
명령받고 싶은 사람은 아무도 없다

한 번은 미국의 중진 전기작가인 아이다 타벨 여사와 저녁 식사를 함께하는 기쁨을 누렸다. 내가 이 책을 쓰고 있다고 이야기하자 사람들과 잘 지내는 법과 관련한 온갖 주제로 대화가 이어졌다. 타벨은 법률가 오웬 영의 전기를 쓰는 동안 오웬 영과 같은 사무실에서 3년 동안 함께 일한 남성과 이야기를 나누게 되었다. 남성의 이야기에 따르면 3년 동안 한 번도 오웬 영이 누군가에게 명령을 내리는 모습을 본 적이 없었다고 한다. 오웬 영은 명령 대신 항상 제안했다. 예를 들어 오웬 영은 "이것 하세요, 저것 하세요"라는 식으로는 결코 말하는 법이 없었고 "이 점에 대해 생각해보세요" 혹은 "그게 효과가 있을 것 같나요?"라고 말하곤 했다. 편지 내용을 불러주고 나서는 자주 이렇게 물었다.

"이 내용은 어떤가요?"

직원이 정리해 온 편지를 보고는 이렇게 말하곤 했다.

"여기를 이런 식으로 표현한다면 더 좋을 것 같아요."

그리고 오웬 영은 사람들에게 항상 스스로 해볼 기회를 주었다. 직원들에게도 일을 하라고 말한 적이 없었다. 그들이 알아서 일하게 하고, 실수를 통해 배울 수 있도록 했다.

이런 방법을 쓰면 사람들로 하여금 잘못을 고치게 하기가 쉽다. 상대의 자존심을 지키고, 그들이 존재의 중요성을 느낄 수 있도록 하는 방법이다. 그래서 상대방은 반감보다는 협조하겠다는 마음을 가진다.

귀에 거슬리는 명령을 받았을 때 느끼는 반감은 오랫동안 지속된다. 분명 잘못된 상황을 바로잡기 위해 내리는 명령이라도 그렇다. 펜실베이니아주 와이오밍에 있는 직업학교의 교사인 댄 산타렐리가 우리 수업시간에 이야기를 들려주었다. 학생 한 명이 차를 불법 주차하면서 교내 매점 진입로를 막았다고 한다. 동료 교사 한 명은 교실로 뛰어 들어가 거만한 목소리로 물었다.

"누구 차가 진입로를 막고 있는 거냐?"

차를 가져온 학생이 대답하자 그는 소리를 질렀다.

"저 차를 지금 당장 빼, 그렇지 않으면 차에 체인을 감아 끌어 내버릴 테니까."

잘못한 건 학생이다. 거기에 차를 주차해서는 안될 일이었다. 하지만 그날부터 그 학생만 선생님의 행동에 분개한 게 아니었다. 반 학생 전체가 선생님을 힘들게 만드는 일이라면 전부 다 했고, 그래서 그는 학교생활이 즐겁지 않았다.

다른 방식으로 접근할 수는 없었을까? "진입로에 주차된 차는 누가 가져왔니?"라고 그가 좀더 친절하게 확인하고, 차를 빼면 다른 차들이 드나들 수 있을 거라 얘기했다면 학생은 기꺼이 차를 뺐을 것이고, 그 학생이나 반 친구들은 선생님에게 화가 나거나 분개하지 않았을 것이다.

질문으로 표현하는 방식은 명령을 보다 듣기 좋게 만들어줄 뿐 아니라 듣는 사람의 창의력도 자극한다. 사람들은 명령을 내리는 결정에 스스로 참여하면 그 명령을 쉽게 받아들인다.

남아프리카공화국 요하네스버그에 사는 이안 맥도날드는 정밀 기계 부품에 특화된 작은 제조공장의 공장장으로 일하고 있었다. 공장에서 대규모 주문을 받을 기회가 생겼는데 맥도날드는 공장 사정상 납기일을 맞출 수 없다고 생각했다. 생산 라인의 작업 일정이 이미 정해져 있었고, 이번 주문량의 생산에 주어진 짧은 시간을 생각하면 맥도날드는 주문을 받아들일 수 없을 것 같았다.

맥도날드는 생산량을 맞추기 위해 작업자를 독촉하며 서둘러 생산 기간을 줄이는 방법 대신 작업자를 전부 불러 상황을 설명하고, 이 주문을 제날짜에 맞춰 생산한다면 회사와 직원에게 얼마나 중요한 의미가 있을지를 설명했다. 그러고 나서 질문을 던졌다.

"우리에게 이 주문을 처리할 방법이 있을까요? 이 주문을 받아 생산 라인에서 처리할 다른 방법이 떠오르는 분 있나요? 우리의 근무 시간이나 개인별 작업량을 조절해 이 주문을 생산할 방법이 있을까요?"

작업자들은 많은 아이디어를 내면서 이 주문을 받자고 주장했다. 작업자들은 '할 수 있다' 정신으로 무장했고, 주문을 받아 생산하고, 일정에 맞게 출하했다.

효과적으로 직원과 소통하는 리더는 다음 원칙을 사용한다.

원칙 4: 직접적으로 명령하지 말고 질문을 던져라.

제5장
상대의 체면을 세워라

몇 년 전 제너럴 일렉트릭은 찰스 슈타인메츠를 부서장 자리에서 물러나게 하는 어려운 일을 앞두고 있었다. 슈타인메츠는 전기문제에는 천재였지만, 계산팀의 팀장 일은 전혀 맞지 않았다. 하지만 회사에서는 슈타인메츠의 기분을 상하게 하고 싶지 않았다. 그는 회사에 없어서는 안 될 존재였으며, 매우 예민한 사람이었다. 그래서 회사는 슈타인메츠에게 새로운 직함을 주었다. 슈타인메츠가 이미 하고 있던 일에 제너럴 일렉트릭 고문 엔지니어라는 새로운 직함을 부여하고 다른 사람에게 계산 팀을 맡겼다.

슈타인메츠는 만족했다. 제너럴 일렉트릭의 임원들도 안심했다. 그들은 회사에서 가장 괴팍한 스타 직원을 전략적으로 원만하게 움직였다. 그 전략은 슈타인메츠의 체면을 세워주는 일이었다.

상대의 체면을 세우는 일! 그것은 얼마나 중요한가! 그런데 잠깐이라도 멈춰 이에 대해 생각하는 사람은 얼마나 드문가!

우리는 다른 사람의 감정을 함부로 다룬다. 자기 마음대로 하려 하고, 다른 사람의 잘못을 파헤치고, 으름장을 놓고, 사람들이 보는 앞에서 아이나 직원을 혼낸다. 상대의 자존심에 금이 가는 건 생각조차 하지 않고 말이다. 그러나 잠시만 생각해보면 사려 깊은 단어 한두 개, 다른 사람의 태도에 관한 진실한 이해로써 다른 사람을 상처 입히는 일을 크게 줄일 수 있다! 다음번에 직원을 해고하거나 질책해야 할 불편한 상황이 생기면 이 점을 꼭 기억하자.

공인회계사 마셜 그레인저가 내게 보낸 편지를 보자.

직원을 해고하는 건 즐겁지 않은 일이죠. 그건 괴로운 일이에요. 제 일은 대부분 시기를 탑니다. 그래서 세금 신고 기간이 끝나면 많은 직원을 내보내야 해요.

이쪽 업계에서 상투적으로 쓰는 말이지만 도끼 휘두르는 걸 좋아하는 사람은 없어요. 그러다 보니 가능한 한 빨리 해고 절차를 마무리하는 관습이 있고, 대개 다음과 같은 방식으로 이루어집니다.

"스미스 씨, 앉아보세요. 이번 세금 신고 기간이 끝났어요. 더는 스미스 씨께 맡길 일이 없군요. 물론 일이 바쁜 시기에만 일하는 걸로 하고 들어오셨다는 걸 아시겠지만요……."

그러면 상대는 실망과 함께 '버림받았다'고 느낍니다. 대부분 평생 회계 분야에서 일하는 사람들인데, 그렇게 쉽게 자신을 버리는 회사에 특별한 애정 같은 건 없습니다.

최근 저는 기간제로 뽑은 직원을 좀더 배려하며 요령 있게 대하기로 마음먹었습니다. 그래서 지난겨울 기간제 직원들의 업무 내용을 깊이 잘 생각해본 후 한 명씩 불렀습니다. 그리고는 다음과 같이 말했지요.

"스미스 씨, 일을 정말 잘해주셨군요(일을 잘하는 사람일 경우). 그때 뉴아크로 출장을 다녀오셨죠. 힘든 일을 해주셨어요. 그 일을 현장에서 처리해주신 건 스미스 씨였고, 정말 잘 해내셨습니다. 회사에서 스미스 씨를 자랑스럽게 생각한다는 걸 알아주셨으면 해요. 스미스 씨는 능력이 뛰어난 분이니 어디서든 잘해내실 거예요. 우리 회사는 스미스 씨를 믿고 응원하고 있습니다. 그 점을 잊지 않으셨으면 해요."

효과가 어땠을까요? 직원들은 해고 통보를 받은 후에도 훨씬 좋은 감정으로 퇴사했습니다. '버림받았다'고 느끼지 않았지요. 일이 또 생기면 우리가 부를 것을 알았으니까요. 그리고 다시 그 사람을 고용할 일이 생기면 회사에 개인적인 애정을 가지고 일하러 왔습니다.

우리 수업 시간 중에 두 명의 수강생이 상대를 흠잡는 일의 부정적인 효과와 이에 반해 체면을 살려주는 일의 긍정적인 효과를 두고 토론을 벌였다.

펜실베이니아주 해리스버그에 사는 프레드 클라크는 회사에서 있었던 사건을 이야기했다.

"생산 회의를 하는데 부사장이 생산 관리자에게 공정에 관해 매우 날 선 질문을 던졌습니다. 질문하는 목소리는 공격적이었고 관리자 쪽의 성과에 문제가 있다는 걸 지적하려는 속셈이었어요. 동료 직원들 앞에서 무안당하고 싶지 않았던 관리자는 답을 얼버무렸습니다. 이 때문에 부사장은 벌컥 화를 내며 관리자를 질책하고 거짓말을 한다며 몰아붙였습니다. 그전까지 쌓아온 업무 관계가 단 몇 분 만에 무너졌지요. 그 관리자는 기본적으로 좋은 직원이었는데, 그때부터 회사에서 쓸모없는 사람이 되었어요. 그는 몇 달 뒤 회사를 떠났고 경쟁사로 이직했습니다. 거기서 일을 아주 잘하고 있지요."

또 다른 수강생인 안나 마조네도 직장에서 있었던 비슷한 일을 이야기해주었다. 하지만 다른 방식으로 접근해 완전히 다른 결과를 얻었다! 마조네는 어느 식품 포장회사에서 마케팅 전문가로 일하고 있는데 처음으로 중요한 업무를 맡게 되었다. 신제

품을 테스트 마케팅하는 일이었다. 마조네는 수업 시간에 이렇게 이야기했다.

테스트 결과를 받고 저는 엄청난 충격을 받았습니다. 마케팅 계획에 심각한 문제가 있었고, 이로 인해 테스트를 전부 다시 해야 했어요. 설상가상으로 이 프로젝트에 관한 보고서를 발표하기로 되어 있는 회의 시간 전에 상사를 만나 논의할 시간이 없었지요. 보고서를 발표하러 갔을 때 저는 무서워서 떨고 있었습니다. 무너지는 걸 참으려고 안간힘을 썼어요. 울지 않기로 했고 거기 있는 남자들이 여자들은 너무 감정적이니 관리직을 맡기면 안 된다는 소리를 하게 만들지는 않기로 마음먹었습니다. 저는 간단히 내용을 보고하고 실수가 있어 다음 회의 전까지 연구를 다시 해오겠다고 말했습니다. 그러고는 상사가 화내리라 예상하며 자리에 앉았지요.

하지만 상사는 화를 내는 대신 내가 한 일을 칭찬하고 신규 프로젝트를 진행하다가 실수하는 건 드문 일이 아니니 다시 조사하면 정확하고 회사에 의미 있는 결과가 나오리라 믿는다고 말했습니다. 모든 동료가 보는 앞에서 저를 믿고 있다고 확인해주었지요. 상사는 제가 스스로 최선을 다했고, 능력의 부족이 아니라 경험의 부족 때문에 실수한 것임을 알고 있었습니다. 회의실을 나오면서 저는 자신감을 느꼈고, 다시는 상사를 실망시키지 않겠다고 결심했습니다.

내가 옳고 상대방이 틀린 게 분명하다 해도 상대의 체면을 잃게 하면 자존심을 망가뜨릴 뿐이다. 프랑스의 전설적인 초기 비행사이자 작가인 앙투안 드 생텍쥐페리는 이렇게 썼다.

'내게는 사람들이 스스로 생각하는 자기 모습을 깎아내릴 어떤 말이나 행동도 할 권리가 없다. 중요한 건 내가 그 사람을 어떻게 생각하는지가 아니라 그가 자신을 어떻게 생각하는가이다. 타인의 자존심에 상처를 주는 건 죄악이다.'

진짜 리더라면 항상 다음 원칙을 따른다.

◎

원칙 5: 상대방의 체면을 세워라.

제6장
사람들을 격려해 성공으로 이끄는 방법

내 오랜 친구 피터 발로우는 동물 쇼를 벌이며 평생을 서커스와 공연단을 따라 돌아다녔다. 나는 피터가 공연을 위해 새로 들어온 강아지를 훈련하는 모습을 보는 게 좋았다. 피터는 강아지가 조금이라도 발전하는 모습을 보이면 쓰다듬고 칭찬하고 간식을 주고 치켜세웠다.

새로울 것 없는 방법이다. 동물 조련사는 수세기 동안 같은 방법을 써왔다.

그런데 강아지의 행동을 변화시키려 할 때는 쓰는 상식적인 방법을 왜 사람을 변화시키려 할 때는 사용하지 않을까? 채찍 대신 고기를 주는 게 어떨까? 비난하는 대신 칭찬하면 어떨까? 약간의 발전만 보여도 칭찬하자. 그러면 상대방은 계속 발전을 거듭할 수 있다.

심리학자 제스 레어는 그의 책《대단한 사람은 아니지만, 내게는 내가 전부이다 Ain't Much, Baby-But I'm All I've Got》에서 이렇게 썼다.

'칭찬은 인간의 정신을 데우는 햇살과 같다. 칭찬 없이는 꽃을 피울 수도, 키울 수도 없다. 그런데 우리는 대부분 다른 사람에게 비판이라는 찬바람을 퍼부을 준비만 하고, 어찌 된 일인지 칭찬이라는 따뜻한 햇살을 뿌리기는 주저한다.'

내 인생을 돌이켜보아도 몇 마디 칭찬이 내 미래를 크게 바꾸어놓았다. 여러분 인생에는 그런 일이 없었을까? 역사 속에는 순전히 칭찬만으로 일어난 마법처럼 놀라운 일이 가득하다.

예를 들어, 오래전 열 살 소년이 나폴리의 공장에서 일하고 있었다. 그는 가수가 되고 싶었지만 첫 번째 선생님이 기를 꺾었다.

"너는 노래를 못하는구나. 노래 부를 목소리가 전혀 아니야. 네 목소리는 덧문을 두드리는 바람 소리 같아."

하지만 가난한 농촌의 아낙이었던 소년의 어머니는 아들의 어깨를 감싸며 칭찬해주고, 아들이 노래를 잘한다고 생각한다며 노래 실력이 벌써 나아지는 게 보인다고 말해주었다. 그리고 돈을 모아 아들의 음악 수업 비용을 마련하려고 열심히 일했다. 그런 엄마의 칭찬과 격려는 아들의 인생을 바꾸어놓았다. 아들의 이름은 엔리코 카루소로, 그는 당대 최고로 훌륭하고 유명한 오페라 가수가 되었다.

19세기 초반의 런던, 작가가 되고 싶어 하는 어느 젊은 남성이 있었다. 하지만 모든 상황이 나쁘기만 했다. 그는 4년밖에 정식 교육을 받지 못했고, 아버지는 빚을 갚지 못해 철창신세를 지고 있었다. 이 젊은이는 배고픈 날이 많았다. 마침내 그는 쥐가 끓는 창고에서 검정 구두약 통에 상표를 붙이는 일자리를 구했다. 밤에는 런던 빈민가의 부랑아 두 명과 함께 형편없는 다락방에서 잠을 청했다. 그는 글쓰기 능력에 자신이 거의 없었기 때문에 아무도 비웃지 못하도록 한밤중에 몰래 나와 첫 번째 원고를 잡지사에 보냈다. 보내고 또 보내도 원고는 거절당했다. 그러다 마침내 좋은 날이 와서 어느 원고 하나가 채택되었다. 그렇다, 그 원고로 돈은 한 푼도 벌지 못했지만, 어느 편집자가 그의 글을 칭찬해주고 인정해주었다. 그는 매우 감격해서 두 뺨 위로 눈물을 흘리며 목적 없이 거리를 돌아다녔다.

한 편의 이야기가 출간되면서 받은 칭찬과 인정은 그의 인생 전체를 바꾸어놓았다. 그때 격려받지 못했다면 그는 쥐가 끓는 공장에서 일하며 평생을 보냈을지 모른다. 여러분도 그의 이름을 들어보았을 것이다. 그는 바로 찰스 디킨스다.

런던의 또 다른 소년은 양복점 점원으로 일하며 생계를 꾸리고 있었다. 그는 새벽 5시에 일어나 매장 청소를 해야 했고, 하루 열네 시간씩 노예처럼 일했다. 그건 정말 힘든 일이었고 그는 진절머리를 냈다. 2년 뒤 더는 일을 계속할 수 없어서 그는 어느 날 아침 일어나 아침식사도 하지 않은 채 가정부로 일하는 어머니와 이야기를 나누러 24킬로미터를 걸어갔다.

그는 미칠 것 같은 마음에 어머니께 사정하며 눈물을 흘렸다. 그리고 계속 그 가게에서 일하느니 자살하겠다고 나섰다. 그러고는 옛 학교의 교장선생님께 자신은 낙담했으며, 더는 살고 싶지 않다고 애처로운 편지를 길게 써서 보냈다. 편지를 받은 교장선생님은 그를 칭찬하고는 그가 정말 똑똑한 학생이었고 더 나은 일을 해야 할 사람이라며 선생님으로 일할 자리를 마련해 주었다.

교장선생님의 칭찬은 소년의 미래를 바꾸어놓았고, 영국 문학의 역사에 길이 남을 인상적인 모습을 선사했다. 소년이 셀 수 없이 많은 베스트셀러 작품을 쓰고 백만 달러가 넘는 돈을 벌었기 때문이다. 이 소년의 이름도 들어보았을 것이다. 그는 바로 허버트 조지 웰스이다.

비판 대신 사람을 칭찬하는 것이 스키너 교수법의 기본 개념이다. 현대의 위대한 심리학자인 스키너는 동물 및 인간 실험을 통해 비판을 최소화하고 칭찬을 강조하면 사람이 잘하는 일은 더 잘하게 되고 좋지 못한 부분에는 관심을 두지 않게 되어 그런 면이 사라진다는 사실을 보여주었다.

노스캐롤라이나주 록키마운틴에 사는 존 링겔스포는 자녀를 양육하는 데 스키너의 방법을 사용했다. 많은 가족이 그렇듯 링겔스포 부부도 아이들과 의사소통을 할 때 주로 소리를 질렀다. 그럴 때마다 아이들의 행동은 좋아지기보다 조금씩 더 나빠졌고, 그건 부모님인 링겔스포 부부도 마찬가지였다. 이 문제는 끝이 없는 것 같았다.

링겔스포는 이러한 상황을 해결하기 위해 우리 수업 시간에 배운 인간관계의 원칙을 사용해보기로 했다. 그는 말했다.

"우리는 아이들의 잘못을 지적하는 대신 칭찬해보기로 했습니다. 전부 부정적인 면밖에 보이지 않는데 칭찬하기란 쉬운 일이 아니었지요. 칭찬거리를 찾기가 정말 어려웠어요. 가까스로 칭찬할 일을 찾으니 하루 이틀이 지나기도 전에 아이들은 정말 저를 화나게 했던 행동을 멈추었습니다. 그러더니 다른 잘못된 행동도 사라지더군요. 아이들은 칭찬받기 위해 노력하기 시작했습니다. 지금까지와 달리 바른 일을 하기 시작했죠. 저희 부부는 믿을 수가 없었습니다. 물론 그런 상태가 계속되지는 않았지만, 그런 일이 있고 난 뒤에 일반적인 상황이 훨씬 좋아졌습니다. 더는 우리가 예전처럼 대응할 필요가 없었어요. 아이들이 잘못된 행동보다 올바른 행동을 훨씬 많이 했거든요."

이 모든 건 아이들이 저지르는 잘못을 비난하기보다 약간의 발전을 보였을 때 칭찬을 해준 결과였다.

이 원칙은 직장에서도 통한다. 캘리포니아주 우드랜드 힐스에 사는 키스 로퍼는 회사에서 있었던 일에 이 원칙을 적용했다. 그가 운영하는 인쇄소에서 유난히 질이 좋은 제작물이 나왔다. 작업을 한 사람은 신입 직원이었는데, 업무에 적응하는 데 어려움을 겪고 있었다. 그의 상사는 이 직원의 태도가 부정적이라며 화를 냈고 진지하게 해고를 고려하고 있었다.

이러한 상황을 알게 된 로퍼가 직접 인쇄소에 가서 그 직원과 이야기를 나누었다. 그리고 방금 본 인쇄물을 보고 정말 기뻤다며, 한동안 인쇄소에서 나온 제작물 중에 가장 품질이 뛰어나다고 이야기해주었다. 정확히 어떤 점이 뛰어났는지도 짚어주고,

그 직원이 회사에 기여하는 부분이 얼마나 중요한지도 전했다.

그런 칭찬이 직원의 근무태도에 영향을 주었을까? 며칠 지나지 않아 직원의 태도는 완전히 달라졌다. 동료 몇몇에게 사장님과 나눈 대화를 전하고, 회사 안의 누군가는 좋은 제작물을 정말 알아볼 줄 안다고 이야기했다. 그리고 그날부터 그는 회사에 충성심을 가지고 열심히 일하는 직원이 되었다.

로퍼는 그저 젊은 직원을 달래며 "자네는 일을 잘하는군"이라고만 한 게 아니었다. 그는 직원이 한 일에서 어떤 점이 뛰어났는지를 정확히 지적했다. 일반적인 칭찬만 늘어놓은 게 아니라 구체적인 내용을 언급했기 때문에 칭찬받는 사람은 더욱 칭찬의 의미를 느낄 수 있었다. 사람은 누구나 칭찬받기를 좋아한다. 하지만 구체적으로 칭찬할 때 더욱 진심이 느껴진다. 그저 상대에게 기분 좋으라고 하는 말과는 다르다.

명심하라, 우리는 모두 칭찬과 인정을 갈구한다. 그리고 칭찬과 인정을 받기 위해서라면 거의 무슨 일이든 할 것이다. 하지만 진심이 없는 칭찬을 원하는 사람은 없다. 누구도 아첨일 뿐인 소리를 듣고 싶어 하지는 않는다.

다시 한번 반복해서 말한다. 이 책에 소개한 인간관계의 원칙은 진심에서 우러나왔을 때만 효과가 있다. 나는 꼼수를 알려주는 게 아니다. 내가 전하고 싶은 건 인생을 살아가는 새로운 방법이다.

사람들을 변화시키는 방법에 관해 이야기해보자. 우리가 만

나는 사람에게 그들 자신의 숨겨진 보물 같은 면을 깨닫게 한다면 그에게서 변화 이상의 것을 끄집어낼 수 있다. 말 그대로 사람을 완전히 달라지게 할 수 있는 것이다.

과장된 소리 같은가? 그렇다면 미국에서 가장 뛰어난 심리학자이자 철학자인 윌리엄 제임스의 현명한 이야기를 들어보자.

"우리의 가능성에 비하면 사람은 반만 깨어 있다. 사람은 자신이 가진 육체적, 정신적 자원의 극히 일부만을 사용하고 있다. 넓은 의미에서 말하자면 인간은 지금까지 자신의 한계 안에서만 살아왔다. 인간은 다양한 힘을 가졌는데, 사용하지 않는 게 습관이 되어 있다."

그렇다, 이 책을 읽는 독자 여러분도 다양한 힘을 가졌는데, 사용하지 않는 게 습관이 되어 있다. 그리고 충분하게 사용하지 않는 힘 가운데 하나가 다른 사람이 잠재된 가능성을 발현할 수 있도록 칭찬하고 격려하는 마법 같은 힘이다.

비판을 받으면 능력이 사그라든다. 능력은 격려를 받을 때 피어난다. 사람들과 효과적으로 소통하는 리더는 다음의 원칙을 적용한다.

원칙 6: 약간의 발전이라도 보이면 칭찬하고,
발전하는 모습을 보일 때마다 칭찬하라.
'진심으로 인정하고 칭찬을 아끼지 말라.'

제7장
개에게 좋은 이야기를 들려주라

일 잘하던 직원이 형편없이 일하기 시작했다면 어떻게 해야할까? 그 직원을 해고할 수도 있겠지만, 그래서는 문제 해결이안 된다. 그 직원을 혼낼 수도 있지만 반감만 불러일으킬 뿐이다.인디애나주 로웰에 있는 대형 트럭 판매회사의 정비팀 팀장인헨리 헨키의 팀에 한 정비공이 있었다. 그의 업무 처리 솜씨는 만족스럽지 않았다. 헨키는 그에게 소리를 지르거나 으름장을 놓는 대신 사무실로 불러 마음을 열고 진심 어린 대화를 나누었다.

헨키가 말했다.

"빌, 자넨 훌륭한 정비공이야. 오랫동안 이 일을 해왔지. 많은차를 고객이 만족하는 수준으로 고쳤잖나. 자네가 지금까지 수리를 잘해서 회사로 칭찬이 들어온 경우도 많아. 그런데 요즘한 대를 수리하는 데 전보다 시간이 많이 걸리고, 예전만큼 수리가 잘 되지도 않더군. 과거에 자네는 정말 솜씨 좋은 정비공이었으니 내가 자네의 요즘 상황에 만족하지 못한다는 걸 알아주길 바라네. 우리가 함께 이 문제를 바로잡을 방법을 찾을 수 있을 걸세."

빌은 자신의 업무 태도가 나빠지고 있다는 걸 몰랐다고 대답했고, 지금 하는 일에 전문성을 가지고 있으니 앞으로 나아지는 모습을 보이겠다고 약속했다.

빌은 그렇게 했을까? 물론이다. 빌은 다시 빠르고 철저하게 수리하는 정비공으로 돌아왔다. 헨키가 정비공의 업무상 평판을 이야기했기 때문에 그는 과거에 했던 것과 비교할 만한 일솜씨를 보일 수밖에 없었던 것이다.

볼드윈 기차 공장의 사장이었던 사무엘 보클레인은 이렇게 말했다.

"사람은 대개, 우리가 그의 능력을 존중하는 모습을 보이면 쉽게 이끌 수 있다."

간단히 말하면 상대방의 어떤 면을 개선하고 싶다면 그런 면이 그 사람의 뛰어난 장점인 것처럼 이야기하라는 것이다. 셰익스피어는 말했다.

"장점이 없다면 장점이 있다고 생각하라."

다른 사람이 발전시켰으면 하는 장점이 있다면 그가 이미 그런 장점을 가졌다고 생각하고 공개적으로 언급하라. 그리고 그 장점에 대한 좋은 평판을 들려주면 그는 여러분의 환상을 깨지 않으려 온갖 노력을 기울이게 된다.

조제트 르블랑은 저서《추억, 마테를링크와 함께한 내 인생 Souvenirs, My Life with Maeterlinck》에서 보잘것없던 벨기에 출신 신데렐라가 놀랍게 변하는 모습을 묘사했다.

근처 호텔에서 일하는 하녀가 내 식사를 가지고 왔다. '접시닦이 마리'라고 불리는 아이였다. 주방 보조로 일을 시작한 그 아이는 말하자면 괴물 같았다. 눈이 사시였던 데다 다리가 휘었고, 몸도 마음도 가난했기 때문이다.

어느 날 그 아이가 빨개진 손으로 마카로니 접시를 들고 왔을 때 내가 단도직입적으로 말했다.

"마리야, 너는 네 안에 지닌 보물을 모르고 있구나."

감정을 드러내지 않는 데 익숙한 아이였기에 마리는 곤란한 일이라도 생길까 두려워 감히 조금도 움직이지 못한 채 잠시 기다렸다. 그러더니 접시를 테이블 위에 내려놓고 한숨을 쉬며 솔직하게 말했다.

"부인, 말씀해주지 않으셨다면 저는 그걸 절대 믿지 않았을 거예요."

마리는 의심하거나 질문하지 않았다. 그저 부엌으로 돌아가서 내가 했던 말을 반복해서 되뇌었다. 그리고 그런 믿음의 힘 때문인지 아무도 마리를 놀리지 않았다. 그날부터 심지어 그녀는 배려를 받기도 했다. 하지만 가장 흥미로운 변화는 보잘것없던 마리 자신에게 일어났다. 스스로 보이지 않는 보물이라는 믿음을 얻게 되자 마리는 얼굴과 몸을 신경 써서 관리하기 시작했고 소녀의 아름다움이 피어났고 못생긴 외모도 어느 정도 감춰졌다. 두 달 뒤 마리는 주방장의 조카와 결혼하게 되었다고 이야기했다. "저는 교양 있는 아내가 될 거예요"라고 말하며 마리는 내게 감사를 표했다. 작은 칭찬이 마리의 인생을 송두리째 바꾸어놓았다.

조제트 르블랑은 '접시닦이 마리'에게 좋은 평판을 들려주었고, 그 평판이 마리를 변화시켰다.

플로리다주 데이토나 비치의 한 식품 회사에서 영업을 담당하는 빌 파커는 회사의 신상품을 소개하는 일에 신이 나 있었다. 하지만 어느 대형 단독 식품 매장의 관리자가 그 신상품 취급을 거부하자 속이 상했다. 빌은 하루 종일 신상품이 거절당한 일을 곱씹다가 그날 저녁 퇴근하기 전에 다시 그 매장에 가서 이야기해보기로 했다.

파커가 말했다.

"잭, 오늘 아침에 이곳을 다녀간 뒤 생각해보니 우리 신상품의 전체적인 그림을 보여드리지 않았던 것 같습니다. 제가 빠뜨린 부분에 관해 설명드릴 수 있도록 시간을 좀 내주시면 고맙겠습니다. 관리자님께서 항상 제 이야기에 귀 기울여주시고, 변화를 확실히 만들어낼 사실이 있으면 마음도 바꾸시는 도량 넓으신 모습을 저는 존경합니다."

매장 관리자인 잭이 파커의 부탁을 거절했을까? 그런 평판을 들었는데 거절할 수는 없었다.

아일랜드 더블린에 사는 치과의사 마틴 피츠휴는 어느 날 아침 여성 환자가 입안을 헹굴 때 쓰는 금속 컵 받침이 아주 깨끗하지는 않다고 지적해서 깜짝 놀랐다. 물론 환자는 컵 받침이 아니라 종이컵으로 입을 헹구지만, 병원 장비가 더러운 건 분명 바람직한 일이 아니었다.

환자가 떠나고 피츠휴는 사무실에 들어가서 일주일에 두 번 병원을 청소하러 오는 브리짓에게 다음과 같은 편지를 썼다.

친애하는 브리짓 아주머니께,

제가 자주 뵙지는 못하지만 우리 병원을 깨끗이 청소해주셔서 감사하다는 말씀을 전해야겠다고 생각했습니다. 그런데 일주일에 두 번, 두 시간은 매우 제한적인 시간이기 때문에 가끔씩은 30분 정도 컵 받침을 닦는 일처럼 '어쩌다 한 번씩' 청소해야 하는 부분도 자유롭게 청소해주십사 말씀드립니다. 물론 추가 시간에 대한 비용은 제가 지불하겠습니다.

피츠휴가 이야기했다.

"다음 날 사무실에 가보니 책상 위가 거울처럼 반짝이더군요. 의자도 그렇고요. 미끄러질 정도였습니다. 진료실에 갔더니 크롬 도금 컵 받침이 아주 깨끗한 상태로 반짝이고 있었습니다. 좋은 평판을 들려드린 그 작은 행동으로 청소 아주머니는 그 어느 때보다 청소를 잘해놓으셨습니다. 아주머니는 청소에 얼마나 시간을 더 들이신 걸까요? 추가 시간은 전혀 없었습니다."

'개에게 욕하느니 목매다는 게 낫다'는 속담이 있다. 그러니 개에게도 좋은 이야기를 들려주자. 그리고 어떤 일이 일어나는지 보자!

루스 홉킨스는 뉴욕 브루클린에서 4학년 학생들을 가르치는 교사이다. 홉킨스는 새 학년 첫날 출석부를 살피다 새로운 한 해를 시작한다는 흥분과 기쁨이 불안으로 변하는 걸 느꼈다. 올해 홉킨스의 반에는 학교에서 악명 높은 '말썽꾸러기'인 토미가 배정되어 있었다. 3학년 때 토미의 담임선생님은 동료 교사들과 교장 선생님, 그리고 누구라도 들어줄 사람만 있으면 끊임없이 토미에 대한 불만을 이야기했다. 토미는 그냥 짓궂기만 한 학생이 아니었다. 교실에서 심각한 훈육이 필요한 문제 행동을 보였고, 남자아이들에게 싸움을 걸었으며, 여자아이들을 괴롭히고, 선생님에게 건방지게 굴었다. 게다가 학년이 올라갈수록 상태는 더 나빠지는 것 같았다. 토미의 유일한 장점은 습득이 빠르고, 학교 공부를 쉽게 해낸다는 것이었다.

홉킨스는 즉시 '토미 문제'에 손을 대기로 했다. 새 학년 학생들과 인사를 나눌 때 홉킨스는 각자 아이들에게 작은 칭찬을 해주었다.

"로즈야, 오늘 입은 원피스가 아주 예쁘구나."

"알리시아, 네가 그림을 정말 잘 그린다면서?"

토미 차례가 되자 홉킨스는 토미의 눈을 똑바로 보며 이야기했다.

"토미야, 너는 타고난 리더인 것 같구나. 올해 4학년 우리 반을 최고의 반으로 만드는 데 네 도움을 좀 받아야겠다."

그리고 처음 며칠 동안 토미가 하는 모든 일을 칭찬하고, 이건 그가 얼마나 좋은 학생인지를 보여주는 행동이라고 이야기했다. 그런 평판을 듣자 아홉 살짜리 아이라도 선생님을 실망시킬 수 없었다. 그리고 그렇게 하지 않았다.

다른 사람의 태도나 행동을 변화시켜야 하는 어려운 리더의 역할을 잘 해내고 싶다면 다음 원칙을 적용하라.

원칙 7: 상대방에게 좋은 평판을 들려주어라.

제8장
못하는 일은 하기 쉬워 보이게 만들어라

마흔가량 된 독신의 친구가 약혼을 했다. 약혼녀는 그에게 늦은 나이지만 댄스 교습을 받으라고 설득했다.

"댄스 교습을 받아야 한다는 건 하늘도 알지."

친구가 내게 이야기를 전하며 고백했다.

아직도 20년 전에 댄스를 처음 시작했을 때와 똑같이 추고 있으니 말이야. 처음 춤을 배웠던 선생님이 내게 했던 말이 맞는 게지. 내 춤이 전부 엉망이라고 했었거든. 지금까지 춤췄던 건 다 잊고, 전부 새로 시작해야 한다고 했어. 그런데 그 말에 난 의욕을 잃고 말았지. 춤을 배울 동기가 사라져서 그만두었다네.

그다음 선생님은 거짓말을 하셨는지는 몰라도 나는 좋았네. 선생님은 태연한 얼굴로 내 춤이 좀 구식인지는 몰라도 기본은 괜찮다고 하셨어. 그리고 내가 새로운 스텝 몇 개쯤 배우는 데는 아무 문제 없을 거라 말씀해주셨네. 첫 번째 선생님은 내 실수를 강조해서 의욕을 꺾었지. 새 선생님은 정반대였어. 내가 잘하는 부분은 계속 칭찬하고 실수는 줄여서 말씀하셨지.

"리듬 감각을 타고났군요."

선생님은 그렇게 말씀하셨어.

"당신은 정말 타고난 댄서예요."

상식적으로 생각하면 나는 지금까지 4류 댄서였고, 앞으로도 그럴 거야. 그런데 마음속 깊은 곳에서는 아직도 선생님이 하신 말씀이 틀리지 않을 거라고 생각하지. 분명 그런 말을 듣고 싶어서 수강료를 내는 거 아니겠어? 굳이 말할 필요도 없는 사실이잖아? 어쨌든 선생님이 내게 타고난 리듬 감각이 있다고 말씀을 안 하셨을 때보다 춤을 더 잘 추게 되었어. 그 말이 격려가 됐거든. 내게 희망을 줬지. 더 잘 추고 싶다는 마음이 들게 한 거야.

자녀에게, 배우자에게, 직원들에게 어떤 일을 못 한다거나 멍청하다거나 재능이 없다거나 하나같이 잘못된 일만 한다고 이야기해보라. 그러면 그들이 발전하려 노력할 모든 유인을 없앨 수 있다. 하지만 정반대의 방법을 써보라. 자유롭게 격려하고, 일하는 게 쉬워 보이도록 만들어라. 여러분이 상대방의 능력에 믿음을 가지고 있으며, 그에게는 아직 발전시키지 못한 재능이 있다고 말해보자. 그러면 이야기를 들은 사람은 남들보다 잘하기 위해 창문에 동이 틀 때까지 연습할 것이다.

대인관계에 훌륭한 재능을 지녔던 로웰 토머스도 이런 방법을 썼다. 토머스는 사람들에게 용기와 믿음을 불어넣고, 자신감을 심어주었다. 예를 들어 나는 토머스 부부와 주말을 함께 보낸 적이 있었다. 토요일 밤에 나는 타오르는 벽난로 앞에 앉아 브릿지 카드 게임을 하자는 제안을 받았다. 브릿지 게임이라고? 오, 안돼! 안돼! 안돼! 난 못 해! 나는 브릿지 게임 같은 건 하나도 모른다고. 브릿지 게임은 언제나 내게 까마득한 수수께끼였어. 안돼! 안돼! 못 한다고!

"데일, 왜 그러나, 딱히 비결이 있는 것도 절대 아니네."

로웰이 대답했다.

"기억력과 판단력만 있으면 다른 건 아무것도 필요 없네. 자네는 기억력에 관한 글도 썼지 않나. 브릿지 게임은 자네에게 식은 죽 먹기일 거야. 자네에게 안성맞춤이지."

그리고 순식간에 내가 무엇을 하는 건지 미처 깨닫기도 전에 나는 살면서 처음으로 브릿지 판에 앉아 있었다. 전부 로웰이 내게 타고난 재능이 있다며 게임이 쉬워 보이게 해준 덕분이었다.

브릿지 게임 이야기를 하자니 엘리 컬버트슨이 생각난다. 컬버트슨이 쓴 브릿지 게임에 관한 책은 십여 개의 언어로 번역되었고, 100만 부 이상 팔려나갔다. 그런데 그는 내게 어느 젊은 여성이 자신에게 브릿지 게임에 재능이 있다는 걸 알려주지 않았다면 브릿지 게임을 직업으로 삼지 못했을 것이라 말했다.

1922년 컬버트슨이 미국에 왔을 때 철학과 사회학을 가르치는 강사 자리를 얻으려 노력했지만 얻을 수 없었다. 그래서 석탄 장사를 해보았지만 실패했다. 뒤이어 커피 장사도 시작했지만, 마찬가지로 또 실패하고 말았다.

컬버트슨은 브릿지 게임을 할 줄 알았지만, 장차 자신이 브릿지 게임을 가르치게 될 줄은 당시에는 전혀 몰랐다. 그는 카드 게임에 서툴렀을 뿐 아니라 아주 고집이 셌다. 질문을 정말 많이 했고, 게임이 끝난 뒤에 복기를 너무 오래했기 때문에 누구도 그와 카드 게임을 하려 들지 않았다.

그러다 컬버트슨은 아리따운 브릿지 게임 교사인 조세핀 딜런을 만나 사랑에 빠져 결혼했다. 아내는 컬버트슨이 얼마나 주의 깊게 카드를 분석하는지 알아채고, 그에게 카드 게임에 천재적 소질이 있다고 설득했다. 그런 아내의 격려, 오직 그것 때문에 자신은 브릿지 게임을 업으로 삼았다고 컬버트슨은 말했다.

오하이오주 신시내티에서 우리 수업을 진행하는 클라렌스 존스는 자신의 아들을 격려하고 그가 못 하는 일을 하기 쉬워 보이게 만들었더니 아들의 인생이 완전히 달라졌다며 이야기를 들려주었다.

1970년 우리 아들 데이비드가 열다섯 살이었을 때 저와 살기 위해 신시내티로 왔습니다. 아들은 힘들게 살았습니다. 1958년 자동차 사고로 머리를 다쳤는데, 이마에 아주 큰 흉터가 남았지요. 1960년 아이 엄마와 저는 이혼했고, 아들은 아내와 함께 텍사스주 댈러스로 이사했습니다. 열다섯 살이 될 때까지 데이비드는 댈러스주의 교육 시스템에 따라 대부분 학습 지연 아동을 위한 특수 학급에 배정되어 학교를 다녔습니다. 아마 이마의 흉터 때문에 학교 당국에서는 데이비드가 뇌를 다쳤고, 그래서 뇌가 정상적으로 기능하지 못한다고 생각했던 것 같습니다. 데이비드는 동갑 친구들보다 두 살 아래 학년에 다녔기 때문에 이제 겨우 7학년이었어요. 하지만 아직 구구단도 못 외우고, 손가락으로 덧셈을 했으며, 책도 겨우겨우 읽는 수준이었지요.

하지만 데이비드에게는 한 가지 장점이 있었습니다. 라디오와 TV세트 만지는 걸 좋아한다는 것이었죠. 데이비드는 TV 수리공이 되고 싶어 했습니다. 저는 데이비드를 격려하며 TV 수리공 훈련을 받으려면 수학 공부를 해야 한다고 알려주었습니다. 그리고 데이비드가 수학을 잘할 수 있도록 도와주기로 마음먹었지요. 우리는 덧셈, 뺄셈, 곱셈, 나눗셈을 하는 플래시 카드를 4세트 구했습니다. 그 카드를 이용해 공부하면서 정답을 맞힌 카드는 뺐습니다. 데이비드가 답을 틀리면 정답을 알려주고, 그 카드는 따로 모았다가 다시 풀었고, 반복할 카드가 없어질 때까지 계속했습니다. 데이비드가 답을 맞힐 때마다 저는 크게 칭찬해주었어요. 특히 앞서 틀렸던 문제를 다시 맞히면 더 크게 칭찬했지요. 더는 반복용 카드가 나오지 않을 때까지 우리는 매일 밤 카드로 연산공부를 계속했습니다.

그리고 매일 초시계로 정답을 맞히는 데 걸리는 시간을 쟀습니다. 저는 데이비드에게 8분 안에 한 문제도 틀리지 않고 모든 카드의 정답을 맞힌다면 매일 밤 연산 연습하는 걸 그만하겠다고 말했습니다. 데이비드에게는 불가능한 일처럼 보였어요. 첫

날 밤에는 52분이 걸렸지요. 둘째 날 밤에는 48분이 걸리더니 그 다음부터는 45분, 44분, 41분으로 줄어들고 이후에는 40분 아래로 내려갔습니다. 아이가 시간을 줄일 때마다 우리는 축하해 주었어요. 아내와 저는 둘 다 데이비드를 안아주고 춤을 추었지요. 그달 말, 데이비드는 8분이 되지 않아 모든 카드의 답을 완벽하게 맞혔습니다. 데이비드는 작은 발전이라도 있으면 그걸 다시 하겠다고 말했어요. 아들은 배우는 건 쉽고 재밌다는 멋진 사실을 알게 된 거죠.

당연히 아들의 산수 점수가 크게 올랐습니다. 곱셈을 알면 연산이 얼마나 쉬워지는지, 놀라울 정도잖아요. 데이비드는 수학시험에서 B를 받고 스스로 깜짝 놀라 시험지를 집으로 가져왔습니다. 전에는 그런 일이 없었지요. 믿을 수 없을 정도의 속도로 다른 변화도 생겼습니다. 데이비드의 읽기 실력이 빠르게 좋아졌고, 타고난 그림 그리기 재능도 발휘되었습니다. 학년말이 되자 과학 선생님이 그에게 전시회 준비를 해보라고 권했어요. 데이비드는 지렛대의 효과를 증명하는 아주 복잡한 일련의 장치를 만들기로 했습니다. 그러려면 그림 그리기와 만들기 솜씨뿐 아니라 응용 수학 지식이 있어야 했지요. 데이비드의 작품은 교내 과학 대회에서 우승했고, 신시내티 시대회에서는 3등 상을 탔습니다.

데이비드가 해낸 것입니다. 데이비드는 두 학년이나 낙제했던 아이였어요. '뇌를 다쳤다'는 소리를 들었고, 아이들은 데이비드를 '프랑켄슈타인'이라 불렀고, 아이의 머리 상처 사이로 뇌가 흘러나왔을 것이라고 놀렸었죠. 하지만 어느 날 갑자기 데이비드는 자신도 배울 수 있고 성취할 수 있는 사람이라는 걸 알게 된 것입니다. 결과는 어땠을까요? 8학년 마지막 학기부터 고등학교까지 쭉, 한 번도 우등생 명단에서 빠지지 않았습니다. 고등학교에서는 우등생만 들어갈 수 있는 봉사 모임 '내셔널 아너 소사이어티'의 일원이 되었지요. 배우는 게 쉬운 일이라는 것을 알게 되자 아들의 인생은 완전히 달라졌습니다.

다른 사람이 발전할 수 있도록 돕고 싶다면, 다음 원칙을 기억하라.

원칙 8: 상대를 격려하라.
못하는 일은 하기 쉬워 보이게 만들어라.

제9장
상대가 즐거운 마음으로
내 제안에 협력하게 하라

1915년, 미국은 경악하고 있었다. 1년 이상 유럽 국가들이 유례 없고 꿈에서조차 본 적 없을 정도의 규모로 서로의 국민들을 죽이고 있었다. 유럽에 평화가 찾아올 수 있을까? 아무도 알 수 없었다. 하지만 우드로 윌슨은 시도해보기로 했다. 그래서 유럽군 지도자들과 상의하기 위해 평화 특사를 보내기로 했다.

평화주의자 윌리엄 제닝스 브라이언 국무장관이 특사를 자청했다. 브라이언 장관은 특사 임무를 세계에 크게 봉사하고 자신의 이름을 영원히 남길 기회라고 생각했다. 하지만 윌슨은 특사 자리에 다른 사람을 임명했다. 윌슨의 친한 친구이자 고문인 에드워드 하우스 대령이었다. 하우스 대령은 브라이언에게 기분 상하지 않게 이 반갑지 않은 소식을 전해야 하는 임무를 맡았다.

하우스 대령은 일기에 이렇게 썼다.

내가 평화 특사로 유럽에 가게 되었다는 말을 듣자 브라이언은 실망한 기색이 역력했다. 그는 자신이 이 일을 맡을 생각이었다고 말했다…….

나는 대통령이 누군가 이 일을 공식적으로 맡는 건 현명하지 못한 방법이라 생각하신다고 대답했다. 공식적으로 유럽을 방문하면 엄청난 관심이 쏟아지고 사람들은 그가 왜 유럽에 왔는지 궁금해할 것이 분명하다는 이유였다…….

하우스 대령의 말이 시사하는 바를 알겠는가? 하우스 대령은 브라이언이 이 임무를 맡기에는 너무 중요한 사람이라고 이야기한 것이다. 브라이언도 이 대답이 마음에 들었다.

노련하고 세상 물정에 밝은 하우스 대령은 인간관계를 맺는 중요한 규칙을 따랐다. 바로 '상대가 즐거운 마음으로 내 제안에 협력하게 하라'는 규칙이다.

우드로 윌슨은 윌리엄 깁스 맥아두를 내각 각료로 입각시킬 때도 같은 방법을 사용했다. 각료로 임명한다는 건 누군가에게 줄 수 있는 최고의 영예였지만, 윌슨은 맥아두로 하여금 그가 중요한 사람이라는 느낌을 배가시키는 방식으로 입각을 제안했다. 다음은 맥아두가 직접 이야기한 내용이다.

"윌슨 대통령은 내각을 구성하고 있다며 제가 재무장관 자리를 맡아준다면 정말 좋겠다고 말씀하셨습니다. 그는 이야기를 유쾌하게 이어가면서 이 영광스러운 자리를 맡으면 내가 자신에게 호의를 베푸는 셈이라고 느끼게 만들었습니다."

하지만 안타깝게도 윌슨이 항상 그런 방법을 쓴 건 아니었다. 그랬다면 역사가 달라졌을지도 모를 일이다. 예를 들어 윌슨은 국제 연맹에 가입하려 함으로써 상원과 공화당의 불만을 샀다. 그리고 엘리후 루트나 찰스 에번스 휴즈, 헨리 캐벗 로지 같은 공화당의 거물급 지도부 인사와 함께 평화 회의에 참석하는 걸 거절했다. 대신 자기 당의 이름 없는 인사들을 데리고 갔다. 윌슨은 공화당원들을 무시했고, 국제 연맹이 자신의 아이디어일 뿐 아니라 공화당의 아이디어이기도 하다는 생각을 하지 못하게 했으며, 공화당원들이 파이에 손을 대지 못하게 거부한 것이다. 이처럼 인간관계를 소홀히 한 결과 그는 자신의 경력을 망쳤고, 건강을 잃었고, 수명을 단축시켰다. 미국의 국제연맹 가입은 좌절되었고, 세계의 역사가 바뀌었다.

국회의원과 외교관에게만 '상대가 즐거운 마음으로 내 제안에 협력하게 하라'는 규칙이 적용되는 건 아니다. 인디애나주 포트웨인에 사는 데일 페리어는 어린 자녀 한 명이 기쁜 마음으로 주어진 집안일을 하도록 만든 방법에 관해 이야기했다.

"제프의 임무는 배나무 아래에 떨어진 배를 줍는 일이었습니다. 잔디를 깎던 사람이 배나무 아래에서 배를 줍기 위해 잔디 깎는 걸 멈출 필요가 없도록 하기 위해서였죠. 제프는 이 일을 좋아하지 않았습니다. 그래서 배를 줍지 않거나 대충 주워서 제프가 놓친 배 몇 개를 잔디 깎는 사람이 주워야 하는 때가 잦았습니다. 이 문제를 두고 저는 제프와 대립하지 않았어요. 그저 제프에게 이렇게 말했지요. '제프, 너와 거래할 일이 있어. 네가 한 바구니 가득 배를 주워 올 때마다 내가 1달러씩 주마. 하지만 네가 배를 다 줍고 나서 마당에 배가 남아 있으면 한 개당 1달러씩 네가 내게 주는 거야. 어떠니?' 예상대로 제프는 배를 전부 주워 왔을 뿐 아니라 저는 제프가 바구니를 가득 채우기 위해 나무를 흔들어 배를 떨어뜨리지는 않는지 감시해야 할 정도였습니다."

내가 아는 어떤 사람은 많은 연설 부탁을 거절해야 했다. 친구들, 그가 도와줘야 할 사람들로부터 받은 부탁이었다. 하지만 그는 정말 노련하게 거절을 잘했기 때문에 상대는 적어도 거절당한 방식에는 만족했다. 어떤 방식이었을까? 그는 그냥 너무 바쁘다거나 이러저러해서 못한다고 사실만 이야기한 게 아니다. 그렇게 하지 않고 우선 연설을 부탁해줘서 감사하다는 뜻을 전하고, 자신의 능력이 부족해 받아들일 수 없음이 안타깝다고 말하면서 자신을 대신할 연사를 소개해주었다. 다시 말하면 상대가 거절당한 일로 기분 나빠할 틈을 주지 않는 것이다. 거절하면서 즉시 연설 부탁을 받아들일 대체 연사로 상대의 생각을 돌리게 만들었다.

서독에서 우리 수업을 들은 건터 슈미트는, 자신이 관리하는 식품 가게에서 제품을 진열하는 선반에 가격표를 제대로 붙이지 않는 직원에게 "이 때문에 혼란이 생겼고, 손님들의 불만을 샀다"고 말했다. 주의와 경고를 주고 훈계도 해봤지만 그다지 효과가 없었다. 마침내 슈미트는 그 직원을 사무실로 불러 그녀를 매장 전체의 '가격표 부착 감독관'으로 임명한다고 말하고,

모든 선반에 가격표가 제대로 붙어 있는지 확인하는 일을 책임져야 한다고 전했다. 새로운 직함과 임무를 맡자 그 직원의 태도는 완전히 달라졌고, 그때부터 맡은 바 임무를 만족스러운 수준으로 수행했다.

어린애 같은 방법이라고? 그럴지도 모른다. 하지만 나폴레옹이 레종 도뇌르 훈장을 제정해 15,000명의 병사에게 수여하고 18명의 장군을 '프랑스 원수'로 임명하고, 자신의 군대를 '대군 Grand Army'이라 불렀을 때도 사람들은 그렇게 말했다. 사람들은 나폴레옹이 전쟁 경험이 많은 참전 용사들에게 '장난감'을 준다고 비판했고, 나폴레옹은 이에 '장난감이 사람을 지배한다'라고 답했다.

이처럼 직함과 권위를 부여하는 방법은 나폴레옹에게 도움이 되었고, 여러분에도 도움이 될 것이다. 예를 들어 뉴욕주 스카스데일에 사는 내 친구 어니스트 겐트는 마당 잔디밭을 뛰어다니며 잔디를 망쳐놓는 남자아이들 때문에 골치를 썩었다. 아이들을 혼내도 보고, 달래도 보았지만, 어느 쪽도 효과가 없었다. 그래서 아이들 무리에서 가장 괘씸한 녀석에게 직함을 줘서 권위를 느끼게 하는 방법을 쓰기로 했다. 그 아이를 '탐정'으로 임명하고, 잔디밭을 무단침입하는 사람을 감시하는 임무를 부여했다. 이 방법으로 문제는 해결됐다. '탐정'은 뒷마당에 모닥불을 피우고, 철 조각을 빨갛게 될 때까지 달군 후 잔디밭을 밟는 녀석은 누구라도 낙인을 찍겠다고 으름장을 놓았다.

상대의 태도나 행동을 변화시킬 필요가 있을 때 효과적으로 소통하는 리더는 다음과 같은 지침을 따른다.

1. 진심으로 대한다. 지키지 못할 약속은 하지 않는다. 자신에게 돌아올 이익은 생각하지 않고 상대의 이익에만 집중한다.

2. 상대방이 어떤 일을 해주기를 바라는지 정확하게 알고 있다.

3. 상대의 입장을 이해한다. 상대방이 정말 원하는 게 무엇인지 스스로 물어보라.

4. 내가 제안하는 바를 상대가 따랐을 때 그 사람이 얻을 수 있는 이득을 고려한다.

5. 그 이득을 상대가 원하는 바와 연결한다.

6. 상대에게 부탁할 때는 이를 통해 상대방이 개인적인 이득을 얻을 수 있다는 점을 떠올리게끔 이야기한다.

우리는 다음과 같이 퉁명스럽게 명령을 내릴 수도 있다.

"존, 내일 손님이 오시는데 창고 좀 치우지. 창고 바닥은 쓸고, 재고는 선반에 가지런히 정리하고, 카운터는 윤이 나게 닦게."

하지만 같은 표현이라도 그 일을 통해 존도 이득을 얻을 수 있다는 걸 보여주면서 말할 수 있다.

"존, 지금 당장 해야 할 일이 있네. 지금 해두면 나중에는 안 해도 될 거야. 내일 손님이 오셔서 우리 시설을 둘러보실 거야. 창고를 보여드리고 싶은데 거기가 지금 좀 더러워. 창고를 쓸고, 선반에 재고를 가지런히 정리하고, 카운터를 윤이 나게 닦으면 우리 회사가 효율적으로 재고를 관리하는 것처럼 보일 테고, 회사의 좋은 이미지를 만드는 데 자네가 기여하는 셈이 되지."

　존이 창고를 청소하면서 기분이 좋을까? 엄청나게 기분 좋은 건 아닐지라도 이런 이야기를 못 들었을 때보다는 기분이 나을 것이다. 존이 창고의 상태에 자부심을 가지고 있고, 회사의 이미지에 보탬이 되는 데 관심이 있으면 한층 협조할 가능성이 크다. 또한, 존에게 어차피 언젠가는 해야 할 일이며, 지금 이 일을 해두면 나중에 하지 않아도 된다는 점도 전했음이다.

　이런 식으로 접근한다고 해서 모든 사람으로부터 호의적인 반응을 얻으리라고 믿는다면 순진한 생각이지만, 많은 사람이 경험한 바에 따르면 이 같은 원칙을 사용하지 않을 때보다는 상대의 행동이 바뀔 가능성이 더 컸다. 성공 가능성을 단 10퍼센트만 더 높인다고 해도 이전보다 10퍼센트 더 효과적으로 소통하는 리더가 되는 셈이다. 그게 여러분이 얻는 이익이다.

　다음의 원칙을 사용하면 상대는 즐거운 마음으로 내 제안에 협력할 가능성이 높다.

원칙 9: 상대가 즐거운 마음으로
내 제안에 협력하게 하라.

리더의 소통

리더는 종종 상대의 태도와 행동을 바꾸는 일도 해야 한다.
이를 이룰 수 있는 몇 가지 방법을 다음과 같이 제안한다.

원칙 1 : 칭찬과 솔직한 감사의 말로 대화를 시작하라.

원칙 2 : 사람들의 잘못은 간접적으로 알려라.

원칙 3 : 다른 사람을 비판하기 전에 자신의 실수부터 이야
기하라.

원칙 4 : 직접적으로 명령하지 말고 질문을 던져라.

원칙 5 : 상대방의 체면을 세워라.

원칙 6 : 약간의 발전이라도 보이면 칭찬하고, 발전하는 모
습을 보일 때마다 칭찬하라. '진심으로 인정하고 칭찬을 아
끼지 말라.'

원칙 7 : 상대방에게 좋은 평판을 들려주어라.

원칙 8 : 상대를 격려하라. 못하는 일은 하기 쉬워 보이게 만
들어라.

원칙 9 : 상대가 즐거운 마음으로 내 제안에 협력하게 하라.

인간관계의 원칙을 적용해서 얻은 승리

이름 _____

날짜 _____

적용 원칙

_____

_____

_____

_____

_____

_____

_____

_____

_____

_____

_____

_____

_____

적용 결과

_____

_____

_____

인간관계의 원칙을 적용해서 얻은 승리

이름 ....

날짜 ....

적용 원칙 ....

....

....

....

....

....

....

....

....

....

....

....

....

....

적용 결과 ....

....

....

인간관계의 원칙을 적용해서 얻은 승리

이름 ....

날짜 ....

적용 원칙 ....

....

....

....

....

....

....

....

....

....

....

....

적용 결과 ....

....

....

인간관계의 원칙을 적용해서 얻은 승리

이름
_____

날짜
_____

적용 원칙
_____

_____

_____

_____

_____

_____

_____

_____

_____

_____

_____

_____

_____

_____

_____

_____

적용 결과
_____

_____

_____

인간관계의 원칙을 적용해서 얻은 승리

이름 ....

날짜 ....

적용 원칙 ....

....

....

....

....

....

....

....

....

....

....

....

....

....

....

적용 결과 ....

....

....

인간관계의 원칙을 적용해서 얻은 승리

이름 ....

날짜 ....

적용 원칙

....

....

....

....

....

....

....

....

....

....

....

....

....

적용 결과

....

....

인간관계의 원칙을 적용해서 얻은 승리

이름
_____

날짜
_____

적용 원칙
_____

_____

_____

_____

_____

_____

_____

_____

_____

_____

_____

_____

_____

_____

_____

적용 결과
_____

_____

_____

인간관계의 원칙을 적용해서 얻은 승리

이름 ....

날짜 ....

적용 원칙 ....

....

....

....

....

....

....

....

....

....

....

....

....

....

....

적용 결과 ....

....

....

인간관계의 원칙을 적용해서 얻은 승리

이름
_____

날짜
_____

적용 원칙
_____

_____

_____

_____

_____

_____

_____

_____

_____

_____

_____

_____

_____

적용 결과
_____

_____

_____

인간관계의 원칙을 적용해서 얻은 승리

이름
_____

날짜
_____

적용 원칙
_____

_____

_____

_____

_____

_____

_____

_____

_____

_____

_____

_____

_____

_____

적용 결과
_____

_____

_____

인간관계의 원칙을 적용해서 얻은 승리

이름

날짜

적용 원칙

적용 결과

인간관계의 원칙을 적용해서 얻은 승리

이름 _____

날짜 _____

적용 원칙 _____

_____

_____

_____

_____

_____

_____

_____

_____

_____

_____

_____

적용 결과 _____

_____

_____

인간관계의 원칙을 적용해서 얻은 승리

이름

날짜

적용 원칙

적용 결과

인간관계의 원칙을 적용해서 얻은 승리

이름

날짜

적용 원칙

적용 결과

인간관계의 원칙을 적용해서 얻은 승리

이름

날짜

적용 원칙

적용 결과

데일 카네기 인간관계론

초판 1쇄 발행 | 2024년 1월 5일
초판 3쇄 발행 | 2024년 3월 20일

지은이 | 데일 카네기
옮긴이 | 도지영
펴낸이 | 박찬근
펴낸곳 | 주식회사 다연
주　소 | (10550) 경기도 고양시 덕양구 삼원로 73 한일윈스타 1422호
전　화 | 031-811-6789
팩　스 | 0504-251-7259
이메일 | judayeonbook@naver.com
본　문 | 미토스
표　지 | 강희연

ⓒ 주식회사 다연

ISBN 979-11-92556-16-1 (03320)